POESÍA COMPLETA
1970-2000

LEOPOLDO MARÍA PANERO

POESÍA COMPLETA
1970-2000

Edición de Túa Blesa

VISOR LIBROS

VOLUMEN CDLX DE LA COLECCIÓN VISOR DE POESÍA

2ª edición, Mayo 2004
3ª edición, Octubre 2006
4ª edición, Abril 2010
5ª edición, Octubre 2013
6ª edición, Enero 2017
7ª edición, Octubre 2018

© Leopoldo María Panero
© VISOR LIBROS
Isaac Peral, 18 - 28015 Madrid
ISBN: 978-84-7522-989-8
Depósito Legal: M. 15.509-2010
Impreso en España - *Printed in Spain*
Gráficas Muriel, S.A. C/ Investigación, n.º 9. P. I. Los Olivos - 28906 Getafe (Madrid)

«LA DESTRUCTION FUT MA BEATRICE»

Como clave de la poética de una escritura, este *dictum* mallarmeano. A él cabe acoger esta ya extensa obra, la de Leopoldo María Panero, que se sitúa a modo de sol negro en la cosmología de la poesía española contemporánea —ámbito en el que no encuentra parangón posible, ni en realidad tampoco en en el conjunto de tal tradición—, en la cosmología de la poesía sin más. Desde un lugar que no puede pensarse si no es como el vacío mismo o, más exactamente, como un hueco labrado en el vacío, en definitiva, como un no-lugar, irradia la potencia de su palabra y sume en sombras el interés, la significación, de tanta palabrería banal, los de tanta fama «literaria» (que, por comparación, no merece ahora otro nombre que el de «ultraje»), en suma, el de la situación «literaria» general y, en último término, la legitimidad del actual orden cultural y social.

Frente a todo ello, a todo lo que se dice en vano, se yergue esta poesía escrita a espaldas del sistema, tanto que no ha merecido ni un solo premio en una sociedad que se diría es la sociedad de los premios y los halagos, aunque sí que obtiene una y otra vez el reconocimiento de la lectura, el único premio a que una obra literaria verdadera podría llegar a aspirar. Y quizá es que en estas páginas no hay nada que pudiera ser llamado banalidad, por cuanto, frente a la repetición de lo ya dicho, a lo trivial, frente a lo que se quiere vulgar, todo quiebro, toda fractura resulta transcendente. Y esta obra se hace precisamente quebrando página a página, libro a libro, lo creado, el sistema estético, las convenciones, la idea de lo literario. O, dicho de otro modo, esta obra, una escritura de la transgresión, *crea*, dice no ya lo que se viene entendiendo por literatura, sino qué es lo que pueda llegar a ser tenido por literario, siendo así toda una auténtica exploración. De ahí, entonces, las no pocas resistencias que los poemas de Panero encuentran entre cierta crítica y ciertos lectores desde sus inicios.

Que también sirve el citado *dictum* como resumen o epitafio de una vida, la de Leopoldo María Panero, es algo que se viene narrando desde hace años y que en algunos momentos ha pasado a formar parte del espectáculo general.

La vida de Leopoldo María Panero (Madrid, 1948), hijo de Leopoldo Panero y Felicidad Blanc, y hermano del también poeta Juan Luis Panero, está ligada desde la infancia a la literatura. Con una formación amplísima, tanto literaria, como en otros campos, su presentación tendrá lugar en la antología de José María Castellet *Nueve novísimos poetas españoles* (Castellet, 1970) y desde entonces hasta la fecha son dieciséis los libros de poemas publicados, además de algunos otros textos en diversas publicaciones, a lo que hay que añadir dos volúmenes de relatos y otros tres que recogen buena parte de sus ensayos y artículos. Por otra parte, ha publicado diferentes traducciones y participado en dos películas, *El desencanto*, de Jaime Chávarri (1976) y *Después de tantos años*, de Ricardo Franco (1994) (véase Blesa, 1999), documentos imprescindibles que retratan no sólo al poeta, sino a toda una familia, cuando no a la familia misma.

Su choque con la institución psiquiátrica, que se remonta a 1968, es un sello que marca desde entonces toda su vida, buena parte de la cual ha transcurrido en una cadena de internamientos en diferentes centros y sus consiguientes tratamientos. En los intervalos, su vida es la experiencia de los límites y el resultado de lo uno y de lo otro un extenso y variopinto anecdotario de incidentes, que incluye detenciones, cárcel, intentos de suicidio, excesos diversos, etc. Una vida, en fin, que ha de calificarse como heroica, pero que resulta ser la de un héroe que se enfrenta a fuerzas que le son inmensamente superiores y que, por tanto, acaban por sumirlo en la derrota.

En cualquier caso, ahora se puede comprobar este trazado de la vida como destrucción en el documentadísimo relato de Benito J. Fernández (Fernández, 1999), que acaba con tanta leyenda o, lo que viene a ser lo mismo, da fe de ella, aunque ahora en cuanto historia. Impone esto el hacer una referencia a lo autobiográfico de esta poesía, que no falta, pero que deja de significar en cuanto experiencia autobiográfica para pasar a ser una oscura figura donde la vida del poeta se decolora y deja de ser tal —pues el significado de la palabra poética es de naturaleza diferente a la de la palabra: «Yo he sabido ver el misterio del verso/ que es el misterio de lo que a sí mismo nombra» («La cuádruple forma de la nada», en *Orfebre)*—, siendo su significación ahora la de un cuento quién sabe si moral, quién sabe si de brujas. Sea como sea, sobre esta destrucción que podría llegar a pensarse como destino, el propio poeta ha prevenido al escribir que «a nada sino al azar y a ninguna voluntad sagrada/ de demonio o de dios debo mi ruina» («El loco mirando desde la puerta del jardín», *Poemas del manicomio de Mondragón*).

Pero no se trata de hablar aquí de una vida, sino de una obra (además de lo que aquí se dice, véase Blesa, 1995), de la cual puede decirse que, como si de la realización sistemática de un programa de destrucción se tratara, es un discurso de la violencia; más, una celebración de la violencia, que impregna todos los estratos textuales. Violencia en la palabra, que se da, pongamos, en la forma singular en que se utiliza la rima (lo que ocurre ocasionalmente, por lo demás).

Rimas que son, no ya pobres, sino paupérrimas (presentes ya en «Doceavo» de *Teoría* y que llegan hasta varios poemas de *Teoría del miedo*), pero que habrán de verse, ya no como inexperiencia o torpeza, sino más bien en cuanto ironía —o, mejor, burla descarnada— de este componente tradicional —que da ocasión para hablar en escritos de otros de pericia técnica, pero, ¿acaso podría radicar en eso lo literario?—, que queda aquí puesto en cuestión o, más todavía, denunciado como inane. Y violencia que se da también en los pasajes de encabalgamiento léxico (como en «Mancha azul sobre el papel» de *Narciso*[1], etc.), donde manifiestamente la palabra se quiebra sin que quepa acudir a explicaciones rítmicas u otras, sino que es una pura muestra de la unidad deshecha. La palabra hecha escombros que previene sobre la incapacidad de construir un sentido, salvo que éste no sea también otra cosa que un resto, un desecho.

No menos violencia suponen todos los casos en que la escritura textualiza el silencio, esto es, aquellos en los que se produce la logofagia (véase Blesa, 1998). Así, en los textos ápside, los poemas con dos o más versiones que no remiten a un original (a este respecto es memorable el «Haikú (Variable)» de *Narciso*, pero los ejemplos se reiteran en no pocos de los libros de Panero). Idea esta del «original» ahora desvanecida en la de un original sin origen ni autoridad algunos, por haber sido uno y otra distribuidos, diseminados entre la serie textual, en un estructura en la que el texto es único y múltiple a un tiempo; o los casos de poemas óstracon (ha de citarse «De cómo Ezra Pound pasó a formar parte de los muertos» de *El último hombre*), donde la lectura se encuentra de bruces con la falta de discurso como texto, con la presencia de lo ausente, huella, más aún que improbable, imposible, de una palabra borrada, sacrificada al mutismo; o en los poemas babélicos, (es también el caso del último de los citados) o los escritos en una lengua distinta de la llamada materna (como «Dead flower to a worm» de *Narciso*, o «Autour du poème» en *Last river together*).

En todos y cada uno de los tipos textuales citados, lo que resuena es el silencio, pero no un silencio que carezca de significación, sino uno que refleja como en un espejo aquel otro en el que la poesía ha sido recluida en el mundo actual, silenciamiento que en un bucle regresa ahora para ser arrojado a la cara de quienes detentan el poder del discurso, de quienes prescriben qué se puede (y debe), y qué no, decir, qué sea lo que ha de circular en el diálogo social. De ese diálogo el discurso poético ha sido excluido al hacer de él una alocución sin respuesta, palabra dicha por nadie y para nadie. De semejante ley la poesía de Panero se constituye como una infracción permanente al desenmascarar a cada paso su espíritu y su letra. Poesía política, por tanto, aunque ya no porque lo sean además, en el sentido tradicional, algunas de sus páginas, sino porque lo son ahora todas y cada una de ellas por ser reinscripción del silencio del destino prescrito.

No menos violenta resulta la opción del poeta de no renunciar a ninguno de los registros verbales y no, desde luego, a los más recalcitrantemente excluidos por la práctica poética. Si bien el léxico «poético» no falta —repárese simplemente en la presencia de «rosa» como emblema de tal vocabulario—, el habla paneresca se abre a otros varios. Valga como ejemplo sobresaliente el que no son extrañas a este discurso poético, entre otras, voces como «tigre» (en argot carcelario «retrete»), «wáter», «orina», «mierda», «heces» («yo soy el que mis heces/ tallé de la piedra de los versos» se lee en *Contra España*, donde no sólo se intercala esa palabra ciertamente desusada en poesía, sino que además se establece entre la materia que nombra tal expresión soez y uno de los nombres de lo poético mismo una singular unión, una comunión íntima, que equipara lo uno con lo otro, que los aúna, haciendo así que la alianza sea la de lo (más) elevado y de lo (más) indigno).

De este modo, la obra de Panero hace que sean co-presentes los diferentes lenguajes sociales, desde las hablas más vulgares, bajas, comunes, hasta las consideradas más excelsas. Unas palabras y las otras al fin se nos muestran tan sólo en lo que son, únicamente signos y, en cuanto tales, esencialmente idénticas, mostrando a la par que las diferencias entre ellas no son de naturaleza lingüística, sino que tienen su raíz en un supuesto prestigio que el «buen gusto», es decir, el orden social dicta e impone. Todo ello, y sus consecuencias, es aquí desenmascarado y, puesto en evidencia, ridiculizado. Y, si se exaltan hasta el lugar de la poesía las voces en general excluidas, se hace además declinar toda una ridícula teoría literaria que hace de la palabra «poética» su piedra angular, cuando no su único material, su monolito. Naturalmente, hay que volver a decir que una elección como ésta introduce un riesgo: el de la aceptación por unos ciertos lectores, la de aquellos que han sido enajenados por una formación que les ha mermado sus capacidades, su libertad y acaban por sentir espanto ante lo que la experiencia libre pueda llegar a ser.

Tampoco deja de lanzar un reto esta obra en sus páginas amorosas. En ellas, la expresión del deseo resulta ser todo un catálogo de los amores que se extralimitan, de aquellos que se sustraen a la norma, es decir, anormales. No quedará excluida la violencia («aquí fueron las Bodas, aquí/ azoté con deseo un torso desnudo», *Narciso*), ni tampoco otras formas de unión sexual silenciadas, cuando no consideradas como enfermas. Así, el beso negro («bésame el ano del que versos he hecho», en *Piedra negra;* o «dime/ besando suavemente el túnel de mi ano,/ [...] dime qué era, qué es,/ qué es un cadáver», *El último hombre*) y las diferentes variantes de la coprofilia, desde la lluvia dorada («¿Acaso no amas/ que yo te orine? Y allí perderse. […] y yo amo que me orines,/ y tu pie sobre mi boca, besarlo», *Narciso*), a la lluvia de lodo («más que nunca reíste/ ahora que este ridículo soporte de mi alma/ se deshace en el lecho como cuando cagabas/ encima de mi rostro», *Dioscuros*). Y no dejará de aparecer en estos poemas la coprofagia («he vivido en la alcantarilla/ transportando las heces […] y aprendido a nutrirme de lo que suelto», *Last river together*; y «Recuerdas que […] unimos nuestra orina en el único vaso/ y bebimos los dos con la risa de un niño?», *Dioscuros*).

Agréguese a todo lo anterior que el discurso del deseo abarca aquí incluso el incesto (en el bello poema «Bello es el incesto» se lee sobre la unión entre madre e hijo: «Cándido, hermoso es el incesto./ Madre e hijo se ofrecen sus dos ramos/ de lirios blancos y de orquídeas», *El que no ve*; y, en «Glosa a un epitafio», se da una vuelta de tuerca más al expresar la voz poética, tras menciones de besos, al padre el deseo de «quedarnos/ a salvo de los hombres para siempre, solos yo y tú, mi amada/ aquí, bajo esta piedra», *Narciso*). No recuerdo en este momento ninguna otra obra poética contemporánea que haya llegado a tanto, a una ruptura con los límites de modo tan flagrante como en este incendio del deseo, aunque habrá que consignar algunos pasajes coprofílicos de *Mascarada* de Pere Gimferrer. Llamaradas contra una moral que silencia realidades, aunque no por ello dejen de existir. Y, aunque así no fuera, que establece todo un dispositivo de cortapisas que legisla lo decible y lo indecible, lo que la imaginación puede recorrer y aquello otro que se le veda. De nuevo, ha de decirse que la naturaleza de todo esto es, sin más, política en su sentido más noble, al devolver a la sociedad, hipócrita como siempre, su propia verdad.

Así, esta poesía es una poesía sin territorio, desterritorializada, por lo que su dibujo es el de una errancia por los contornos de la literatura, y del lenguaje, para encontrar los puntos de apoyo desde los que intentar reiniciar la aventura de la escritura. A este respecto, la obra de Panero es una escritura de la lectura y a cada paso se insertan citas, literarias o no, cuando no es todo un poema el que se plantea como reelaboración de alguna página de otro. Es, como el propio poeta ha escrito, la puesta en práctica de la poética del Último Libro. Acabada la literatura, no resta sino volver sobre lo anterior y reescribirlo, y es que «toda la literatura no es sino una inmensa prueba de imprenta y nosotros, los escritores últimos o póstumos, somos tan sólo *correctores de pruebas*» («Dos prefacios para un título», en *Dos relatos y una perversión*, 12). A tal concepción ha mostrado Leopoldo María Panero una persistente fidelidad desde sus primeros escritos, al redactar ya entonces lo que podríamos llamar los capítulos perdidos del cuento de Blancanieves o de *Peter Pan*. Y quede constancia que uno de sus títulos últimos es, precisamente, *Teoría lautreamontiana del plagio*.

Pero convendrá no entender que la deuda que las páginas panerescas hacen suya casi a cada paso sea una especie de limitación. Al contrario, este partir de la lectura impone como presente la conciencia plena de lo ya dicho y, por tanto, qué es lo que resta por decir, lo no hollado, y es a ese espacio hacia el que esta escritura emprende su andadura. Deuda, por tanto, que se salda.

Escritura que, en otro sentido, es, toda ella, un acta de la experiencia de la muerte («habito entre los Inmortales/ donde un rey come frente al Ángel caído/ y a flores semejantes la muerte nos deshoja», *Poemas del manicomio de Mondragón*, o léase «Glosa a un epitafio» en *Narciso*, o «Narciso era mi nombre, y he muerto», *Guarida*). Si de la palabra mística se puede decir que es una palabra enajenada donde la conciencia lingüística ha sido abandonada a su puro decirse, a decir que sabe que no sabe, aquí sucede algo no muy distinto. Al constituirse la voz del yo en un punto que está más allá de la vida, su visión es la imagen de lo nunca visto, y su saber, entonces, lo anteriormente jamás dicho, sino precisamente lo secreto. Un secreto que es ahora confesado, del que el poema hace partícipe al lector para que sea al fin leído, como si la muerte pudiera «leerse», siendo que no es, ni podría ser otra cosa, que acontecimiento —*el acontecimiento último y primero, el único real*—, experiencia del ser, de *un* ser, experiencia de un ser que no puede transferirla a ningún otro. Sin embargo, tercamente, los poemas de Panero retornan a esa tumba imaginada, a esa cripta de la que se extrae la palabra, que queda, así, marcada, por su procedencia, como críptica.

Uno de los modos en que esta muerte se escribe, diríase que aminorado, es el de la identidad del individuo puesta en crisis, alterada o directamente perdida, lo que constituye uno de los temas más persistentes de este conjunto poético. Identidad que no es capaz de reconocerse («en el espejo mi rostro no está» se lee en *Teoría*); o que puede expresarse como una desaparición parcial, del propio cuerpo: «Hay restos de mi figura y ladra un perro./ Me estremece el espejo: la persona, la máscara/ es ya máscara de nada», en *Piedra negra*); que llega a salir de sí para hacer suya otra, ya sea otro rostro (en *Poemas del Manicomio de Mongragón:* «Caído el rostro/ otra cara en el espejo»), ya sea a otro nombre (así, en *Last river together*, «Me digo que soy Pessoa, como Pessoa era/ Álvaro de Campos»); o se identifica el yo con un ser imaginario («Yo soy un lamed wufnik», *Poemas del manicomio de Mondragón*); o se manifiesta la simple ignorancia de quién se sea («Tuve la voz, trovador fui/ hoy ya cantar no sé/

trovador, no sé hoy quién soy», en *El último hombre*), aunque puede estar depositado ese saber, se dice, en otro lugar, cuyo discurso habría de ser, cuando menos, oscuro («lo que yo soy sólo lo sabe el verso», en *Piedra negra*; «Quién fui, lo sabe la roca./ Que no seré nadie al fin, la roca lo dice / y el valle lo difunde», en *El último hombre*). Dado todo ello, se podría agregar a esta serie algunos monólogos dramáticos —como «Requiem», cuyo primer verso hace explícita la *persona*: «Yo soy un hombre muerto al que llaman Pertur» (*El último hombre*), o este otro poema que comienza del mismo modo: «Yo, François Villon, a los cincuenta y un años» (*Piedra negra*)—, recubriéndose tal estructura poemática de una muy peculiar función dentro de la poética panerca. Y, en fin, se llega a afirmar que no se ha sido («el martillo de mi memoria/ que me dice que no soy, ni he sido,/ que soy como alguien escupido/ en los labios del presente», *Guarida*).

La lectura de esta obra es, pues, un desafío, ante el cual no cabe indiferencia alguna. Pero habrá de tenerse en cuenta algo que en poesía, y en el arte en general, es decisivo, y es que una obra no puede tener como destino en ningún caso el diluirse entre las demás, borrarse para siempre entre la palabrería sin haber dicho ni una sola palabra nueva que la haga inscribirse en la serie literaria como un nombre propio, que haya incrementado tal serie. De que esto es así no (me) cabe duda alguna. A partir de estas páginas la poesía es un espacio verbal acrecentado, desbordado sobre los bordes de la libertad.

Túa Blesa

---

1. Los títulos de las obras de LMP se citan en estas páginas, en ocasiones, abreviados.

SELECCIÓN BIBLIOGRÁFICA

1. De Leopoldo María Panero (excluidos los recopilados en este volumen)

El ómnibus, sin sentido de Edward Lear. Selección, trad. y pról. de LMP. Madrid: Visor, 1972.
Matemática demente de Lewis Carroll. Selección, trad. y pról. de LMP. Barcelona: Tusquets, 1975.
«Prólogo». En Marqués de Sade. *Cuentos, historietas y fábulas completas*. Madrid: Felmar, 1976.
En lugar del hijo. Barcelona: Tusquets, 1976.
Visión de la literatura de terror anglo-americana. Antología, trad. y prefacio de LMP. Madrid: Felmar, 1977.
«Dos aproximaciones a la experiencia de Dylan Thomas o bien lo que para ofrecer un título, podría llamarse Circunscripción de Dylan Thomas». En Dylan Thomas, *Veinte años creciendo*. Madrid: Felmar, 1978, 9-63.
«Última poesía *no*-española». En *Poesía*, 4, junio de 1979, 110-115.
La caza del Snark de Lewis Carroll. Per-versión de LMP. Madrid: Libertarias, 1982.
Dos relatos y una perversión. Madrid: Libertarias, 1984. Reeditado como *Palabras de un asesino*, Madrid: Libertarias/Prodhufi, 1992.
Aviso a los civilizados. Present. y comp. de Ricardo Cristóbal. Madrid: Libertarias, 1990.
Y la luz no es nuestra... Valladolid: Los Infolios, 1991. Ed. aumentada, Madrid: Libertarias/Prodhufi, 1993.

[En colaboración con José Luis Pasarín Aristi] *Cadáveres exquisitos y un poema de amor*. Madrid: Libertarias/Prodhufi, 1992.
[En colaboración con Claudio Rizzo] *Tensó*. Madrid: Hiperión, 1997.
Mi cerebro es una rosa. Textos insólitos. San Sebastián: Roger, 1998.
Abismo. Madrid: Endymion, 1999.
Teoría lautreamontiana del plagio. Santander: editorial Límite, 1999.
Teoría del miedo. Pról. de LMP. Epíl. de Túa Blesa. Tarragona: Igitur, 2000.

2. Estudios

BARELLA, Julia (1984). «La poesía de Leopoldo María Panero: entre Narciso y Edipo». *Estudios humanísticos*, 6, 123-8.
BLANC, Felicidad (1981). *Espejo de sombras*. Barcelona: Argos Vergara.
BLESA, Túa (1994). «Parábola del diccionario». *Archipiélago*, 18-9, invierno, 214-21.
— (1995). *Leopoldo María Panero, el último poeta*. Madrid: Valdemar.
— (1998). *Logofagias. Los trazos del silencio*. Zaragoza: Trópica. Anexos de *Tropelías*.
— (1999) «Doble sesión». En José Luis Castro de Paz, Pilar Couto y José María Paz Gago, eds., *Cien años de cine*. Madrid: Visor, 291-303.
— (en prensa). «[Lectura de] `Glosa a un epitafio´ de Leopoldo María Panero». En Peter Fröhlicher y Georges Güntert, eds., *Cien años de poesía*.

CASTELLET, José María (1970). *Nueve novísimos poetas españoles*. Barcelona: Barral.
COLECTIVO LEOPOLDO MARÍA PANERO (1992). *Los ojos de la escalera. Seguido del Poemario inédito Heroína y otros poemas*. Madrid: Ediciones Libertarias-Alejandría.
FERNÁNDEZ, Benito J. (1999). *El contorno del abismo. Vida y leyenda de Leopoldo María Panero*. Barcelona: Tusquets.
FERRANTE, Michela (1998-99). «Narciso, la maschera nello specchio: la ricerca dell'identità in Leopoldo María Panero». *Tropelías. Revista de Teoría de la Literatura y Literatura Comparada*, 9-10, 193-212.
GARCÍA FERNÁNDEZ, Eugenio (1986). «[Prólogo]». En Leopoldo María Panero, *Poesía 1970-1985*. Madrid: Visor, 7-26.
GIMFERRER, Pere (1971). «Notas parciales sobre poesía española de posguerra». En Salvador Clotas y P. G. *30 años de literatura en España*. Barcelona: Kairós, 87-108.
LUJÁN MARTÍNEZ, Eugenio Ramón (1997). «Presencias clásicas en la poesía de Leopoldo María Panero». *Cuadernos de Filología Clásica. Estudios latinos*, 113, 165-186.
MÁS, Miguel (1985). «Una lectura generacional de la destrucción (notas acerca de *Narciso*, de Leopoldo María Panero)». *Ideologies & Literature*, nueva época, 1, 1-2, 194-206.
SALDAÑA, Alfredo (1989). «Leopoldo María Panero, poeta vitalista». *Turia*, 11, mayo, 36-52.
—(1994). «Las cenizas de la rosa: una figura de mujer, la madre, en la poesía de Leopoldo María Panero». En *Actas del IX Simposio de la Sociedad Española de Literatura General y Comparada*. Zaragoza: Banco Zaragozano-Universidad de Zaragoza, vol. I, 347-62.

TALENS, Jenaro (1992). «De poesía y su(b)versión (Reflexiones desde la escritura denotada `Leopoldo María Panero´)». En LMP *Agujero llamado Nevermore (Selección poética 1968-1992)*. Madrid: Cátedra, 7-62.

ESTA EDICIÓN

Se reúne aquí por vez primera la poesía de Leopoldo María Panero del período 1968-2000 (excepto los libros escritos en colaboración). Y además, a diferencia de otras recopilaciones anteriores, se editan todos los libros completos, a lo que se agregan algunos poemas publicados en revistas y otros lugares. Si esto es ya una importante novedad, no lo es menos que los textos han sido sometidos a una depuración de las erratas observadas no poco frecuentes, por cierto, para lo que se han tenido en cuenta las diversas ediciones cuando las había, los criterios generales de ecdótica y, en ocasiones, la palabra del propio poeta. Tal tarea, sin embargo, no ha resuelto todos los problemas que el texto plantea y sólo una edición crítica hubiese permitido abordarlos y asimismo explicar las razones de las decisiones adoptadas, de las que me hago responsable.

La ordenación de los textos es, en general, cronológica. En los casos en que ciertos poemas se han incorporado, tras su primera edición, a un libro, se recogen aquí en éste (así, los que aparecieron en *Por el camino de Swann* (1968) se incluyen en *Así se fundó Carnaby Street*). En *Locos* (1995, 2ª ed.) se ofrecen sólo los poemas no presentes en la 1ª ed. (1992) y se excluyen los publicados previamente en *Orfebre* (1994).

Por lo demás, la procedencia de los poemas es la siguiente: «Primeros poemas» incluye los aparecidos en *Nueve novísimos poetas españoles* (Barcelona: Barral, 1970) y no recogidos en otro libro; *Así se fundó Carnaby Street* (Barcelona: Llibres de Sinera, 1970), *Teoría* (Barcelona: Lumen, 1973), *Narciso en el acorde último de las flautas* (Madrid: Visor, 1979), *Last river together* (Madrid: Ayuso, 1980), *El que no ve* (Madrid: La banda de Moebius, 1980), «Tres historias de la vida real» (*Estaciones*, 2, otoño-invierno, 1980-81, p. 44), *Dióscuros* (Madrid: Ayuso, 1982), *El último hombre* (Madrid: Libertarias, 1984), «7 poemas» (*Con Dados de Niebla*, 2, junio de 1985, pp. 36-8), «Últimos poemas» (*Poesía. 1970-1985*. Madrid: Visor, 1986, pp. 251-8), *Poemas del manicomio de Mondragón* (Madrid: Hiperión, 1987), «De Globo rojo» (*Globo rojo. Antología de la locura*. Recopil. y pról. de LMP. Madrid: Hiperión, 1998, pp. 50 y 58-61); *Contra España y otros poemas no de amor* (Madrid: Libertarias/Prodhufi, 1990), *Heroína y otros poemas* (Madrid: Libertarias, 1992), *Locos* (Madrid: Gasset, 1992), *Piedra negra o del temblar* (Madrid: Libertarias/Prodhufi, 1992), «Once poemas» (*Poesía*, 38, 1992, pp. 309-21), «Epílogo» (Antonio Blanco. *Poesía*. Madrid: Libertarias, 1994, pp. 229-30), *Orfebre* (Madrid: Visor, 1994), *Locos* (Madrid: Libertarias, 1995, 2ª ed.), *El Tarot del inconsciente anónimo* (Madrid: Valdemar, 1997), *Guarida del animal que no existe* (Madrid: Visor, 1998), *Teoría lautreamontiana del plagio* (Santander: Límite, 1999).

Primeros Poemas

CANTO A LOS ANARQUISTAS CAÍDOS SOBRE LA PRIMAVERA DE 1939

No sentiste crisálida aun el peso del aire
en tu cuerpo aun sin límites no hubo deseos alas
en tu cuerpo aun sin límites ciega luz no sentiste
oh diamante aun intacto el peso del aire.

A lo lejos azules las montañas qué esperan
Por dónde van las águilas. Cruzan sombras la nieve
Canta el viento en los álamos los arroyos susurran
las luciérnagas brillan en las noches serenas
olor denso a resina crepitan las hogueras
Con antorchas acosan y dan muerte a los lobos
En combate de luces derrotada la nieve
Nada turba el jazmín al aire florecido

Y sus rubias cabezas sobre la hierba húmeda

Son sus ojos azules un volcán apagado
En el viento naufragan sus cabellos de oro
De sus muslos inmóviles tanta luz que deserta

Cómo duele en la sombra desear cuerpos muertos.

La mies amarillea caen a tierra los frutos
Ellos vuelven cansados y no hay luz en sus ojos
Pero los huesos brillan y dividen la noche
Estantigua que danza alrededor del fuego
La hora es del regreso y no hay luz en sus ojos

Salpicaduras al borde del camino cabellos aplastados
La hora es del regreso tened cuidado aguardan.

Las luciérnagas brillan en las noches serenas.

Canta el viento en los huesos como en álamos secos
entra en el pecho silba y ríe en las mandíbulas
entre las ramas flota de un ruiseñor el canto
y como un río el viento acaricia sus cuencas

A lo lejos azules las montañas qué esperan
Una antorcha en la mano de mármol una llama de gas bajo
    el arco vacila
Y sus nombres apenas quiebran la luz el aire

Sepultará la tierra tan débiles cenizas
volarán sobre ellas golondrinas y cuervos
sobre ellas rebaños pasarán hacia el Sur
se alzará sobre ellas el sueño de pastores
y desnuda la tierra morirá con la nieve
La hora es del regreso en sus labios asoman
olvidadas canciones rostros contra el poniente

Qué voló de sus labios al cielo y sus ojos azules
qué lava derramaron en qué ocultas laderas

En sus ojos azules se posaba la escarcha
antaño fue el deseo siempre arrancada venda
oh qué fuego voló de sus labios al cielo
aquellos labios rojos que otros nunca olvidaron.

Pero el viento deshace las últimas nieblas
otros creen que es el frío en las manos caídas
Olvidan que la llama no sólo se apaga en sus ojos
que después no es el frío, es aun menos que el frío.

PARA EVITAR A LOS LADRONES DE BOLSOS

Cuca está hueca. Sí, ¿no sabías? Le quitaron la matriz, los ovarios, todo. Quizá por eso él la llama Hiroshima Mon Amour. Sí mujer, y ella se cree que no se ha enterado nadie. Y en realidad todo el mundo finge ignorarlo, no sólo, naturalmente, ante ella. Sí, sí, yo creo que lo saben, que sí mujer, cómo no lo van a saber. Fíjate qué importancia le da a la cosa. No, no, a mí la matriz no me la quitaron, pero sin embargo yo misma se lo conté a todo el mundo como la cosa más natural. No, cómo iba a llevar un vestido malva. Y qué obsesión que si la miran, que si la tocan. Y nadie la mira, ¡cómo la van a mirar! y nadie la toca. Qué cosas tienes. Sí, sí, pues dice fíjate que si por un momento se olvida de correr bien los visillos, y se ha quitado las medias, ¿qué otra cosa iba a decir, la pobre? en seguida ¡plaf! los curiosos, como les llama ella, se asoman a la ventana de enfrente, del patio. Los curiosos. Algo así como los ovnis, los curiosos.

PRIMER AMOR

> ...ora
> sei rimasta sola...
> RIKI GIANCO-MIKI DEL PRETE

Esta sonrisa que me llega como el poniente
que se aplasta contra mi carne que hasta entonces sentía
  sólo calor o frío
esta música quemada o mariposa débil como el aire que
  quisiera tan sólo un alfiler para evitar su caída
ahora
cuando el reloj avanza sin horizonte o luna sin viento sin
  bandera
esta tristeza o frío
no llames a mi puerta deja que el viento se lleve tus labios
este cadáver que todavía guarda el calor de nuestros besos
dejadme contemplar el mundo en una lágrima
Ven despacio hacia mí luna de dientes caídos
Dejadme entrar en la cueva submarina
atrás quedan las formas que se suceden sin dejar huella
todo lo que pasa y se deshace dejando tan sólo un humo
  blanco
atrás quedan los sueños que hoy son sólo hielo o piedra
agua dulce como un beso desde el otro lado del horizonte

Pájaros pálidos en jaulas de oro.

Así se fundó Carnaby Street
(1970)

«Schaukelt auf schwarzen
Gondelschiffen durch
die verfallene Stadt.»

GEORG TRAKL

«Y no hace falta
comprender la música
izquierda, derecha,
adelante, detrás,
un, dos, tres.»

DE LA «YENKA»

A los Rolling Stones

1
ASÍ SE FUNDÓ CARNABY STREET

IMPERFECTO

Inclinó la cabeza sobre el cadáver. Sobre el lago: mundos sumergidos. Vio reflejada su propia imagen. En los ojos de Anne, aquella tarde, en la escalinata del Sacré Coeur, no encontró una respuesta. El cielo se llenó de nubarrones, pero no llovería jamás sobre las inmensas praderas de Kentucky. La lluvia resbalaba sobre el cadáver, la gente descendía a nuestro lado, sin mirarnos. Algo había en el fondo: una sombra, se movía, parecía mirarnos. Mundos sumergidos. El cielo, alto. Llovía aquella tarde en París y no supimos dónde refugiarnos. No encontró una respuesta. Antes de morir trató de decir algo, acaso un nombre, una fecha. Trató de besarla, ella volvió la cabeza y empezó a hablar rápidamente, de Jim, del «Dragón Rojo». Faltaba poco tiempo para que se despidieran. Al fin llegó la ambulancia, inútil. Era preciso decirle algo, tratar de arreglarlo como fuera. No le contestó nadie aquella noche, en el lago. Nunca llovería sobre Kentucky. Subieron el cadáver lentamente a la ambulancia, como si estuviera a punto de decir algo. Antes de que se marchara, de que abandonara la ciudad para siempre. Mientras, la lluvia resbalaba sobre los cabellos de Anne, sobre su impermeable. Manchado de sangre, se mezclaba con ella, caía sobre el asfalto. Arrojé una piedra al agua. Los bosques. Nací allí, pasé mi infancia en la finca de mi abuelo. Hubo una gran sequía que abrasó los campos. Mi abuelo aún recordaba a los indios. Hablaba mucho, continuamente. «¿Por qué ahora de Jim?», pensó. «¿Por qué precisamente de Jim?». En aquel portal. La sirena de la ambulancia, los titulares de los periódicos, las fotografías, los interrogatorios: inútiles. Una ficha en el depósito de cadáveres. Los Museos de Cera. Se había olvidado de la pregunta y ahora ella hablaba rápidamente, los automóviles, luces rojas. Mi abuelo, aquella noche, me confesó que siempre hubiera deseado perder la memoria. Un tipo extraño, es viejo, tiene manías. El policía lo golpeó con la culata del revólver. Era imposible que lo hubiese olvidado. Las golondrinas.

II

HOMENAJE A DASHIELL HAMMETT

Visite Hong-Kong. La droga. Las revueltas callejeras. Las callejas. Aguardar la muerte en un restaurante de lujo. Los disparos, el estrépito de mesas y sillas. Los gritos, las carreras. El cielo alto, azul. ASÍ ACABÓ LA BANDA MORAN. Las fotografías. La nieve.

III

GO DOWN, MOSES

Qué había ido a buscar allí. Todo estaba en silencio. Inventó tesoros, trazó mapas y concibió innumerables proyectos de viajes. Y ahora, nuevamente lo tenía ante él, el lago, sin niebla. Los sargazos. Las sirenas. Los barcos encallados en las rocas. No era un lago, un inmenso tembladeral sombrío. Las Tablas de la Ley.

IV

ELEGÍA

Los osos de trapo. Los caza-mariposas. Los erizos en cajas de zapatos. Los amigos invitados a comer por primera vez. Cómo ha pasado el tiempo. La noche de Reyes. Expulsado fuera del colegio. No podrá ingresar en ninguna otra escuela. Me pregunto dónde estará aquel traje de Arlequín, que llevé a la fiesta de disfraces. Cómo ha pasado el tiempo.

V

Noemí. El mundo del espejo. La libertad. El otro Sol. El Oro. Más allá del mar, las Indias. El hombre llegará a la luna, pisará las inmensas praderas nevadas de Venus. Los computadores nunca se equivocan. Luces rojas, blancas, verdes. Subir por el arco iris, conquistar Eldorado.

Destrucción. La emboscada, los disparos, la sangre. Los cuervos heridos bañados por la luz de los relámpagos.

La noche sin fin.

VI

LA MATANZA DEL DÍA DE SAN VALENTÍN

King-Kong asesinado. Como Zapata. ¿Por qué no, Maiacovsky? O incluso Pavese. La maldición. La noche de tormenta. Dies irae. La mentira de Goethe antes de morir. Las treinta monedas. La sombra del patíbulo. Marina Cvetaeva, tu epitafio serán las inmensas praderas cubiertas de nieve.

VIII

Goya. Los cuerpos retorcidos, contrario a Antonello da Messina. La marihuana.

IX

STRIP-TEASE

Tenía los ojos claros, la conocí en una fiesta. La pasión vencía a la prudencia. Luis Cernuda, los provenzales. Safo, algo desengañada.

X

Las abejas. Industriosas. Las hormigas. El olvido, los guardianes de las puertas de la Ley. Prisiones, manicomios. Las cigarras. Las sirenas de la policía, buscándolas a través de la ciudad desierta. Los héroes: Sigismondo Malatesta, etc.

XI

EL ESTRENO EN LONDRES DE «MARY POPPINS»

Los abrigos, las bufandas. El rimmel. La salida de los teatros, la salida de los cines: Temed la muerte por frío.

CORO: «Pero temed más bien la ausencia de todo deseo
Pero temed más bien la ausencia de frío y de fuego.»

XII

EL HOMBRE QUE QUISO VIAJAR DENTRO DE UN COCHE DE PLÁSTICO

Al fin, optó por un dinki-toys. Abrió con cuidado, la portezuela. Al fondo le sonreía el mago de Oz, invitándole a entrar.

XIII

EVOCACIÓN

¡Ah, quién hubiera podido vivir aquella época hoy tan lejana, haber sido una muchacha pálida que tocase el piano y en los atardeceres bordase en el bastidor, esperar a un novio detrás de un visillo que se estremeciera cuando él pasase, tener una caja de música llena de valses tristes, llamar a un muchacho a la luz de una vela «caballero», y recitar versos que se perdieran entre la hiedra de las ventanas!

CAPITÁN MARVEL, ¿DÓNDE ESTÁS?

XIV

HIMNO A DIONISOS

Los naipes de colores. El carnaval de Niza. El circo: los elefantes, el rugido de las panteras negras, las risas de los niños.

XV

Mientras se cortaba las uñas descubrió, en un ángulo de la habitación, los monos azules, le sonreían, le hacían guiños.

EL RAPTO DE LINDBERG

Al amanecer los niños montaron en sus triciclos, y nunca regresaron.

EL ASALTO A LA DILIGENCIA

A quince millas de Silver City, se empezaron a oír los disparos. Buscaban a un mago, que había de venir del Norte. Al no encontrarlo, los dejaron en libertad y la diligencia y sus asaltantes partieron tomando un mismo rumbo.

XVII

LA METAMORFOSIS

Al llegar a casa, abrió el paquete que contenía un aeroplano de juguete. Lo besó suavemente. Era Ícaro, le sonreía.

XVIII

Y aquella tarde que fui al ballet ruso. Mi padre me llevaba de la mano. Su risa se parecía a la muerte. ¿O era él quien se parecía a la muerte? Las cenizas de la marihuana son blancas. Esto, claro, no se aprende en la escuela.

XIX

LA LIEBRE IMPLORA EN VANO AL CAZADOR

El cazador (respuesta): Pero yo sólo poseo el arte de matar, no el poder de vivir.

LOS PIRATAS

Bandera negra. El abordaje. Los últimos pasos sobre la tabla antes de caer al mar. El alarido salvaje. Las burbujas. El abrazo de las profundidades.
                    ¡Y aquellos cuerpos colgados de una soga, con la mirada inmóvil aún fija en el Norte!

HOMENAJE A BONNIE AND CLYDE

La pistola en la nuca. NO GRITE SI NO QUIERE MORIR. Los coches de la policía, lanzados a toda velocidad, a través de Cicero.

LA MUERTE DE ORLANDO

Mucha gente abandona a los animales en los parques. Cuando amanezca el frío habrá acabado con ellos. El policía de guardia podrá escuchar a medianoche, el último maullido del Gato Negro, llamando en vano a la Reina de los Gatos.

LA MUERTE DE MANDRAKE

El Templo de la Magia, bombardeado. Terón, el Rey de los Magos, ha quedado ciego. Mandrake acude inútilmente en su auxilio. Los invasores.

* * *

Y aquel faquir indio asesinado en un parque de Londres...

* * *

Las conversaciones. Vd. puede, si quiere, contar anécdotas. Para ello, hay muchos medios de hacerse con un selecto repertorio. Si no encuentra nada que decir, puede encender un cigarrillo. Hay quienes recurren al alcohol, otros a las drogas. Es necesario poseer una magnífica memoria. Ante todo lo que Vd. cuente debe interesar al oyente, porque de otra manera, no habría *conversación*. Evite los *silencios prolongados*. Pero ¿qué gran conversador no ha tropezado alguna vez con un *silencio prolongado*?

ENCONTRÉ SÓLO TELARAÑAS

Encontré sólo telarañas. Viejos valses caídos en los rincones. Encontré sonrisas: de debutantes, de condesas arruinadas, de cazadores de dotes. También la sonrisa del Rey, feliz por el regreso de su hijo.

XXVIII

Había un enorme reloj en la peluquería. Inclinado sobre mí, el viejo peluquero me hablaba de un partido de fútbol, hacía mucho tiempo que se había desarrollado, pero él aún lo recordaba. Entraba muy poca luz a través de las ventanas. Todo era, nada podía ser. El peluquero, visiblemente, trataba de recordar tiempos pasados. Acudió a un recurso fácil: un partido de fútbol, que tal vez nunca se había desarrollado. El peluquero, visiblemente, quería a toda costa acallar el insistente tic-tac del reloj. Para ello hablaba sin parar, mencionaba nombres que se suponía tenían un significado para mí, o para él. En ese momento entró un hombre vestido de negro: apenas le quedaba pelo, pero, a todas luces, quería llenar su vida en alguna forma. Cuando llegara su turno, probablemente, hablaría con el peluquero viejo como si le conociera desde hace mucho tiempo. El peluquero viejo, con toda seguridad, le seguiría el juego (no se trataba de un juego). Le ofrecieron una revista ilustrada. La rechazó con la mano. Quería recordar. Cualquier tiempo pasado fue mejor, se repetía, hasta que las palabras perdían su sentido. No, no se trataba de un juego. A eso de las ocho, cuando salí a la calle, mientras me arreglaba el cuello del abrigo, me di cuenta de que todo estaba oscuro.

XXIX

Las Damas de la Caridad se dedicaban a enjaular ruiseñores, para que dejaran de cantar, y una muerte lenta, y así hacerse collares con sus pequeños huesos brillantes.

EL RETORNO DEL HIJO PRÓDIGO

¿No ha mirado Vd. nunca dentro del teléfono? Él sí lo hizo, y se dio cuenta de que al otro lado estaban las dos latas atadas por un hilo en Juegos y Pasatiempos del Tesoro de la Juventud. Sí, las latas y el hilo de cobre, se introdujo en el auricular como en un portal oscuro, llegó a su casa, algo tarde para merendar.

EL MUNDO DEL DISCO

El tiempo, como Speedy González, se llevó, envueltos en una nube, todos aquellos ojos clavados sobre una fotografía de Cliff Richard. Por las abiertas ventanas penetró el crepúsculo.

* * *

Era el cuarto paquete que enviaba. Naturalmente se trataba de *paquetes sorpresa*. Algunos de ellos contenían viejas sonrisas de maharajás indios disecadas. Otras, los ojos de un alquimista. Algunas, finalmente, la espada que podría romper el Nudo Sagrado.

* * *

Todos ellos conocían a Leonela. La habían visto, algunos decían haber hablado con ella. Un día decidí seguir a uno de ellos. Se dirigió al número ocho de una calle estrecha y silenciosa. Se introdujo en un portal oscuro. Hubimos de subir dos pisos más, antes de que llamara a una puerta. Entramos. Sobre una pantalla, un proyector oculto dibujaba la imagen de Leonela. Me abrí paso entre ellos, quise abrazarla. Mis brazos rasgaron la pantalla. Detrás sólo había otro cuarto vacío. «¡Leonela no existe!» grité, pero no quisieron escucharme.

* * *

El recién llegado decía que era capaz de extraer la espada de la roca. Todos los habitantes de Zadar palidecieron, al oír la noticia. Al llegar la noche, amparándose en la oscuridad, llegaron hasta su lecho y le ahogaron con la almohada.

LA CRUCIFIXIÓN

Terón, el Rey de los Magos, les habló en vano durante varios días, del poder de la magia.

HOMENAJE A CONAN DOYLE

Las doce campanadas en la torre de la iglesia de Burton Oaks. Desde el pantano nos llega el alarido, el chapoteo desesperado, el silencio final.

«HACE FRÍO, ESTA NOCHE, EN BUDAPEST»

La contraseña era «Hace frío, esta noche, en Budapest». Habían de encontrarse en el puente, a la una de la madrugada. Los ojos de Y. se hundían en la noche. Nevaba furiosamente. Se dieron la mano, habían esperado mucho tiempo para ese día. Sin embargo, de pronto el viento disolvió la niebla, y un sol ardiente cayó sobre la ciudad. No pudo pronunciar las palabras clave. Z. disparó seis veces, hasta que el cuerpo de Y., al caer al río, dejó un rastro de sangre sobre la nieve fresca.

EL POEMA DEL CHE

> «Combatei, pois, na terra arida e bruta,
> té que a revolva o remoinhar da luta,
> té que a fecunde o sangue dos herois!»
>
> Antero de Quental

Fue la primera vez que asistí a la muerte de un enano. El entierro fue emocionante, el día del funeral la iglesia estaba atestada.

Traté de ver el cadáver. Las ratas mordían furiosamente en su piel rosada. Todos lo supimos entonces. La peste había llegado a Spoletto.

HOMENAJE A CARYL CHESSMAN

«Las cámaras de gas que se utilizan en los Estados Unidos para ejecutar las sentencias de pena capital funcionan, en líneas generales, de la siguiente forma: mediante la acción de una palanca caen cuatro bolas de cianuro a un depósito de ácido, generando el gas. La muerte es instantánea.»

EL POEMA DE SACCO Y VANZETTI

Pasaron toda la noche en el cementerio buscando el panteón abandonado. Al levantar la losa vieron a los esqueletos danzar unidos de la mano, entrechocando sus huesos.

(de Eugenio Heltai)

Leía a Shakespeare y a Dickens, y después de la cena hacía que me tocase el violín Kubelik o que me cantase Caruso.

* * *

Oh, el gramófono! Qué bendición de Dios en semejante lugar solitario y maldito!

* * *

Por la mañana, al pie del seto, encontramos la carne envenenada que durante la noche habían arrojado los miserables, descubriéndonos de ese modo que, costase lo que costase, querían acabar con nuestros perros.

* * *

Se llamaba Dax, sencilla y brevemente Dax. No tenía nombre de pila, y si lo tenía, sabía ocultarlo hábilmente.

* * *

Seguí al ministro con resignación y visité las cuadras. Pero ante cada caballo sentía como una coz en el corazón... pensaba sin cesar en la abandonada de los ojos azules.

* * *

De repente, del primer piso cayole una rosa sobre la nariz: Smici alzó los ojos hacia el primer piso, besó la rosa y después se la guardó en el bolsillo de su chaleco, donde guardaba los objetos de valor.

(de ALPHONSE DAUDET)

LA ARLESIANA

Se llamaba Jan. Era un admirable campesino de veinte años, robusto, de rostro franco. Era muy guapo, y todas las mujeres se volvían a mirarle. Pero él sólo llevaba a una en el corazón: una menuda arlesiana, a la que había conocido en la plaza de toros de Arlés, toda terciopelo y encajes.

* * *

(de G. A. Bécquer)

Lo que pudiéramos llamar absurdas sinfonías de la imaginación.

PISTAS

Mrs. Gilmore sale a pasear.
Quiosco abierto toda la noche.
Dársena china.

EL POEMA DE HÉRCULES POIROT

El hombre que había soñado vírgenes imposibles entró en la casa armado de una daga. En la ventana, huellas de sus manos, sobre la alfombra un cuerpo desangrándose.

THE UNIVERSAL SOLDIER

Yo tenía hambre y los aviones a ras de suelo, claro, y los cuerpos sin cabeza, y las balas perdidas, naturalmente, cómo podía haberlo olvidado. Era una vieja historia de cuerpos desangrados. Cómo había podido olvidarla. El trabajo, las preocupaciones diarias y las medallas llenándose de polvo. Era una vieja historia. El estruendo de los desfiles y, ahora, las bocinas. Los monumentos, los campos devastados, la sangrienta luna. Noticias lejanas, claro, los ancianos se reúnen en la plaza, al atardecer, y hablan casi sin mover los labios; mi abuelo aún recordaba a los indios. El tiempo, el polvo.

HOMENAJE A IAN BRADY

En las oscuras habitaciones de hotel los ladrones temen ser descubiertos.

MATARRATOS

Pruebe Vd. a bailar en una habitación a oscuras. O a llegar, a través de la cornisa, a la habitación de al lado. Pruebe a desconectar el teléfono. O a tirarse a la piscina, para sentir el agua helada sobre la piel, y temblar, temblar hasta no ver nada.

* * *

Todos temen que el gigante vuelva a entrar en acción.

* * *

Gargantas ardientes!

* * *

El Hombre Amarillo fue acribillado a balazos desde un automóvil en marcha en la calle Mayor, delante de un escaparate de librería. Todos se acercaron a él para escuchar sus últimas palabras, que más tarde habrían de figurar en el Libro de Frases Célebres. Pero el Hombre Amarillo no tuvo, para ellos, últimas palabras. La situación era embarazosa. El arzobispo pronunció un discurso.

* * *

Fue la primera vez que hablé con el Hombre Amarillo. Pronunció algunos nombres, lo recuerdo confusamente. Pero no habló del sol ni aludió a ninguna persona conocida. Tampoco habló de sí mismo.
¿Y cómo podría hacerlo? ¿Quién era el Hombre Amarillo? ¿Cuándo había llegado a la ciudad? En otra ocasión él mismo me confesó que no sabía nada al respecto. El Hombre Amarillo no era como los demás, de eso no cabía duda. Pero tampoco era un superhombre, como Supermán o Mandrake o Batman, puesto que no ayudaba a resolver casos a la policía. Hubo quien se atrevió a afirmar que hasta era amigo de los delincuentes. Sin embargo, no se encontraron pruebas. El Hombre Amarillo estaba en libertad. Era cuanto se podía decir de él.

* * *

Ha muerto el inventor del DDT. Se llamaba Oscar Frey, y aunque su descubrimiento no tuvo la trascendencia de los de un Koch, un Pasteur o un Fleming, bien merece que le recordemos, pues gracias a él nuestros hijos tal vez nunca lleguen a saber lo que eran los tormentos de la picadura de una chinche o de una pulga.

* * *

EL ENCUENTRO

Cuando entré se estaba lavando la cabeza. En su frente había, creo, una especie de lechuza. Me preguntó si llovía, yo le hablé de la montaña de esmeralda.

* * *

Sostuvo una conversación de media hora con una oruga y al salir a la calle se encontró en el país de las casas de chocolate.

LA METAMORFOSIS (II)

La tierra le dio su cálido abrazo. Por sus venas la sangre ya no fluía, no tenía alma, pero sí más fuerza que nunca. Quién sabe lo que sería. Un árbol o una roca. De vez en cuando el graznido de un cuervo en el bosque o un ruiseñor que se posaba silencioso sobre sus ramas. Cada dos o tres años el calor de una mano.

HOMENAJE A ELIOT

Claro que el tiempo, o se trataba de un río ῥεῖ al fin y al cabo qué importa eso en un día de luto como hoy para la Universidad y las aulas vacías; el tiempo, digo yo, había ido amontonando piedras, como los castores, hasta formar una especie de puente, y yo lo había volado, como el del río Kwai, entonces, de qué podría quejarme.

* * *

Me puse a cantar, al llegar a mi habitación ¿qué otra cosa podría haber hecho?

NECROLÓGICAS

Encontramos un cuervo herido, al poco tiempo de estar en casa echó hacia atrás el pico, pero al chico le sirvió de entretenimiento, por cierto, habrá que comprarle ropa nueva para este verano.

* * *

In Memoriam
Leopoldo Panero Torbado, 1909-1962
La luz del día vence sobre la llama de los cirios.

BLANCO Y NEGRO

(El mundo de las revistas ilustradas)

Nuevo Mundo, pero fácil de descubrir; parecido al cine, pero sin necesidad de entradas, luces rojas o estruendo de disparos.
Parecido a la televisión, pero Vd., puede volver las hojas en el sentido que le plazca, mientras que en el Otro Mundo (el de la televisión, se entiende) el ritmo y la duración de los programas está fijado de antemano, y a nadie, ni a Vd. ni a la tía Alicia que descorría-antaño-las cortinas suavemente y el desayuno pan con mermelada, y en el momento de tomar el café con leche una voluptuosidad muy parecida a la que-algunos-no todos, se entiende-experimentan al tomar contacto con el

Tercer Mundo (el del amor, se entiende, no hay necesidad de explicarlo, unos pocos secretos que se aprenden en la escuela) le es posible modificarlo, ni a la tía Alicia, tan amable, ella, con sus visitas, podría hacer que Napoleón siempre Solo acudiera a otra hora de la que está fijada. Pues bien, en el mundo al que nos referíamos hace unos momentos, el de las Revistas Ilustradas, Vd. puede, no sólo cambiar de canal (el UHF siempre es una válvula de escape) sino decidir la duración y el ritmo de los programas, e incluso seleccionar estos mismos programas. Pongamos por ejemplo, Vd. puede escoger entre las siguientes posibilidades (a cual más atrayente):

LA REINA FABIOLA TIENE DE NUEVO
ESPERANZAS.

CRISTINA DE HOLANDA Y SU BÚSQUEDA
DE LA FELICIDAD.

SILVIE VARTAN VE LA VIDA DE COLOR
DE ROSA.

* * *

Hablé con varios grupos de presos. En sus ojos había soledad, esperanza, o simplemente rutina.

ESCEPTICISMO DEL VATICANO
EN TORNO A UN SUPUESTO MILAGRO

En un estrado, una orquesta ataviada con pieles de animales y cascos de motociclistas, repetía constantemente una misma frase.

EL HOMBRE DE MARRAKESH

Desembarcó a las 10 de la mañana, y recorrió enseguida, de cabo a rabo, la ciudad. Nadie sabía nada del hombre que buscaba, nadie reconocía su foto. Pasaron los años y, viejo y cansado, partió de nuevo para Marrakesh.

* * *

Los Honorables Mendigos del Sultán cultivaban el arte de la paciencia. Cubrían sus ventanas con cortinas de color rojo para evitar que la luz del sol llegara a través de ellas de un modo claro, franco y directo. Decoraban sus habitaciones con los retratos de otros mendigos, ya muertos, y por lo tanto aún más honorables.
Los Honorables Mendigos del Sultán tenían a su servicio a otros mendigos —ya se sabe, la división de clases— encargados de las labores domésticas, servir el té, lamentar lo ocurrido en el caso de que hubiera algo que lamentar, aunque, naturalmente, por medio de gestos *ad hoc,* puesto que, como es natural, tenían cortada la lengua y no eran sordos para las campanillas, el ding-dong y los timbres pero sí, naturalmente, qué había Vd. pensado, para todo lo demás. Pero la principal tarea que se les asignaba, es decir, la razón, el porqué de su vida de mendigos no era Dios, pero sí algo muy parecido: se trataba de evitar a toda costa (no bastaban las ventanas enrejadas, los sistemas de alarma, los perros, las alambradas, los Al ladrón, el radar ni los uniformes que siempre imponen respeto) la entrada (no la *presencia,* porque —ya lo hemos dicho— (*hemos* no es plural, impersonal, porque no se sabe quién lo ha dicho, algo así como Dios, es decir por doquier *es, está* (y todo lo demás)) del Hombre Amarillo.

* * *

Margarita y Tony sonríen a bordo de un yate, durante sus vacaciones en Cerdeña.

* * *

Probablemente la tierra se hundiría si yo hiciera esa pregunta. Resultaría agradable, como oír un disco de THE PINK FLOYD, otros prefieren Berg, otros se van de putas, la casa de los 10.000 placeres. Sería capaz de destruir cualquier mente humana, robot, Batman:
¿Por qué no bailar, ahora, el Danubio Azul? No es ésa, claro, la pregunta, pero mientras tanto, mientras me atrevo y no me atrevo, mientras todo sigue girando pero sin caballitos y las luces rojas cierran el camino y los peregrinos mueren de sed antes de llegar a Roma, mientras tanto.
¿Por qué no bailar, ahora, el Danubio Azul?

* * *

Se trataba del flautista de Hamelin. Se había llevado todos los niños con su flauta. Hubiera querido que me enseñara a cantar y a bailar, y el Sermón de la Montaña, y los Diez Mandamientos. Pero la ciudad estaba llena de ratas, claro, mientras tanto, y ahora, claro, sin niños. Cuántos partieron en su busca. Visionarios, fanáticos, soñadores. Nosotros, mientras tanto, esperábamos, limpiábamos los ceniceros, arreglábamos un poco la casa. Unos se quejaban de la gota, otros de la guerra. Otros la deseaban ardientemente, héroes, ya se sabe, con el corazón muerto, una noche de verano.

LA HUIDA A EGIPTO

Decidió pasar el resto de su vida dentro de un tubo de plexiglás. Para ello, creyó conveniente hacerse con un burro. A

eso del mediodía los dos se encontraron en el mundo del plexiglás. Los habitantes entonaron himnos de bienvenida, hosannas, aleluyas.
Era, de nuevo, el Domingo de Ramos.

* * *

Cualquier cosa puede esperarse de una cerilla, en el momento de encenderla, o de una ficha de teléfono, o del ruido de un motor, a lo lejos, o de una puerta, o de un timbre.

EL ENCUENTRO (III)

Toda su vida esperó al Enano Rojo. Le hablaba, a veces, en sueños. Al fin lo encontró, en una taberna del puerto, frente a un vaso de ron, totalmente borracho, a punto de caerse al suelo.

UN ÁNGEL PASÓ POR BROOKLIN

A los dos días fue detenido, y llevado a disposición del juez. Se trataba de un traficante de marihuana.

LA METAMORFOSIS (III)

Merlín, transformado en hiedra, en el grito de los vencejos.

FAR WEST

A John Ford.
No llegaron a tiempo los refuerzos. Fue muerto por un indio al encontrar un filón. Al otro extremo del continente, California, el oro.

HIMNO AL SUEÑO

Llega tarde nuestro recaudador de impuestos: es preciso rogarle que no nos deje sin su protección, somos miembros de su sindicato, necesitamos de su pequeño chantaje; no importa el dinero, iremos solos a su encuentro, no marcaremos el número de alarma, no avisaremos a la policía, esperando por fin nuestro rescate.

TELEVISOR ANGLO MEJOR QUE LA REALIDAD

La mentira del sol en una habitación a oscuras
                                        que estremecen de pronto los disparos.

* * *

Oh, Flash Gordon, en qué Galaxia tu nave ha encallado...

* * *

Y como el mar camino, sin armas, sin escudo.

* * *

El patito feo esperó siempre, acurrucado en un rincón de su pequeña habitación, la llegada del Hombre Amarillo. Y, sin embargo, en la escuela le prometieron que, en cualquier encrucijada, el Hombre Amarillo puede tenderte la mano. También le prometieron —sus padres, pobre chico— que algún día llegaría a ser un cisne. Pero sus plumas perdían, poco a poco, el color y un buen (?) día desapareció sin dejar rastro; quién sabe qué habrá sido de él.

* * *

Llueve, llueve sobre el País del Nunca Jamás.

CAPÍTULO Y

Y entonces rasgué los cortinajes y vi la mancha oscura en la pared, y M entró y me apuntó con su pistola, porque había descubierto que el asesino no era el mayordomo, pero tampoco M, sólo que M no sabía quién era el asesino, y ni se le había pasado por la cabeza que alguna vez se hubiera cometido un crimen, es decir M sólo apuntaba con la pistola, que él no había fabricado sino R, y grité y mientras M me apuntaba con su pistola, y no se me había ocurrido preguntarle, pero cuando lo hice una carcajada ensordecedora, y estábamos tomando el desayuno, él y yo, al menos eso decía, pero seguía apuntándome con su pistola, y entonces llamó a N y también se reía, mientras me apuntaba con su pistola, porque en realidad estaba sosteniendo la taza de té, y la pared blanca, pero yo seguía insistiendo y entonces llamaron al médico y trató de ponerme una venda y yo entonces fingí creerles, era sólo un problema de comodidad, porque de la otra manera ellos me atarían y de esta forma soy libre, para

moverme desde la pared en la que hay una mancha parecida
a una serpiente hasta sentir el cañón de la pistola de M, y de
N, sobre mis costillas, y entonces les dije por qué no dispa-
ráis de una vez, y otra vez llamaron al médico y cuando iban
a atarme yo me lancé contra la mancha en la pared, parecida a una serpiente, pero ellos me sujetaron y sólo pude sentir el roce, como terciopelo, de la muerte.

* * *

El Hombre Amarillo llegó a la ciudad, una mañana de Mayo.
Al principio pasó inadvertido. La primavera, el clamor de las
bocinas y las diarias ocupaciones de los habitantes de Hamelin, contribuyeron a ello. Pero con él la oscuridad (o la luz)
llegó. Los habitantes de Hamelin se sintieron descubiertos.
Era como si un relámpago, inmóvil en el cielo desierto...

* * *

«Y he aquí que el velo del templo se rompió en dos, de alto
a bajo: y la tierra tembló, y las tierras se hundieron; abrié-
ronse los sepulcros, y muchos cuerpos de santos que habían
dormido se levantaron; y salidos de los sepulcros, después de
su resurrección, vinieron a la santa ciudad y aparecieron a
muchos; y el centurión y los que estaban guardando a Jesús,
visto el terremoto y las cosas que habían sido hechas, temie-
ron en gran manera.»

* * *

Asesinaron a los portadores de antorchas
Asesinaron a los portadores de antorchas

* * *

NUNCA, NUNCA, NUNCA, NUNCA, NUNCA,

FIN

2
TARZÁN TRAICIONADO
(1967)

«...Die Süsse unserer traurigen Kindheit.»

Georg Trakl

«Son morto ch'ero bambino.»

de la canción «Auschwitz»
de Vandelli-Lunero

Para Ana María Moix

UNAS PALABRAS PARA PETER PAN

«No puedo ya ir contigo, Peter. He olvidado volar,
y...
Wendy se levantó y encendió la luz: él lanzó un
grito de dolor...»
JAMES MATTHEW BARRIE: *Peter Pan*.

Pero conoceremos otras primaveras, cruzarán el cielo otros nombres —Jane, Margaret—. El desvío en la ruta, la visita a la Isla-Que-No-Existe, está previsto en el itinerario. Cruzarán el cielo otros nombres, hasta ser llamados, uno tras otro, por la voz de la señora Darling (el barco pirata naufraga, Campanilla cae al suelo sin un grito, los Niños Extraviados vuelven el rostro a sus esposas o toman sus carteras de piel bajo el brazo, Billy el Tatuado saluda cortésmente, el señor Darling invita a todos ellos a tomar el té a las cinco). Las pieles de animales, el polvo mágico que necesitaba de la complicidad de un pensamiento, es puesto tras de la pizarra, en una habitación para ellos destinada en el n.º 14 de una calle de Londres, en una habitación cuya luz ahora nadie enciende. Usted lleva razón, señor Darling, Peter Pan no existe, pero sí Wendy, Jane, Margaret y los Niños Extraviados. No hay nada detrás del espejo, tranquilícese, señor Darling, todo estaba previsto, todos ellos acudirán puntualmente a las cinco, nadie faltará a la mesa. Campanilla necesita a Wendy, las Sirenas a Jane, los Piratas a Margaret. Peter Pan no existe. «Peter Pan, ¿no lo sabías? Mi nombre es Wendy Darling». El río dejó hace tiempo la verde llanura, pero sigue su curso. Conocer el Sur, las Islas, nos ayudará, nos servirá de algo al fin y al cabo, durante el resto de la semana. Wendy, Wendy Darling. Deje ya de retorcerse el bigote, señor Darling, Peter Pan no es más que un nombre, un nombre más para pronunciar a solas, con voz queda, en la habitación a oscuras. Deje ya de retorcerse el bigote, todo quedará en unas lágrimas, en un sollozo apagado por la noche: todo está en orden, tranquilícese, señor Darling.

BLANCANIEVES SE DESPIDE DE LOS SIETE ENANOS

Prometo escribiros, pañuelos que se pierden en el horizonte, risas que palidecen, rostros que caen sin peso sobre la hierba húmeda, donde las arañas tejen ahora sus azules telas. En la casa del bosque crujen, de noche, las viejas maderas, el viento agita raídos cortinajes, entra sólo la luna a través de las grietas. Los espejos silenciosos, ahora, qué grotescos, envenenados peines, manzanas, maleficios, qué olor a cerrado, ahora, qué grotescos. Os echaré de menos, nunca os olvidaré. Pañuelos que se pierden en el horizonte. A lo lejos se oyen golpes secos, uno tras otro los árboles se derrumban. Está en venta el jardín de los cerezos.

LAS BRUJAS

Bastó un gesto, una palabra vuestra para que todo se hiciese aire, o menos que aire... Brujas que hablabais el lenguaje del viento, a medianoche, el lenguaje del viento golpeando las ventanas, el lenguaje del viento crujiendo en los desvanes, el

lenguaje olvidado del viento. El lenguaje de la noche, qué hizo de vosotras el sol, su torpe claridad, su exactitud brutal, qué fue de vosotras cuando el sol secó para siempre nuestras almas... Qué fácil entonces el miedo, brujas, brujas aventadas por el soplo de un demonio más terrible que el mismo demonio...
Qué extraño maleficio no deja llegar la noche, oh deshacer, deshacer con un gesto el mundo...

AL OESTE DE GREENWICH

¿Qué se hizo de la Tabla de Bacon, de la Velocidad, de la Energía, qué se hizo? ¿De la ecuación tarde o temprano resuelta, del problema imaginario, de la circulación y de la sangre?... ¿Dónde, dónde el meridiano de Greenwich, el ecuador, los polos, dónde la Tierra de Fuego, las minas de carbón o de platino? Y la vida reducida a una combinación de carbono, de hidrógeno, de oxígeno...
Alguna vez creí en los glóbulos blancos.
Alguna vez creí en la gangrena y otras enfermedades localizables.
Alguna vez creí que Fleming nos había liberado.
Alguna vez creí que tras del experimento de Michelson y Morley todo había terminado.
Hoy...
«Es la hora profesor», de pronto una voz ronca.
«Es la hora profesor»... Hace tanto tiempo que fue la hora.

Hoy... Cae torpe, vanamente, la nieve, cubre espacios desiertos, fina nieve de inútiles nombres y cifras.

Hoy... El Tiempo, el Espacio... Solos, sin ecuación posible.

DESEO DE SER PIEL ROJA

La llanura infinita y el cielo su reflejo.
Deseo de ser piel roja.
A las ciudades sin aire llega a veces sin ruido
el relincho de un onagro o el trotar de un bisonte.
Deseo de ser piel roja.
Sitting Bull ha muerto: no hay tambores
que anuncien su llegada a las Grandes Praderas.
Deseo
de ser piel roja.
El caballo de hierro cruza ahora sin miedo
desiertos abrasados de silencio.
Deseo de ser piel roja.
Sitting Bull ha muerto y no hay tambores
para hacerlo volver desde el reino de las sombras.
Deseo de ser piel roja.
Cruzó un último jinete la infinita
llanura, dejó tras de sí vana
polvareda, que luego se deshizo en el viento.
Deseo de ser piel roja.
En la Reservación no anida
serpiente cascabel, sino abandono.
DESEO DE SER PIEL ROJA.
(Sitting Bull ha muerto, los tambores
lo gritan sin esperar respuesta.)

3
OTROS POEMAS

EL ALCAUDÓN
EN LUCHA CON LA SERPIENTE

A Vicente Aleixandre

Hay sangre en el jardín qué importa de quién sea
El granizo golpea las puertas las ventanas
No acudió la serpiente al llamado de Orfeo
No acudió Carlomagno al son del Olifante
Una figura más para el museo de cera
quién sabe si venció si aún está luchando
En Oriente buscó la Piedra Que Da el Sueño.

DUMBO

El elefante se elevó en el aire
ante el asombro
de todos los presentes

ÉRASE UNA VEZ

Cuentan que la Bella Durmiente
nunca despertó de su sueño.

A LA MUERTE
DE GIOVANNI BATTISTA PERGOLESI

En la capilla las aciduladas niñas
un día dejaron de cantar

CAEN AL RÍO LOS BATELEROS DEL VOLGA

A la mitad del río, seguidos por los gritos
centelleantes de espantados niños
cayeron al Volga sus bateleros.
Suavemente la luna se posa
sobre las copas de los árboles,
y el croar de las ranas añade silencio a la noche.
Se deslizan las ratas a través de los viejos raíles,
malecones abandonados, deshabitados puertos.
Seguidos por los gritos
como relámpagos en el aire sereno
de marineras de lodo salpicadas para siempre,
cayeron al Volga sus bateleros.

20.000 LEGUAS DE VIAJE SUBMARINO

Como un hilo o aguja que casi no se siente
como un débil cristal herido por el fuego
como un lago en que ahora es dulce sumergirse
oh esta paz que de pronto cruza mis dientes
este abrazo de las profundidades

luz lejana que me llega a través de la inmensa lonja de la
 catedral desierta
quién pudiera quebrar estos barrotes como espigas
dejadme descansar en este silencioso rostro que nada exige
dejadme esperar el iceberg que cruza callado el mar sin luna
dejad que mi beso resbale sobre su cuerpo helado
cuando alcance la orilla en que sólo la espera es posible
oh dejadme besar este humo que se deshace
este mundo que me acoge sin preguntarme nada este mundo
 de titíes disecados
morir en brazos de la niebla
morir sí, aquí, donde todo es nieve o silencio
que mi pecho ardiente expire tras de un beso a lo que es sólo
 aire
más allá el viento es una guitarra poderosa pero él no nos
 llama
y tampoco la luz de la luna es capaz de ofrecer una respuesta
dejadme entonces besar este astro apagado
traspasar el espejo y llegar así adonde ni siquiera el suspiro
 es posible
donde sólo unos labios inmóviles
                              ya no dicen o sueñan
y recorrer así este inmenso Museo de Cera
deteniéndome por ejemplo en las plumas recién nacidas
o en el instante en que la luz deslumbra a la crisálida
y algo más tarde la luna y los susurros
y examinar después los labios que fulgen
cuando dos cuerpos se unen formando una estrella
y cerrar por fin los ojos cuando la mariposa
próxima a caer sobre la tierra sorda
quiere en vano volver sus alas hacia lo verde que ahora la
 desconoce.

LA CANCIÓN DE AMOR DEL TRAFICANTE DE MARIHUANA

«...y la gente buscaba las farmacias
donde el amargo trópico se fija.»

Federico García Lorca

Y para qué morir si en los barrios adonde
el carmín sustituye a la sangre
nos dan por 125 ptas. algo que según dicen es un sucedáneo de la miel
aunque a veces contiene pestañas ahogadas en ella
que hay que separar cuidadosamente antes de usarla
¡una pata de pájaro por veinte duros! OCASIÓN el hueco
que tanto necesitábamos para meter en él nuestra enorme cabeza
y en el espacio de dos horas no oír más que el ruido que ella misma produce
(algo así como un río de lodo)
qué es lo que esperan, qué es lo que esperan para desenterrar
los pedazos de vidrio de colores que la arena se ha tragado
o los caramelos que al pasar por sus intestinos se convierten en algo nada grato al tacto, al gusto y al olfato
o los perros con que jugábamos en la esquina mientras los autos al pasar nos llenaban de barro
todo en fin, las flechas y verbenas
y todo por tan poco precio, señores, por tan poco precio
un viejo Arlequín bailará en sus pupilas
una serpiente con muletas anidará en ellas
un viento, quizás, lo reconozco un poco cansado y con ganas de irse a su casa
tratará de limpiarle a Vd. los ceniceros
y todo por tan poco precio, señores, por tan poco precio.

PARÍS SIN EL ESTEREOSCOPIO

recuerdas el que vivía antes en el piso de arriba y echó a su hija de casa y se oían los gritos y luego él tiró sus muñecas al patio porque ella todavía conservaba sus muñecas y allí estuvieron entre toda aquella basura y las miramos que no se movían y ya no se oían los gritos hasta que se hizo de noche y luego el portero debió de recogerlas a la mañana siguiente algunas sin brazos

las estuvimos mirando toda la tarde mientras iban perdiendo forma hasta que oscureció y no pudimos verlas y luego cuando me desperté a medianoche pensé «ya no queda nadie para vigilarlas»

ANN DONNE: UNDONE

> «J'ai pris un canif dont la lame avait un tranchant acéré, et me suis fendu les chairs aux endroits où se réunissent les lèvres [...].
> Je regardai dans un miroir cette bouche meurtrie par ma propre volonté.»
> Lautréamont

Tantas veces tus pasos he creído escuchar
William Wilson, tus pasos, detrás de mí, a lo largo de los
   interminables Corredores
Desnudos como el Invierno
Como el invierno propicios a fantasmas y a Ecos,
Tantas veces, tantas veces tus pasos he creído escuchar
William Wilson, detrás de mí
En los interminables Corredores como la sombra del Castillo
   a que éstos conducen

Su anticipación, su Espejismo
Como la sombra de los Verdaderos Espejos
A que éstos conducen,
Espejismo nacido de la fiebre
En los interminables Corredores donde crece la Fiebre
Única vegetación, única Flor
En el reino de la piedra desnuda,
Desnuda como el Invierno,
En el reino del Musgo, del *amarillo jaramago,*
De la Amapola que crece sobre la piedra desnuda como el Invierno,
Tantas veces tus pasos, William Wilson,
Tantas veces tus pasos he creído escuchar
Estos pasos que son el Eco de mis pasos,
Esta Sombra que es la sombra de mi sombra.

La Amapola es la Flor que crece en los Glaciares
Es la Flor sólo aroma,
Color y tallo hechos de aire,
La Flor que no dará Fruto
Porque la única Flor fecunda sabemos que no crece,
Lejana y fría en el salón de los Espejos.

La Amapola es la Flor que nace de la caridad del Diablo
Para con los Sedientos, para con aquellos que han de elegir
Entre la Amapola o el Hielo, o la lejana visión del Salón de los Espejos.
Mas la Amapola se deshace con inocente crueldad en las manos de los Sedientos

Y sólo nos queda caminar, continuar la Cadena de nuestros pasos,
Porque sólo esta Cadena puede salvarnos de la interminable Caída,

Porque sólo esta Cadena puede por fin llevarnos, a lo largo
   de los interminables Corredores
Desnudos como el Invierno
Al lugar al que como Arcos se tienden nuestros pasos,
Que no es otra cosa que la Huella de nuestros pasos,
Que no es otra cosa que el Salón de los Espejos.

Las Cadenas del Demonio se deshacen antes de tocarlas
Y no es verdad que yo escuche tus pasos,
Que yo los haya escuchado alguna vez,
William Wilson, tus pasos, tantas veces,
En los interminables Corredores donde crece la Fiebre
Única Flor, la Amapola que crece
Sobre la piedra desnuda como el Invierno,
La Amapola que es Muerte y conduce sólo a la Muerte
Fuera de nuestra Salvación, de nuestra única posible Salvación,
Que son los Carruajes vacíos en el Crepúsculo, moviéndose
   en dirección a mi esperanza, moviéndose en dirección al
   Salón de los Espejos.
Mientras que la Amapola nos hace olvidar el Camino
Y convierte el Castillo en Laberinto.

No es verdad que ahora los escuche,
No es verdad y es verdad la sonrisa de la Esfinge
Porque la única verdad es aquello que no es verdad
Y la única esperanza en la Tierra aquello que está
Fuera del Mundo y en el Mundo
Fuera del Mundo y de la Tierra.
No es verdad William Wilson,
WILLIAM WILSON NO EXISTE
O al menos no es Aquel que nos salvará de la Ceniza
Pues es él mismo quien nos conduce a la Ceniza:
Las Cadenas del Demonio se deshacen con inocente crueldad
   en las manos de los Sedientos.

Teoría
(1973)

a Manes

«Inter sacra deum nocturnique orgia Bacchi
discerptum latos iuvenem sparsere per agros.»

Virgilio

Practicar el *anásurma* frente a un espejo, sí, pero no frente a esa opacidad, lector, la tuya. Poco o nada de mi *experiencia* te interesa: quieres saber tan sólo de esa ficción que se creó por intermedio de otro, esa entidad, llamada «autor» que te sirve para digerirme, esa imaginación pobre («Leopoldo María Panero») que ahora devoran unos perros. Hablemos, pues, de esa triste ficción, del «yo», lugar de lo imaginario. Diríase que ese golem nació hace unos años, con motivo de una ficción más amplia aún y más burda, que llamóse «generación», ficción esta última a la que dio pie José María Castellet con su antología de presuntos infames, llamada novísimos. Prosperó luego a la sombra de ese florilegio de espectros (parte de ellos «ambiciosos burgueses», como dijo Huysmans, la otra de «abominables mamarrachos»), colaboró en algún que otro diario («Pueblo» y «Madrid» si mal no recuerdo), editó un libro *(Así se fundó Carnaby Street),* título que si ahora puede parecer absurdo, entonces no lo era; se trataba con él de aludir a una «situación anímica de fin de mundo», base del expresionismo según Muschig), fue múltiplemente entrevistada, comparada con otras ficciones del mismo género y al fin murió, dejando sólo este *ou tis* que es el que escribe. Vida y muerte, las dos fechas, ¿me queda algo por añadir? Recuerdo una de sus frases: «No escribo porque estoy condenado, sino que estoy condenado porque escribo». No estaba mal del todo. Pero a lo que me resisto es a colocar mi próximo libro en el haber de su lista de crímenes. Porque ese rey (el yo) ha muerto, se ha dejado sucumbir para renacer de nuevo, es porque en ese próximo libro, en que se realiza la ceremonia alquímica de la *destilación* (albedo) de la prima materia, se titula «Los lobos devoran al rey muerto». Otra interpretación

—que es lo que gustas— ese rey muerto podría ser el mismo arte, que en esto que sigue se cuestiona desde dentro. Nada más. Dejad ahora que esa legión de hormigas pasee su imbécil laboriosidad por encima de la máscara caída en el asfalto. Nada mejor que no ser oído. Nada mejor que, en esa exhibición, no ser visto. Que esa *persona* que de sí misma reniega, que este texto que para celebrar su muerte establezco, que todo esto te ahorque por fin a un lugar que no existe.

I

LE CHÂTIMENT DE TARTUFFE

Every triumph of Vanity
is followed, inexorably, by Shame
because Shame is more powerful than Vanity
and Vanity doesn't succeed in eliminating
the weight of bodies which inexorably fall, afterwards,
and come back to their original place: inexorably,
inexorably like the thoughts of a tram conductor
is the law which drives everything to its place
and makes unsuccessful the noble efforts of Vanity
and makes of the Devil a failure, an eternal failure
pursuing in vain his body, his impossible body
an echo to his voice, in the desert
to his voice, which is desert
and only desert, pursuing in vain an echo
in the desert, and flesh for his not consecrated bones.
And always the wind, the ferocious and equalitarian wind
levels the desert and sweeps away
the buildings that Vanity made up with effort,
with hard effort, the buildings which briefly coloured
the desert and which now are dust, only dust and ashes
to nourish us until the end of time.

DESTRUKTION FICTICIA

«Offen, wie Abwehr und Warnung,
Unfasslicher, weitauf»

Rilke: *Séptima Elegía*

La sin nombre, la de los muchos nombres, y ninguno, quebrantó todas sus promesas, promesas que yo heredara como una misión y en las que fácilmente se confía si se leen los diarios, o anuncios de un jardín comerciable, cuando me pareció la puerta del delito difícilmente franqueable y por ello meritorio su acceso, y al otro lado, no ya el cuervo sobre el busto de Palas, es decir, un doble fondo en ausencia de un fondo, sino un jardín a la vez público y privado, único, y otra redención (que no fuera ésta) de nuestra soledad, de nuestra unicidad, por intermedio de la duplicidad que así en el pecado como fuera de él estaba asegurada por postales, corazones trazados con tiza en los muros que ocultan solares vacíos, es sabido que las lentejuelas fingen (o inventan) el infinito; cuando lo fingen (no lo inventan) la luna figura en postales —el más frágil correo— y no en lápidas indestructibles como cuando el caso que nos ocupa, aunque ocupa, ya no nos ocupa, nosotros que hemos desleído el babeante mensaje del cordero, su belar ilegible por causa de la b, que obstruye pegajosas lianas que el machete la selva estructura o depone e instaura en su lugar
        la montaña azul
        a lo lejos y siempre lejos ciervo
        de asir imposible no de capturar, que
        nos aferra.

Hemos puesto una v donde dice «belar», y una z en sentido absoluto, sin referirse a nada ni a nadie; y hemos degollado al cordero (la lana no abriga, es falso): como la flecha imaginaria que atraviesa el corazón no para herirlo sino para asesinarlo y una vez muerto sustituirlo por otro grabado y no en un muro dibujado con tiza.
Y ya de púas, la púa defendida, la flecha imaginaria acaba con el imaginario arquero.
Y otro arco se tiende en actitud de disparar y no dispara, finge bala de plata, el estallido de la pólvora y una nube de ella parece que, sin embargo, a nadie hiere, porque a nadie atañe, porque la bala no encuentra blanco, porque la flecha ha atravesado la manzana y blancos y tenaces los gusanos la han vaciado, con paso seguro sobre este puente inseguro, aunque indestructible de mí (que lo atraviesa) no se cuida.
Prosigamos con aquello que sólo prosigue (no en mí), no en vano es la palabra *más* su único posible retrato o mejor fotografía en picado de una muchedumbre, de los revoltosos a las puertas de palacio: yo no sospechaba una traición tan radical, y menos aún que no fuera una traición pues no iba dirigida claramente contra mí, el traicionado, y por consiguiente nadie había sido traicionado. Pero una vez el asesinato callejero anónimo perpetrado, me decidí a inscribirlo a la inversa en mi álbum que tampoco me pertenece, dado que desde entonces carecía de padre y madre, pues no me era desconocido que el hecho de inscribirlo, forzosamente a la inversa, equivalía a un asesinato, a una traición tan radical como aquella de la que había creído ser objeto, y que aun no estando al igual que la anterior a nadie dirigida era sí una traición pues lo estaba a todos, de la que me enorgullezco, pues el odio es la mayor de las virtudes y abandonando la vía pública, puse un punto y aparte en una carta que no se engaña sobre su destino, es decir, que sabe, aunque destinada,

que carece de destino. He aquí el sarcasmo: una carta que reniega de su destino, desarraigo del forzado compromiso con quien nos ignora, con quien se sirve fatalmente de nosotros, pese a nuestra repugnancia, a la repugnancia que a este papel inspira todo contacto.
Juana de Arco es obligada a exponer su martirio para salvarse del martirio. Ya no es martirio si en la hoguera, quema carne y madera que queman,
y el hielo
del frío cura, de otras hogueras sus mismas cenizas nos libran, y echan en ella (en la hoguera que nos salva) todas tus patas de sapo.

II

EL CANTO DEL LLANERO SOLITARIO

«There are almost no friends
But a few birds to tell what you have done.»

LOUIS ZUKOFSKY

1

Verf barrabum qué espuma
Los bosques acaso no están muertos?
El libro de oro la celeste espuma los barrancos
en que vuela una paloma

en el árbol ahorcado está el espejo
palacio de la noche, fulgor sordo
a las ondulaciones peligrosas
voracidad se interrumpe y el silencio nace
vaso de whisky o perlas
(y en resplandor la penumbra envuelta)
                                                    las hadas
dulces y muertas sus vestidos sin agua
M preguntó a X
X no le respondió

la masa de un toro queda anulada
por la simple visión de sus cuernos
cubiertos de nieve: montañas
a las que el ciervo va a morir
cargado de toda su blanquez
                                      los fantasmas no aúllan
—Y
  :
     peces color de cero absoluto
O bleu
          en un lugar vacío me introduje

estaba oscuro hasta que ya no hubo luz
soledad del anciano, tacere é bello.
Verf barrabum qué espuma
                        reencarnación
en lo dorado de mi pensamiento
                        Alicia
                                Verf barrabum
qué hago
       ves la espuma inmóvil en mi boca?
aquí solo a caballo Verf barrabum qué
hagoaliciaenelespejoven
aquí a mi palacio de cristal: hay ciervos
cuidadosamente sentados sobre alfileres
y es el aire un verdugo
impasible. (Tacere é bello Silentium
                               Verf
qué hago muerto a caballo
                               Verf
alto ahí ese jinete que silencioso vuela
contrahecho como un ángel:
caen del caballo todos los jinetes
              y la cigarra: ἀπαθής
              en el verde que tiembla
              luz que de la inmovilidad emana
              luz que nada posee
y el enmascarado usó bala de plata
punteó la tiniebla con disparos
                         y dijo:
a) fantásticos desiertos lo que mis ojos ven
b) barrabum: bujum
c) la llanura muy larga que atravieso
con la sola defensa de mi espalda
d) mi mano no es humana.

2

esplendor de cristal en la llama de una vela
Osiris muerto es sólo tres al cubo
yaciendo en la oscuridad (oscuridad de piedra)
Snark
destruye a Bujum
(con su plumaje afilado a la manera
de un cuchillo, con sus uñas separadas del cuerpo, con
sus dientes sagaces que ya no mastican carne humana)
Snark = Verf (y ya no barrabum)
la sangre de Carlitos
está en la pared secándose
(tiene un perro muy fiel de granito)
la sangre de Carlitos
                Verf
pero en especial su aliento amarillo
la enfermedad es aún movimiento, pero la mía está inmóvil
indecisión, y la mía es firmeza
arde en la noche un rancho
en la soledad invernal, las
cabalgatas en el desierto
llueve en el invierno, la oscuridad es un círculo
por el laberinto de la máxima destrucción
sortijas de oro en el crepúsculo
dijo el pájaro: sígueme
ese bosque que no acaba ni empieza
en donde estoy perdido
extraviado en una claridad
esa montaña de la que no hay retorno
tiranía de la nada
«No hay acontecimientos personales» decía E.H.
mientras los hongos crecían a sus pies

laberintos de nieve realidades sin peso
castillo
      Verf
         y no Bujum.
Pompas de jabón en tabletas
Verf
Animales de contornos mágicos
vide Carroll
(el huevo con rostro humano) the rain
in the plain bajo el sol las cadenas
el sepulcro de Sitting Bull
los pájaros
que no existen
el manicomio lleno de muertos vivos
el manicomio lleno de muertos vivos
el manicomio lleno de muertos vivos
Estas flores son cadenas
y yo habito en las cadenas
y las cadenas son la nada
y la nada es la roca
de la que no hay retorno
(mas si no se ha vuelto es porque tampoco
nunca se ha ido) y la nada es la roca
la nada es música
de la que no se vuelve
una pastilla de jabón venenosos arcángeles
y Fedor Tjutvec sonreía
en una niebla incierta, también llamada Verf
barrabum qué espuma

golpeará después los huesos de mi boca.

3

Dormir en un algodón y el canto de las sirenas
y el león en invierno y los pájaros (volando en círculo)
que no existen
        y las flores del ártico
y Urana
perfectamente desmayándose
                sin manos
              (Verf)
minimización del ritmo en favor de una escritura
de la profundidad en favor de la superficie
del símbolo en favor de la imagen
y Santo Tomás (o era Aderman?) lloraba
rey difunto conquista el cielo
las estrellas ya no serán ojos
sino luminosa opacidad
              SEÑOR DE LAS FORMAS
fragmentos de una conversación con el crepúsculo
dormir en un algodón
una vez muerto, o cielo
las estrellas no serán ojos
sino tinieblas clarificadas, o clavos
en los ojos
        y las ostras
no esperaban a nadie en el fondo del mar (las llaves)
como un muñeco sin brazos cuando oscurece
(asesinaba por medio
de una cámara fotográfica) la palabra
está devaluada, flota en el vacío
y son torpes sus pasos, perezosa
como si fuera agua, así es preciso
acrisolar su destrucción

en una nueva extensión lingüística
negadora del agua, de las formas babosas
de lo informe, de lo vago o disuelto
en una nueva extensión no acústica (que será el mar)
en que no habrá Prose (y será entonces una prosa
               aparente, purificada de todo lirismo)
ni poema, sino piedra (y será entonces una poeticidad
      no enemiga, pero al menos sí ignorante de la prosa)
rebasando fronteras de hielo
en una superficie única
no dependiente de lo designado, ni de ninguna otra ley
(asesinaba)
construyendo (a
sesinaba) sus propias leyes
como un castillo en el vacío.

4

Las llaves de una puerta que no se abrirá nunca
en el fondo del mar
negación de la ola, fragilidad inmensa
las noches son frías en Marruecos, lo decía O.
(a quien también gustaban las ostras) los pájaros
 como Gulliver clavado por medio de estacas, o vampiro
en el fondo del mar
            el terciopelo
cantaba una amarga, endurecida canción
en el desierto hace frío
caía nieve del cielo
o como si lloviera piedras

que dan el sueño, perlas
color de fuego, fuego
en que arde la bruja: bruja
de chocolate: son frías
como el fuego
llama de cristal (de lo vencido
nace un resplandor, o flores
                    hongos
                      Ulm
ganó en la batalla todo menos su vida
que hubo de perder para ganarla Ulm
vivía en los bosques y muerto el leopardo
que defendía (junto con el lobo, y un tercer animal
de cuyo nombre no quiero acordarme)
la entrada a la montaña, y los árboles cortados
vaguedad precisa si no se quiere
flotar lo mejor es hundirse aquellos ojos
de ahogado que ya no miraban
quizá porque veían (con los huesos
de un ahogado puede hacerse un pastel
                         con los huesos
con una planta carnívora Ulm
derrotó a ejércitos armados tan sólo de caballos
groseros y móviles la espada
la espada
       (espaldas
antiguas sollozan entre las ramas) Espada
en la roca, o nudo
luna torre espejo
mudo
ya no era un mono dame
tu mano niño de cabellos verdes
que no tienes manos.

5

Hay que conquistar la desesperación
más intransigente
para llegar a las formas más duras y más vacías
para construir nuestro castillo
jugar a fantasma
               naranjas
ruedan por pendientes que parecen no tener fin
sin caer nunca ruedan
ruedan por pendientes
que parecen no tener fin.
                    Bebía té verde
pero fue un mono quien lo destruyó
bebía té sentado
en el monte Taishan, y lo miraba todo desde el puente
que une la tierra con el cielo, sólo desde ahí
podía mirar al río, podía
con mirada lejana ver transcurrir al dios pardo
Cadaver aqua forti dissolvendum, nec aliquid
retinendum. Tate ut potes,
el baile
Curwen debe morir, bandera negra, not
of meat bleeding, blanca
(el espanto
que produce la blancura, su inhumanidad
demasiado evidente, un laberinto
más atroz era el desierto
donde reina el dios muerto
un laberinto era la misma nube
en que agoniza el rey, la cera derretida, el golem
oh nube
que has matado al rey

que, como Ulm, sólo así vive, vencedor
de batalla que nunca se dio,
señor de su derrota oh nube
que has matado al rey.
                        espejos insomnes
lámpara acribillada de alfileres
DISUELTO CON ÁCIDO, Y NADA
DEBE QUEDAR
                polvo azul
en las salas vacías de los hospitales
Errdick no dormía pero estaba
atado a su lecho
y su cabellera se expandía
Errdick, el no nacido de mujer
Errdick, Errdick, Ulm verf
                        qué espuma
arde en esta copa, plantaciones en el aire
larga oración sobre el silencio
y la tragedia como dureza
enemiga del dolor, pálido y espumoso
espuma
fuera de la ola aislada
de toda corriente, incluido el dolor
que es frío pero no lo bastante
espuma pero no cianuro
esparcido en sendero no hollado
                        Jano
significa dolor o piedra
yo, enemigo del dolor
vanidad que saquea, dijo el viejo (muerte del sol)
oh tesoro de hojas caídas, crepusculares ciervos
qué se hizo de mí
sollozando como Ossian desde una roca

      aunque mis lágrimas ya no sean nada.
                                          los cactus
los vegetales sentimientos, la flor que habla,
                                                     los niños
escondidos en la sombra,
                    la danza
de los niños de piedra
derrota triunfante
esplendor de cenizas, esplendor
esplendor esplendor
en la puerta del paraíso
la nada que vigila
sólo vigilar sabe, amor
de las cosas escondidas
lleváronse las ratas y los niños
y por fin arribamos a la isla
en que Penélope tejía destejiendo
incorruptible oro, la luna o el diablo
y por fin arribamos a la isla. En la caverna
había un cíclope que dijo Verf
y en una copa ardiente dijo que estaba solo
con su único ojo nada que vigila
vigilar las sombras el hielo está desnudo
vigilar las sombras y las muñecas
que se desvanecen.

6

              Vinum Sabbati (espada
              destruye a copa)
Seth, el comedor de muertos
                      luz, esfera

gotear impasible de los cirios
                    (SIPHER, SEPHORA)
sobre el altar vacío
            SWORD, AUTUMN
espada sobre el otoño
            SÓLO
AQUELLO QUE NO EXISTE
NO PUEDE MORIR
                    (y una absurda pregunta
que frágilmente enciende
las desiertas avenidas:
Elena, José Sainz, y Eduardo y Ana
y Heli de los labios inmóviles, V. O. finalmente
tardía aurora parecida a un estertor
(they all go)
cuchillada final sobre abril moribundo
                        (they all go
into the darkness)
            y el amor
tentacular acogió entre sus brazos
a seres indecisos entre la oscuridad y la luz
(the vacant into the vacant) NADA
Luis Ripoll, José Sainz, o Eduardo o Ana
desaparecidos como serpientes
                NADA
excepto la muerte
para salvarnos de la muerte
                    (nos abrazábamos
en la casa abandonada
            no sabiendo
que no es posible deducir
                (la luna y los susurros)

emociones de la noche
                        nombre de Dios, Muerte
                                      y las ratas
muertas en la montaña (no sabiendo)
el músico de Saint-Merry, las mujeres crucificadas
la mujer que así muerta dio lugar a una flor
aquella que creyó amarme
                        y las flores del ártico
(elles n'existent pas)
la blanca marea se llevó los despojos
Luis Ripoll, y Eduardo quizá, y verosímilmente Ana
Ana, Ana, Ana (sólo es posible repetir su nombre,
                              es lo único que sé de ella)
te has quedado SIN OJOS
Ana, Ana, Ana (y la blanca marea
y abolido el mar, las bolas
de cristal se multiplican
                      O Sphere
sin ocupar espacio
                Ana, Ana, Ana
te has quedado sin ojos
—Ana sin ningún ojo—
                          celle
qui crut m'aimer
                grito el conde DEJAD
EN EL ESPACIO EN BLANCO DE PESTAÑEAR
                    nube torre espejo
(espejo donde no hay ojos)
                        Carmilla
si miras al espejo, tú allí no estarás
(fuera de este papel tu nombre, Lenore)
Ana: tú no estarás

esfera, espejo:
                tú no estarás
y la muerte no sueña
y la muerte no es sueño, o si es
sólo es sueño en blanco
                       Ana: tú no estarás
(que para llegar al Oro
la Espada rompa la Copa:
                tú no estarás
(CUP=SUMMER
            enterrad la primavera
       PENTACLES, WINTER)
                           en el invierno
TÚ NO ESTARÁS
        en el invierno
abandonad los largos corredores, y vuestros pasos
que heredaron en vano el silencio
                    vuestros pasos
ya no existen en el tercer tramo
si abrazamos un cadáver
              (tal vez fuera un súcubo)
y Elena, José Sainz, y Eduardo o Susana
y Heli de los labios inmóviles, V.O. finalmente
(debilidad de una oveja frente al sol moribundo)
Are you washed in the blood of Lamb?
y Elena y Luis Ripoll y el demonio encerrado
o muñeco sin brazos?
                en la botella inmóvil
o Maenza o Hervás (a. La Bola)
(Seth, el comedor de muertos)
Sheila Graham, la luna o el diablo
destruye el 6, destruye el 2

La segunda esposa
(como moscas matar a los recuerdos)
y Eduardo y Luis y la lluvia en el rostro
Susana (como moscas), José Sainz
y Elena, y el apodado Humo
                       (y los niños de piedra)
y la lluvia construye ciudades
                       —revólver de cenizas—
hay jardines en medio de la lluvia
                       las palabras azules
no muerden el anzuelo
y palacios hechos sólo de lluvia
                       —las palabras azules—
la mano muerta que yace en el vaso
                       —mi mano no humana—
                       DIRECCIÓN SUDESTE
Aire o fuego, nunca tierra o agua
y Elena —yacer— en qué lecho?
se apagó el sonido de las ranas
mientras el cadáver sin un grito cae
en la montaña donde ya no hay viento
                       (mehr licht
dijo, tumba, Goethe)
            LUZ
            NÚMERO
            PALABRA
(muerto el leopardo)
            LUZ
(cásate contigo mismo)
            SAPHER
            SIPHER
            SEPHORA
(tú no estarás).

7

M
a.t.c.: incendióse
monstruos sin tamaño
          M
m,m,m
    adre
de los dioses, sagrada noche
mirada que perfora, mirada que destruye
M, m, a, t, c.
    Adiós sol

ἀλλ' Ἀΐδην κηδεμόν' εὐορόμεθα

mujer entre la nieve
geométricos los buitres
avanzan sobre cadáveres
amontonados en la terraza.

8

1871

La paciencia es un arte
               o pesadumbre
macizo montañoso.
y los calendarios inexistentes
                   Quieres un padre?
                            No, gracias,
nuestros hijos también murieron.
Y alguien (en el jardín, en el crepúsculo de metal

«la novida es un estado de disolución
del yo en vida, aun cuando algunos
no exactamente lo hayan identificado con la muerte
causa de la escritura y también su resultado»
y los cristales cantaban
      a heladas fuentes
dejando sólo un laberinto de ecos
         un fantasma no aúlla
y en el cráter del Etna
      that is cold
      las fotografías la luna
sistema de muertes tierra
en donde el deseo no existe
        ciudad-estrella
   Zagreus
Ven, fuego
   The blood's tide like the music
y el eco
de los muertos disparos.

9

Toda perfección está en el odio
de ojos blancos (si el odio
es amarillo
   yo soy amarillo)
y he abandonado el río de ojos verdes
(descorcha pues la botella de Médoc
antes de morir
   y que el sonido
azul haga en tus ojos (verdes) el vacío:
el negro en una celda, el frío en la bodega, la tos de Fortunato

(no soporto su alegría), los cascabeles tras de la piedra
inmóvil, las invisibles arañas que forman sus telas entre
una y otra botella (de manera que éstas sean al final un
todo que Fortunato, con su tos, no logra conmover:
la tos de Fortunato, el frío en la bodega, los pasos a lo
largo de inútiles (ya lo he dicho) corredores
              el negro en la bodega
quizá muerto, en todo caso no interesa
el río sino las piedras que nos sirven
para atravesarlo: recompensa sin riesgo,
abolido el peligro en una celda, etc.:
cablegrafíame (acaso) si llegas al Sudeste
donde mi padre viaja sin maletas ni ojos
sin interés, ya muerto, firmemente
hacia el ocaso: ciudad en las montañas,
rigor en la locura-cuchillo de cristal
                            dónde está
pues el amontillado? más allá
pero ahora prueba, mientras tanto
este otro vino dorado
antes de morir
              tiburones de nieve
                        y la mano
que sobresalía de la tumba: cabeza
separada del cuerpo, tronco inútil: y Fortunato dijo
cuál es tu escudo?
monte azul sobre campo de oro
sólo hay un heroísmo
entre las rocas, y es el odio
es el odio lo único
que me une a ti
              mi amor ha muerto y un gato
espía su muerte, espía su nada

y las lágrimas al caer se transforman en piedra:
la tumba de Midas:
                    hizo un signo
oh, yo también construyo casas,
                            pero bebe
de esta botella (en que habita el diablo)
antes de morir:
toda perfección está en el odio
y el odio es todo lo que me une a ti
en la Fase Etérea
no hay ya rencor, sino odio
en la Fase Etérea
el odio es todo lo que me une a ti
(la tos de Fortunato, el frío en la bodega)
                        D
el odio es todo lo que me une a ti
(y a la Fase Eléctrica)
mis amigos y yo somos como peces
                            y no hay amigos
en la pecera (tumba del diablo)
                        Fortunato:
no hay amigos
si caminas sobre la nieve
en dirección Sudeste
(Euphoria está ya muy lejos, y sus tristes hábitos
y sus dedos de herrumbre
que amontonaban sapos
quién sabe con qué fin:
Euphoria está ya muy lejos: no mires atrás
                          Ven, Fortunato, ven
a través de más funestos corredores
e igualmente inútiles y sin recompensa
pero en los que al menos el dolor no existe:

los fantasmas no aúllan
y las lágrimas al caer se transforman en piedra
deja pues Euphoria y ven conmigo
hacia el blanco que no es dolor ni gozo
—un *reino blanco*—
Madonna sin pasado ni futuro
Fuera del tiempo, Fortunato, ven
Garfio ha matado al cocodrilo, ven
al castillo que un foso sin agua defiende
(en los banquetes egipcios un esqueleto
cubierto por un velo presidía la mesa
                        (los falsos escudos
serán nuestra única verdad
               ven,
                      Fortunato, ven
donde la oscuridad no deja ver sino la luz
                        El Vigilante de la Balanza
                             WAU
Caballero de la negra armadura
blanca, ven
y verás a la Reina Ácida
cuya muerte nos alumbra:
                   Ven
que sólo el eco responda a tus pasos
WEIMBRAND   LACHRIMA CHRISTI
SOTERN   RENÉ BARBIER
SAINT-ÉMILION   LANGUEDOC   MOSELLE
MÉDOC   ακαστον
CHIANTI   CUNE
A través de más funestos corredores
hacia una puerta cerrada, ven
que no se abrirá nunca, y más allá
sin embargo, habitaremos, más allá

donde está el amontillado (el más allá
en una botella, muñeco sin brazos ni piernas—
tos de Fortunato, el negro en la bodega—
(Fortunato cubierto de gotas de yodo
ha desaparecido
    (El Infierno es el agua,
          ven
(mientras sólo el eco contesta a tus pasos
cuchillo=necesidad=destino
     3
la noche es llama, los animales huyen
        este bosque en cenizas
        XV = destino
Toda perfección está en el odio
Y alrededor de Kali cantaban los ladrones
Infierno, lago de fuego
romped todas las copas
para que nazca el Hijo: Wau
dorado escarabajo que en mi estuche encierro
para que nazca el Hijo:
cierra tu corazón, y escucha
oculto en la gruta, escucha
cómo muero
   yo
(el sonido de las olas es semejante al silencio
oculto en la gruta escucha
el resplandor azul:
yo miento en el cielo
(oculto en la gruta, escucha:
la montaña nace
para no morir jamás
(mide la ruina, el color rojo olvida
       MATZ

para que nazca el Hijo
la distancia es azul
azul de las montañas, azul
(el cuerpo de Sócrates se disuelve
en una bañera de agua
azul
    la muerte es una moneda
                        Fortunato, comercia
con tu dolor: sólo de esta manera
acabarás con él,
         y al morir tu dolor
en la pecera (sin amigos) ven
a la vacía respuesta, al azul
en la piedra, a la mentira helada,
Fortunato, ven
    y bebamos
juntos de esta botella de Médoc
                        (en que el diablo se esconde)
antes de las cadenas y la muerte

y los pasos resonaron
hasta que el eco ocupó (definitivamente) su lugar
           FOR GODSAKE MONTRÉSOR
(y cesó el annaspare)
                 y una viñeta en negro
y un confuso rumor de cascabeles
                     (enterrad al bufón)
                        tras de la piedra inmóvil.

10

Furiosa (e inmóvilmente) me arrepiento de mi vida
madera por madera (el castor se suicida)

sin cabeza inventar un nuevo baile,
                              ma
dera por madera, gestos o baratijas
(no comerciar con los indígenas)
arrojadas en vano al crepúsculo
mi vida en donde nunca encontré un signo
(dejo su explicación a otros
                      y me arrepiento,
me arrepiento de mi vida
(destejer este vestido
madera por madera, y para siempre
desnudos o el rey de invisible vestido
me arrepiento (desnudo y para siempre) de mi vida
y que mi arma sea la pobreza
                      mi castillo el no-ser
(desnudo me arrepiento de mi vida)
Penélope desteje
no hay nadie en la ventana
                  SIN
mas (y no más)
construiré en el desierto mi ciudad
me perderé en un laberinto de gusanos
                              (per
dida isla que a nadie interesa
                      per
dido en el bosque y no volver jamás
(cuida del no)
          per
dido en el bosque me encontré
perdido,
inexistente
          en un resplandor
                      (tiene el diablo

los ojos verdes
                    queda sólo el marfil
sobre la mesa UNA DI QUELLE
SFERE DI CRISTALLO IN CUI SI VEDONO I FIOCCHI
DI NEVE CADERE SU UNA CASETTA
I NOBILI PORTANO LA CORAZZA
OVVIAMENTE I BAMBINI NON SI SPOSANO
                    necesaria es Usura
para que nazca el Hijo
despojarse de la vida,
triunfar muriendo de la muerte, etc.
Cuán verde es el cadáver
que nos resucita
(el orgullo la humildad suprema
                                  veintitrés clavos
han anudado al fin este cuerpo a la nada
en ella nado
y que el silencio me bendiga
señor de mi locura
                    máscara de hierro iiii
el pájaro dijo sólo iiii
(elegí la o como vocal más sonora
junto con la r que mejor prolonga
el sonido, significando insistencia
en la desesperación
que sin o se convierte
                    en muda
desesperaci(ó)n
        n(o)
                d(o)l(o)r

☞?+][.£. ᶜ+ .¿?][.
fuera del Cocyto, Anne,

sal fuera de ese río
o perece en él
)
y el pájaro dijo sólo iiii
(sal fuera de ese río
o perece en él
y enamorado y cuervo proseguían inútilmente su
                    diálogo: iiii
en la tierra decrépita, arrugada
llena de sueño, anciana
que en oveja se transforma
Are you washed in the blood of Lamb?
el silencio es el mar
                    Peter Von Kurten
acaricio tu retrato
y mi vida es sólo esto
venderemos The observer
                        a la luz de la luna
                                    y parecía
que sólo eran reales los momentos
en que Gilles de Rais acudía a mi alma
lying on the bed
yo adoro a las tortugas

                    Señora
                        BI
(hundido) las estrellas
                        y el gran fumador
XII The Hanged Man
cumbre de la sabiduría otra

LA SEGUNDA ESPOSA

Agujero en el colmo del dolor
la frialdad del queso una princesa
mudo la zona que no existe besa
Agujero llamado nevermore
donde la angustia suavemente presa
donde la sangre blancamente cesa
Agujero llamado Dead Lenore
Fácil triunfo del pájaro no visto
lago de piedra en que muerte navega
flor en los ojos tos en la bodega
frío en los ojos donde muere amor
frío en los ojos únicos Abrasor
la derrota triunfante en que yo insisto
Siendo, pero imposible
                        edificando mi herida
la lógica de las miradas
la red movediza y frágil
largo vagar mi vida por un tigre
puesto que no espero sobre sus ojos muertos
crece el trigo
        y el cadáver
se transforma en nube
(disolvióse el perro y fue bruma)
barrido por el viento
                y los espejos
huecas palomas
(la poesía lo reemplaza todo
                      —y el pájaro dijo iiii

en ausencia de todo
y las virtudes sean
mi amor enterrado bajo un cactus
cobardía y carencia
(utilidad practicia de un punto interrogativo
para patinar sobre un lago helado
is different to be alone than to be lonely
sin ojos en la celda
sin conocer nada ni siquiera a sí mismo
ÚNICO GATO
(el gato va a morir en el castillo
y su maullido quiebra el sistema aparente
de lo que llaman realidad:
muere sin ruido en el castillo.
(Garfio ha matado al cocodrilo, ven
el pájaro dijo iiii
la derrota triunfante en que yo insisto)
el pájaro dijo iiii
y el amor se hizo piedra
e inútilmente deslumbró
     y
giraron los goznes en el vacío:
un retumbar de truenos
no estremeció a ningún oído
la palabra crea soledad
lujo de muertos caballos
títies disecados mercenarios osos de gastadas pieles
hélices despedazadas
     (bajo la lluvia en Medellín)
          EXIT
(Wie Vögel langsam ziehn)
y la lluvia construye ciudades
(hay unos animales, los insectos

cuyo color es el de la inexistencia
(y giraron los goznes en el vacío
la palabra crea soledad
                    espejo en llamas
—nos abrazábamos en la casa abandonada
manteniendo en general la monotonía del sonido
y dijo
(avión de hélices despedazadas)
sólo una pasta gris
que se extiende
pájaros pálidos en jaulas de oro
qué será de mi voz qué espuma
(inerme no temo al viento)
golpeará después los huesos de mi boca.

solución al rebus:

☞?+][.£. ᶜ+ .¿?][.

r í o q u e n o e x i s t e

(clave propuesta por Poe)

los nobles arruinados en jardines
los nobles arruinados en jardines
los nobles arruinados en jardines
con escobas barrían los restos de la carne
los nobles arruinados en jardines

III

Licantropi, hiboux, calaveras
bestias de zonas oscuras
Hombres-Lobo, pozos, pasado
grilletes los alfileres   sobre
la muñeca de carne rosada
que no solloza golem mo
mias mummie viventi trozos de oro en el pelo
que no solloza princesa quemada
brujas que dan luz y
la carne humana que muere los peces
Licantropi, hiboux, calaveras.

PASADIZO SECRETO

Oscuridad nieve buitres desespero oscuridad nueve buitres
 nieve
buitres castillos (murciélagos) os
curidad nueve buitres deses
pero nieve lobos casas
abandonadas ratas desespero o
scuridad nueve buitres des
«buitres», «caballos», «el monstruo es verde», «desespero»
bien planeada oscuridad
Decapitaciones.

LE DERNIER VOYAGE DE NAPOLEON

Se trata de un llano ondulado en el punto de separación de las cuencas del Dyle y del Senne, dos ríos del Brabante. Desde

Genappe hasta Wavre, el Senne recorre un trecho de unos 20 kilómetros encajonado entre capas alternativas de granito y piedra calcárea, y atraviesa los bosquecillos de Court-Saint-Étienne. A menos de 10 kilómetros antes de Wavre, desemboca en él por la izquierda un riachuelo procedente del barranco en cuyo borde está situada la aldea de Maison-du-Roi

Maison du Roi
y la nieve
depositada en las almenas

¿no era aquello una victoria?

REMODELADO

flor ajena al movimiento
destruir·lejos del estruendo
en la montaña donde ya no hay viento
(rosa de la muñeca, verde de la nada
verdes también los ojos del perro fugaz
que prosigue su no-camino
ante la indiferencia del que vende pañuelos
en una esquina para siempre inmóvil
con una flor terriblemente estúpida en el ojal
como única defensa frente a los tentáculos
de seres parcialmente monstruosos
que devuelve a la nada su éxtasis parcial[1].

FONDO DEL POZO

En el arte descanso del esfuerzo
en la sombra un muerto encadenado

---

[1] Eliot: «la resolución de su parcial horror
en el cumplimiento de su éxtasis parcial»
(Burnt Norton)

con invisible espada que fulgura
las cadenas corta del demonio
y acude a aquellas que gloria regalan
en limitado desierto de una celda
donde la vida es muda
y el barón de Münchausen escapa de aquel pozo
donde ardían confusas las serpientes
con la fuerza de sus brazos que no eran alas
sujeto y objeto de su vuelo
(sus brazos se confundían con la piedra
que indicaba en el pozo subsistencia
de un pasado abolido por el mármol
palacio del barón es su chistera
y sus torpes recuerdos los engullía el mármol
(desaparece el mundo en un minucioso bostezo)
piedra que sustenta ensueños de aire
en el pozo donde aún yace el barón.

MARILYN MONROE'S NEGATIVE

Cabellera rubia que en la nada se extiende
viva tan sólo en las cavernas
(el orgullo así muere, en las cavernas)
agitábase el monstruo en el vacío
«Cuál es pues, la causa de su tristeza
                              —Los negros
en la oscuridad viscosa, la muerte por agua.
«Todos por el camino encuentran a nadie»
Todos por el camino encuentran a nadie
El rey oculto por la carne
sombra que en la luz no se ve
Marilyn (baba sólo) este poema
no te nombra.

—Caddy, Caddy (llamé):
   No tengo mamá

Largos pasillos infructuosos
Mimsy sonríe, y Benny
obsesionado por las formas brillantes
ahora es sólo un eunuco en un hospital.

KONOSHIRO

el llanto de los monos tiene menos
de un año
            crece
a vuelo en la sólida ceniza
                        un año

HOMENAJE A CATULO

«Quia, ut dicitur, osculant posteriora catti»

ALAIN DE LILLE

El culo de Sabenio está cantando
está cantando y ya no es
el vibrar de las serpientes
(allí) sino recogimiento y muerte
y muerte:
El culo de Sabenio está cantando
en soledad dulce y absoluta: el culo de Sabenio
devora en su redondez al viento
y el triángulo emana duros troncos

non unquam digitum inquinare posses
como el invierno triste y absoluto
                          seco y frío
                          purior salillo est
más puro que la sal, no espera
en su carencia de tiempo se aligera
vivo sólo por el falo, existiendo sólo por él
espejo que no sabe ser solo
pese a su irremediable soledad.
(oh, yo, Sabenio amo tu triángulo
restrinjo amor, sitio del excremento [1]
donde reinan las hadas espumosas
cuyo aliento me enferma los venenos viscosos
                                    Gaius
alegre en el abismo, alegre en el suicidio
joy of nothingness: alegre en el suicidio   cattus

Oh, yo, Sabenio, amo tu triángulo
que arde en fuego terrible hacia la nada (joy)
nada es la alegría
la alegría es la nada
y en ese oscuro túnel
              (ioy)
que es tu culo, Sabenio
              oignon
dormiremos despiertos en la estéril visión
en ese oscuro y claro culo
despiertos para el cuchillo
en ese oscuro túnel.
              Y los árboles (duros troncos)

---

[1] Juan Ramón Jiménez: «el amor es el lugar del excremento».

servían de fundamento al cielo
aborrecidos diamantes excrementos
terribles y separados del mundo
                              (Besa este culo)
y las sirenas bordando la noche sin ojos.

Oh madre nube que no tienes peso
Nadie ruega por nosotros

CONDESA MORFINA

Y llegaron los húngaros bailando,
                              y ya era tarde
pero bajo la noche practicaron su arte
y en la noche tú, hermana
me diste la mano.
              (La gitana predijo y repredijo
pero la noche seguía su curso
y en la noche escuché tu abrazo
correcto y silencioso,
                   señora
hermosísima dama
                  que en la noche juegas
un blanco juego. (Hermosísima dama
serena y afligida
                  violeta nocturna
hermosísima dama
                  que la noche protege,
que en la noche vela
noche cándida y helada
                        (pura como el hielo
pura como el hielo tú eres, hermosa dama,

Madonna en el viento
                  hermosa y dulce dama
que me libras de pobreza
                       per amor soi gai
alegría de la nada,
                hermosa dama
hermosa y dulce dama en mi
                      pensamiento
Tell me
      I get the blue
             for you
dime tus sombras lentamente
despacio como si anduviéramos
como si bajo la noche anduviéramos
tú que andas sobre la nieve.
                     Y aterido de frío, por el
                        Puente de Londres
                          —is going to fall—
por el puente de Londres, manos en los bolsillos
y el río debajo, triste y sordo
no era un dulce río
mis ojos apenas veían
pero sabía que mi hermana me esperaba
no era un dulce río
sopesando el bien y el mal en una fulgurante balanza
mi triste hermana me esperaba
                    Monelle
me cogió de la mano
poderosa e impotente como un niño
llamándome en la sombra, con voz escasa
con voz escasa y tus harapos blancos, llamándome en la sombra,
hermosísima dama.
                Y con la mano

frágil y descarnada tú apagabas, y con el roce,
con el roce, en la sombra, de tus blancos harapos
tú apagabas las lágrimas
                      deshacías el dolor en pequeñas láminas
harapienta princesa,
                  tú me diste la mano.
(Y bajo la noche caminaba, buscándola a ella
por suburbios de Londres, a la niña harapienta
vista en todos los rostros de las prostitutas
un frío invierno de 1850
harapienta princesa.
De entre el sudor, la oscuridad, el miedo,
el temblor sordo de la vida,
su dura confusión, su almacenar sombrío
surgió aquella niña, aquel rostro que busco
aquel recuerdo triste y esta luz que rescata
una tarde de 1850
aquella niña
          y en la habitación vacía
                            (y ya era tarde)
yo cojo el azul
        para ti
aguja que excava la carne que ya no siente
                          y ya era tarde
pero bajo la noche practicaron su arte.

MACO

Tú que con rosas en el bul no lloras
que habitas en el tigre, mar que es tu consuelo
que en el tigre celebras tu monótono duelo
mirado por los monos con recelo

tú que con rosas en el bul no lloras
tú que estás blanco en la penumbra, y muerto
pipa: pistola, falo, imbécil tú que adoras
tú que estás blanco en la penumbra, y muerto
del oscuro cafisio levantas el velo
y con la blanca mano siembras las esporas
enterrado el marrón en un horrible cielo
sólo tú, nieve verde, sólo tú molas
el patio en que pasean las monjas que no lloran
alerta está, en espera, y en su horrible cielo
yo jiñaré un cándido asfodelo
ils matent las puertas cerradas el velo
para morir prefiero este horrible cielo
adonde nunca llegarán tus quejas
para morir prefiero este horrible cielo
(y mientras pasma vigila el enorme sombrero
el chota quiebra el muro, y escapa
del agujero.

QUEMAR A KAFKA
(haikú)

Adelgazar
        .
      en una calle en Praga.

DOCEAVO

peina lo impeinado	1
oscila venado	2
muerto acanalado	3

combinando hincado   4
dulce palo aislado   5
cópula en el aro: 6
padre madre y paloma si conchabados   7
en el triángulo de aniquilación perpetuado   8
bajo la sombra pueden intercambiar miradas   9
pero la chimenea se derrumba, y el oscuro   10
ángel nos avisa, el doble, avaros   11
de la pérdida, el falso hermano desandamos.   12

MAJESTAD ÚLTIMA DE LOS PEDÉS

Con sabia humildad el ser nefasto
desvivió en su lenta mecedora
con sabia humildad el ser de plástico
y la tortuga que huye de los esponsales.
Nefasto arregla su jardín
              bajo la luz de plomo
por un viento inhumano barridos los harapos
y en el espejo mi rostro no está.
Luna escondida en una joroba
que ínfima retrocede
a través de calles que no figuran
en el recuerdo.
              Tortugueante la tortuosa tortuga
borrando sus huellas
en sendero no verde venció a Aquiles.
La tortuga pintó sus labios
y su voz nunca se oyó
la tortuga pintó sus labios
Tortugueante... Y el aire
o lo que es menos que aire

balcón asomado adonde ni tú ni yo estamos
(desgarraba el tú turbiamente
al pie de la montaña.
Pero del lago blancas mujeres vinieron a anunciarlo:
la tempestad era ida,
y los pájaros articulaban su canto en el aire vacío
la sucia tempestad, el aire enfermo
la electricidad que no convence
         el movimiento oscuro
la insignificancia llamada vida.
          Con árboles blancos
deshaciendo torpezas, exprimiendo los recuerdos:
a un lado secas y vacías
las áridas pieles y al otro un jugo blanco
estúpido y blanco. Bajo la luz de plomo
vencido por el resplandor
ausente en lo meticuloso
       huido
a la verdadera tiniebla, a la zona que no existe,
haciendo signos, para morir haciendo signos,
   (Vegetal y callado morir en lo no-mío)
y la tristeza se convirtió en miel
bajo la luz de plomo, su rigor que disolvía
la realidad en partículas que huían
         clinamen
su tristeza era un plato de sopa
largamente devorado por sistema
en habitaciones separadas del mundo
con la distancia de una lente al deforme observé entonces
y su rostro no era un signo.
       No bebía
mudo era un sueño.
       No bebía

haciendo con su infortunio una pequeña bolita
para enseñar a los amigos.
Los pájaros desmontaron la realidad.

MARQUÉS DE SADE

Murió en Sicilia, a la edad de veintisiete años[1]
un nombre y la apariencia de un cuerpo
(sin alma en el cuerpo moría en juego rojo
espuma por la boca, húmedos sonidos
y una calavera presa entre las sábanas
el tema punzante resistiendo a la palabra
y expresado como silencio, como vacío en el texto
hinchazones, crepúsculos sobre la cama
mientras se desvanece el falo en una embriaguez de plomo.

«E NON TROVAN PERSONA CHE LI MIRI»

Fue mucho el tiempo que perdí en fantasías infructíferas, electrizándome en vanas vanidades, hasta llegar a donde el ermitaño ulula. Cuando andaba entre lobos, cuando vivía en la Ferocidad, de la que ya no soy testigo. Cruz en los ojos vuelto de espaldas y sin ojos sólo te veo a ti, querida. Recostada en el techo en actitud de no existir, tú me sonríes ¡oh!, querida y derramas sobre mí litros de ácido querida, y desaparezco en una palabra sin valor, que circula por tus venas de mármol, oh querida; y desde allí relumbra como

---

[1] —«Murió en Sicilia a la edad de veintisiete años»—
                                                            Cavafis.

anuncio sin valor, sin valor, no interesas querida, oh querida no interesas tú y tus jardines de acero entre las nubes, no, sentada como estás sobre la nada, fumando, no, no serás percibida.

* * *

> *HÉCATE, peligrosa en los cruces
> de caminos*

Llévate la tiniebla guiadora
al centro frío donde ya se baila
colores muertos
        del espanto acuerdo
y en soledad se expresa quemadura
maduro el corazón por ira varia
con fino dedo designando objetos:
la tristeza se esfuerza con sus vetos.
(De vida y muerte danza o el encuentro
en soledad concento
de árbol y piedra y sílaba en espacio
quemar un traje de trágica hiedra
con vil insignia de brutal topacio
imaginada en la concreta piedra.
(recorta la tristeza, impone
lentamente sus vetos
y examina el verdal su paso tardo
(Manes manent mariano y Lewis Carroll)
con lumbre florecida de alegría
en escaleras de ira remediada
la sortija se ensarta en aire enfermo
de enfermo nace el niño impone el veto
de su volar muriendo
disminuye el amar

enfría la cerveza
y chupando me enciendo construir mi puro
en un asilo pésimo y seguro.

(esconde el brillo
metal tú me percibes?
Lector que ves en sombra el amarillo.

* * *

LSD limerick

Alicia en el llano sonaba
con rojo teji · ó su baba
un viejo en la cruz · ágata
en lámpara viejo ojo y cruz
esquizofrénico niño mas
un viejo que en el yano hablaba.

IV

POST-SCRIPTUM

VANITAS VANITATUM

Largo tiempo, Ialdabaoth, he recorrido
tu imperio, tu triste imperio.
Y vi cómo cabezas de niños eran devoradas.
Y vi cerrarse las fauces del mono sobre cuanto de luz había en la tierra
y una mujer enriquecida con la sangre de los mártires.
Largo tiempo, Ialdabaoth, tu imperio he recorrido, tu triste imperio.
Esa temática de sombras, esos miserables
milagros en *hoteles de una noche*[1]
(y vi al licor sagrado cubierto de estiércol)
miserable milagro en la pantalla
alguien dibuja la imagen de una mujer
enriquecida con la sangre de los mártires,
miserable milagro, entidad perpleja que solicita: largo tiempo
Ialdabaoth, tu imperio he recorrido,
tu imperio, tu triste imperio.
Allá la Amapola guía con su frágil y engañosa luz
que no proviene de ella misma,
allá se extravía
la sangre en interminables laberintos,
ciegas luchas nacidas todas de la Pérdida,
de la escisión, Ialdabaoth, de la que eres el signo.
Largo tiempo, esperando que Ulises vuelva a recuperar la oveja perdida,
el Hen que tikkumice 99.

---
[1] Eliot.

Y mientras la necedad, la edad oscura, agnosia se extendía
sometido tu imperio a la implacable ley de la entropía psíquica.
Largo tiempo, mientras se cumple el plazo, esperando sólo
    que se cumpla el plazo,
existiendo sólo para tu final destrucción,
largo tiempo, satán, mientras tejías
tu interminable red de engaños
llamada Razón, llamada Pensamiento,
mientras tejías alguien destejía,
y hoy estás desprovisto y miserable,
lleno de furor, sabiendo
sabiendo que te queda poco tiempo.
Largo tiempo en el foso de las serpientes, contemplé sus juegos
mientras el cuerpo de mi padre era despedazado.
Largo tiempo, como un aspar a ciegas, como una
muerte que no se sabe, reducido al silencio por un sello, recorría,
Ialdabaoth, tu inmenso y diminuto reino, reducido al silencio
    por un sello.
Y he visto a mi padre, al rey, apaleado, asesinado
toda vez que intentase rememorar su imagen en un Individuo
he visto muerto al rey en medio de tus *interminables avenidas
    lluviosas*[2]
lo he visto muerto, sobre la acera, y el mundo pasó junto a su
    cadáver sin verlo.
Largo tiempo, esperando, esperando sólo
a que el cadáver de la materia renazca, a que se abra
la cárcel de la materia,
y mientras esa serie que se acerca a su fin.
Oh, no ves cómo el viento azota tu triste cabaña,
cómo quiebra tus espejos,

---

[2] Scott Fitzgerald.

te busca para matarte
(escucha cómo el Viento te busca:
te busca para matarte.
Haschischans invisibles persiguen
tu miserable estructura,
y el cadáver del esposo renace.
Y he aquí que mi único sueño es aquel final *granizo,*
esa inmensa Lluvia que ya nos envuelve
por cuanto padeces el nacimiento de un hijo Hermafrodita
que ha de volverlo todo a su origen, esto es a la Nada, o mejor a aquello
que es *menos que nada*[3].
Y vi a un mono devorar excrementos
y a una mujer enriquecida con la sangre de los mártires.
Y he derramado sangre, *agua que permanece* en tus tembladerales,
he derramado el líquido
sagrado en ese altar inmundo,
esperando siempre el milagro, no sabiendo dónde se hallaba,
esto es en Ningún Lugar.
Largo tiempo, satán, mientras llovía
mientras llovía interminablemente,
invocando su nombre a ciegas no sabiendo que no tiene.
Y llegará el día en que se quiebre tu locura,
en que se haga cenizas tu locura,
porque de estas cenizas ha de surgir el Ave.
Y mientras, espero, por los interminables corredores, guiado sólo por la sombra,
guiado por la soror para escapar a tu estúpido
pero eficaz laberinto.
Y he aquí que nadie oye el estruendo, pero ya se percibe,

---

(3) Basílides.

como se ven las grietas en el ídolo de barro, las arrugas
en esa creación equívoca, porque el pájaro
que bebe de su propia sangre, Yaxum está en camino.
Y vi cómo se asesinaba en el *nombre* de Dios,
vi cómo se exterminaba a pueblos, a razas enteras por no adorar la imagen de la Bestia,
que lleva el *nombre* de Dios.
Cátaros, bogomilas, guaraníes, aztecas (y el degollado en Treveris)
exterminados por un asesino que dice ser *único*,
cíclope de un solo ojo,
exterminados en el nombre de Dios.
Y vi al Sin Nombre sollozar largamente, mientras
la Sinagoga de Satanás organizaba la matanza
en el reino triste de Hybris,
tu vasto y nulo imperio.
Y vi la Luz en los Vertederos, en los burdeles, en las cárceles,
maltratada, apaleada, confusa acerca de sí misma.
Y una mujer enriquecida con la sangre de los mártires.
Una mujer horrible, con barba, y en su frente grabado «misterio»
que vivía de la sangre derramada
por aquellos que no adoraron a la Bestia bajo el nombre de Dios
y que se atrevieron a vestir de lino blanco.
Y vi desde el fondo de la Muerte surgir la cabeza de un niño *autonacido,*
y oí el cántico que nadie escuchaba, la música de la final *Visión.*
Y he aquí que tu Imperio comienza a derrumbarse, que tu sueño se hace cenizas,
de las cuales ha de surgir el Ave.
Y tu llanto, Ialdabaoth, es como una inmensa lluvia,
mientras la Semilla fructifica, lejos de tu imperio.
Tu imperio que también ahora, larga e inútilmente recorro

mirando a las ciudades como ruinas, observando febrilmente
   los indicios de la Nueva Ciudad
gustándome en esa ruina imaginaria que es el anuncio de la
   catástrofe de la realidad,
de la que la locura es la representación cabal
—«veía la ciudad deshacerse entre mis manos»[4]—
(quiero decir la locura llamada así por la Locura)
y todas las criaturas en el mar serán destruidas[5].
Oh, ved aquí la última danza de la Cabra marina
antes que sea aplastada por la Piedra.

---

[4] Palabras de un esquizofrénico-Petiziol y Lori Sammartino. «Iconografía ed espressività degli stati psicopatologici», Milán 1969.
[5] Apocalipsis de San Juan.

Narciso en el acorde último de las flautas

(1979)

A Alicia, que recogió el cadáver

«Nadie va dormido cuando camina hacia el patíbulo»

John Donne

«Je te vue: veux tu? Viens tu?
Tout être en consolant un autre
est bouche du Christ.»

Leído imaginariamente entre las
páginas de Gottfried Benn

Aux grands hommes la patrie reconnaissante

(Inscripción en la fachada del «Panthéon»)

Nunca hasta hoy me había parecido tan ilícito, tan improbable y trémulo, el hecho de tener, como se dice, «la pluma en la mano». Y, en definitiva, tan imperdonable. Parece una historia fantástica, borgiana: la historia de un escritor que tras de trabajar como un negro por ubicarse en los límites de la historia, que no de la «gloria», descubre al cabo de los años, poco antes de morir, que no ha escrito jamás, *porque no ha sido leído*. Y es que, para transgredir de una vez los bordes del resentimiento, hay que insistir en aquello de la condesa provenzal, que decía que la única remuneración de la poesía era ser comprendida: no se trata de fama, no, sino de algo mucho más modesto. Algo tan modesto como saber que la literatura no sirve más que para ser leída.

Pero no narro mi historia: es un vicio muy triste y muy español el de creer universal la propia anécdota. Narro la historia únicamente de un escritor imaginario que, pongamos, soñó no sólo haber escrito, sino incluso haberse defendido de su nombre en entrevistas, artículos y otros números circenses por los que se alejaba de toda tentativa de una banal idolatría a la que sabía, a la postre, siempre perjudicial para su cuerpo; que soñó que el arte es largo, y trabajo y no sueño, que soñó, en definitiva, haber escrito.

Luego quiso poner, ¡último Narciso!, todos los datos recogidos a favor de quienes, quizá precisamente por estar felizmente desamparados de la letra, son la reserva y la esperanza de un sentido: el pueblo, si aún puede pronunciarse esa palabra libre de la retórica que ya en los ciernes de su liberación recomenzó su esclavitud. No es tal vez un héroe imaginario: es Ezra Pound, acaso, sólo que con menos años, más impaciente y menos culto. En esta última tentativa quería probablemente librarse de la angustia de aquellos otros años de trabajo irreal, realizando la literatura o la imaginación con el método de la revolución. Y cuando estaba, se dice, a punto de «realizar su sueño» y de ser cierto, de ser un hombre al fin, la muerte vino de nuevo a desterrarlo. Y una muerte en la que él jamás había pensado; una muerte en nada parecida a esa muerte que *se dice,* que se derrama con feroz poesía tras de una botella de vodka, un disco obsesivo, vuelto una y otra vez a poner y unas pastillas guardadas tanto tiempo tras de unos libros como un tesoro, intacto, puro, virgen, el único, el único tesoro virgen de los otros. No, una muerte que no es venganza, descarnada de ese sentido íntimo del suicidio, una muerte de loco, para nada y para nadie. Porque hasta la ejecución conserva, cómo no, su aroma de tragedia, pero no la muerte por encargo, en la cuneta. Por accidente, se diría supongo, fácil en un borracho, fácil en alguien que nunca pensó en su vida de manera tan terminante. Z, de Costa Gavras, pero peor aún, siempre peor, «empeorando» como dicen, desde haber nacido: peor porque no era morir ya por revolucionario, sino, a falta de toda solidaridad política, por loco, por homosexual, por despojado de todo asidero simbólico con el feliz y desdichado mundo de los hombres normales, que se salvan los unos a los otros hasta de las culpas más ostentosas gracias a esa invisibilidad que otorga el uniforme.

Aquel país que, desde que empezó a querer difundir su voz se empeñó en reducirlo al anonimato, parece que tendría ahí, en esa muerte inexplicable y consentida, su inefable y rotunda victoria: de ese hombre nadie sabe nada. Y además cuentan que era poseído de una misteriosísima maldad: a no dudar, la de no dejarse fusilar, porque si no, ¿cuál otra?, porque si no, ¿por qué luchar? Arriesgarse por una ética tan soñada, si se quiere o si se me permite, tan aérea, que parece a nadie debida, es quizá un crimen, un crimen del que se despierta recordando vagamente una navaja entrevista en la bota de un hombre que no me conocía, en Mallorca, cerca del mar, cerca de aquella muerte que nos hace despertar. Despertar sí para encontrarse aquí en París, en esta habitación llena de polvo, cómo no, lo mismo que en las buenas novelas que hoy nadie lee, tan joven ¡y tan destruido! Con esa muerte que por impublicable, quizá por escondida, por demasiado obscena, da un final de sueño y un punto de fuga a toda mi vida, la redime y la vuelve como siempre fue: desaparecida. Con esa muerte figurada, supongo, porque aquí nada le dice, pero que es ya lo único que me queda para preguntarle: ¿quién soy yo?

JOHANNES DE SILENTIO

I

LUZ DE TUMBA

«La vie despend de la volonté d'autry, la mort, de la nostre.»

Montaigne

PAVANE POUR UN ENFANT DÉFUNT

A mi tía Margot

Se diría que estás aún en la balaustrada del balcón
mirando a nadie, llorando.
Se diría que eres aún visto como siempre
que eres aún en la tierra un niño difunto.
Se diría, se arriesga
el poema por alguien
como un disparo de pistola,
en la noche, en la noche sembrada
de ojos desiertos, de ojos solos
de monstruos. Todos nosotros somos
niños muertos, clavados a la balaustrada como por encanto,
a la balaustrada frágil del balcón de la infancia, esperando
como sólo saben esperar los muertos.
Se diría que has muerto y eres alguien por fin,
un retrato en la pared de los muertos,
un retrato de cumpleaños con velas para los muertos.
Pero a nadie le importan los niños, los muertos,
a nadie los niños que viajan solos por el país de los muertos,

y para qué, te dices, abrir los ojos al país de los ciegos, abrir los
   ojos hoy,
mañana, para siempre. Era mejor Oeste, tierras vírgenes, héroes
   en los ojos
de un cine desesperado, y los dioses que matan a los hombres
   feroces,
los dioses más feroces que los hombres
los dioses crueles de la infancia, los dioses
de la inocente crueldad, pensabas, que se alimentan de ciegos
y de quienes mendigan su ser en una picaresca sórdida,
si hombres hay, homicida. Pero aventura no hay, lo sabes,
más que por alguien, para alguien, como un poema,
como el riesgo de un vuelo en el aire sin tránsito. Y es por ello
por lo que no hay infancia en este país desierto. Por ello también
por lo que nadie podría jamás sospechar que conservas esa
belleza demente de la infancia, ese furor contra lo útil de tu
   cuerpo,
y esa mudez en los ojos, esa belleza
sólo vendible al cielo del suicidio, sólo a esos ojos: esa existencia.
Pero la vida sigue y te arrastras como ella,
la vida sigue como el puente de Eliot,
como un puente de muertos o un flujo
de sombras que se cogen
de la mano ciega en el lodo para saber que están muertos y
   viven. Esa vida de que hablan
en el Infierno, entre sí los muertos, los alucinados, los absurdos,
los orgullosos sonámbulos disputando con sangre
una certeza alucinante; es un fuerte dios pardo.
Una basta tragedia que hacen
por navidades, los viejecitos, los difuntos,
con personas de olvido, con máscaras y ritos de otros tiempos,
rótulos de neón y fuegos fatuos: así obra desde entonces,
desde entonces, esa raza

misteriosa que pasa a tu lado sin mirarte o mirarse,
desde entonces, desde el día primero
en que te asomaste con pánico a su delirio. Desde que viven, quizá,
desde que no hay tiempo sino destino y trazo
de vida invulnerable a la decisión de una mirada fuerte.
Quien es visto o quien cae en ese río sordo
es lo mismo, es un muerto
que se levanta día tras día para
mendigar la mirada.
Porque todos llevamos dentro un niño muerto, llorando,
que espera también esta mañana, esta tarde como siempre
festejar con los Otros, los invisibles, los lejanos
algún día por fin su cumpleaños.

SCHEKINA

> «Que ella me perdone tanta ambición pisoteada,
> y tanta esperanza apagada una y otra vez, como
> una vela, de un soplo»
>
> (De la canción de PATTI SMITH,
> *Horses.*)

Hace falta morir para amar a la Schekina», decían
aquellos viejos ebrios de saber y de misterio, aquellos
libros que leíamos juntos como con miedo de su esplendor,
o a veces siguiendo el ejemplo del niño
que va ciegamente hacia la luz, atraído
por el brillo inefable
en lo oscuro, y muere igual que una mariposa nocturna:
                                                        porque

hace falta morir, hace falta morir para amarte más y más,
   mujer sin nombre
soplo al que llaman, quién sabe por qué, «caridad».
Y heme aquí que ya he muerto, ya he gozado, *merced es,*
de tu caridad, en verdad la única y suprema, porque
en este mundo sin ojos debe de ser cierto
que sólo la muerte nos ve. Y ahora sé por fin
por qué eras tan frágil como la inexistencia, por qué
nunca sabía cómo llamarte y eras tan torpe para ser, y es que
en el país de los muertos sólo habitas tú. He muerto porque
hacía falta morir para volver a amarte
he muerto y en esta helada habitación donde
ya no hay nadie, y que recorre el viento, destruyendo los libros
que tanto daño hicieran, quedan sólo debajo
de las ruinas aquellos recuerdos de absurdos juegos y cópulas
   y de niñez desenfrenada cual
un palacio enterrado bajo el mar: y he aquí mi regalo, he aquí
mi ofrenda de amor: este cadáver, este
despojo que aun así
sabe que no es digno, no es digno aún ni nunca,
no es digno pero
dile una palabra solamente
y caminará, caminará de nuevo no como aquel viejo
magullado que murió en España, sino
como alguien renacido gracias a un disparo,
lavado por la destrucción. Porque tal parece que
detrás de la muerte está la infancia otra vez,
                                              y el miedo
esconde coros de risas, te lo juro:
he muerto y soy un hombre, porque
detrás de la muerte estaba mi nombre escrito.

II

COMO ESCRIBÍA ANTES DE MATARME
(Poemas inéditos contemporáneos de *Teoría*)

«J'avais 34 ans et j'étais cigare»

ARTHUR CRAVAN

PROSIGUIENDO (persiguiendo) A LEAR

«Fregoli... vous avez entendu parler?»

(JEAN NOHAN-FRANÇOIS CARADE, *Fregoli, sa vie et ses secrets.*)

A Eugenita Villapadierna

Limerick

Érase una vez la niña en Praga
con un escarabajo sobre su espalda
con su espalda breve ella lo mató
escarabajo te maté yo.
Y sobre el cadáver bailaba
la niña en Praga.

Zapatos de cristal en la urna derruidos
bella durmiendo la cabeza no mueve
en un vacío horizonte la nieve
canta una flor en silencio o perdida
transforma en azúcar la herida
en la oscuridad el muerto no bebe
fumando en la sombra se aleja del ruido
zapatos de cristal por el desastre construidos.

GLOSA A UN EPITAFIO
(Carta al padre)

«And fish to catch regeneration»

(SAMUEL BUTLER, *Pescador de muertos.*)

Solos tú y yo, e irremediablemente
unidos por la muerte: torturados aún por
fantasmas que dejamos con torpeza
arañarnos el cuerpo y luchar por los despojos
del sudario, pero ambos muertos, y seguros
de nuestra muerte; dejando al espectro proseguir en vano
con el turbio negocio de los datos: mudo,
el cuerpo, ese impostor en el retrato, y los dos siguiendo
ese otro juego del alma que ya a nada responde,
que lucha con su sombra en el espejo-solos,
caídos frente a él y viendo
detrás del cristal la vida como lluvia, tras del cristal asombrados
por los demás, por aquellos Vous êtes combien? que nos
 sobreviven
y dicen conocernos, y nos llaman
por nuestro nombre grotesco, ¡ah el sórdido, el
viscoso templo de lo humano!
                       Y sin embargo

solos los dos, y unidos por el frío
que apenas roza brillante envoltura
solos los dos en esta pausa
eterna del tiempo que nada sabe ni quiere, pero dura
como la piedra, solos los dos, y amándonos
sobre el lecho de la pausa, como se aman
                                        los muertos
«amó», dijiste, autorizado por la muerte
porque sabías de ti como de una tercera persona
«bebió», dijiste, porque Dios estaba (Pound dixit)
en tu vaso de whiski
«amó bebió», dijiste, pero ahora espera
¿espera? y en efecto la resurrección
desde un cristal inválido te avisa
que con armas nuestra muerte florece
                                        para ti que sólo
sabías de la muerte. Aquí
¿debajo o por encima?
                      de esta piedra
tú que doraste la sobrenatural dureza y el
dolor sobrenatural de los edificios desnudos
                                        ¿en qué perspectiva
—dime— acoger la muerte?
                              en la mesa de disección
tú que danzaste
                enloquecido en la plaza desierta
                                        tropezando
hiriéndote las manos en el trapecio del silencio
en pie contra las hojas muertas que
se adherían a tu cuerpo, y contra la hiedra que tapaba
obsesivamente tu boca hinchada de borracho,
                                    danzas, danzaste
sin espacio, caído, pero

no quiero errar en la mitología
de ese nombre del padre que a todos nos falta,
porque somos tan sólo hermanos de una invasión de lo
 imposible
y tus pasos repiten el eco de los míos en un largo
corredor donde
                    retrocedo infatigable, sin
jamás moverme
                     ¡ah los hermanos, los hermanos invisibles que
 florecen
en el Terror! ¡Ah los hermanos, los hermanos que se defienden
inútilmente de la luz del mundo con las manos,
que se guardan del mundo por el Miedo, y cultivan en la
 sombra
de su huerto nefasto la amenaza de lo eterno, en
el ruin mundo de los vivos! ¡Ah los hermanos,
                              Y el ave,
el ave que vuela sobre el mundo en llamas, diciendo solo
a los mortales que se agitan debajo, diciendo
solo: ABISMO, ABISMO!
                         Abismo, sí, tibia guarida
de nuestro amor de hermanos, padre.
                              ¡Pero tan solos!
¡Tan solos! Fantasmas que hace visible la hiedra
—como hiedramerlín comoniñadecabezacortada como
mujermurciélagola niña que ya es árbol—
                          crecen hojas
en la foto, y un florecer te arranca
de los labios caníbales de nuestra madre Muerte, madre
de nuestro rezo
florecen los muertos florecen
unidos acaso por el sudor helado
muerto de muchas cabezas hambrientas de los vivos

te esperamos ave, ave nacida
de la cabeza que explotó al crepúsculo
ave dibujada en la piedra y llena
de lo posible de la dulzura, de su sabor
ajeno que es más que la vida, de su crueldad
que es más que la vida
                    ¡ira
de la piedra, ira que a la realidad insulta,
                                        que apalea
a la cabaña torpe de la mentira con verbos
que no son, resplandecen, ira
suprema de lo mudo!
                (te esperamos
en la delgada orilla de lo que cae, en el prado
nocturno que atraviesan lentos
los elefantes
            percibís el frío
                    la
                    conspiración de las algas,
                        gelatina, escamas, mano
que sobresale de la tumba
manos que surgen de la tierra como tallos
surcos arados por la muerte,
cabezas de ahorcados que echan flor:
                            decapitados que dialogan
a la luz decreciente de las velas,
                    ¡oh quién nos traerá la rima
la música, el sonido que rompa la campana
de la asfixia, y el cristal borroso
de lo posible, la música del beso!
                    De ese beso, final, padre, en que
        desaparezcan
de un soplo nuestras sombras, para

asidos de ese metro imposible y feroz, quedarnos
a salvo de los hombres para siempre,
solos yo y tú, mi amada,
aquí, bajo esta piedra.

* * *

> *A* Claudio Rodríguez, *recordando el día en que, con un cigarrillo temblándole en los labios, me dijo, en el Drugstore de Fuencarral, «a esta gente hay que ganarla».*

Aun cuando tejí mi armadura de acero
el terror en mis ojos muertos.
Aun cuando con mano blanca y nula
hice de silencio tus orines
y la nieve cae aún sobre mi cuerpo
pese a ello se impone un silencio aún más hondo
a los clavos que habían horadado mi cráneo:
aun cuando sean huesos quizá lo que no tiembla
aun cuando el musgo concluye mi pecho[1]
el terror remueve las cuencas vacías.

DEAD FLOWER TO A WORM

Blind worm that slips in the desert
that I am
thinking of green meadows
in which disappear

---

[1] Este poema puede leerse también con la siguiente variante: *aun cuando el musgo es certeza en mi pecho.*

thinking of merry fields
whilst I am dead
Blind worm that is like water
falling on my skull.
            Who knows, who knows if you
must move forever through my bones
            Who knows, who knows if you
will move forever through my bones, forever
disbelieving of the dead flowers
falling over you.

III

PARA HACER EL VACÍO

«En los experimentos de Hunt y Otis se demuestra que uno, al menos, de los índices o síntomas del miedo puede ser clásicamente condicionado. Estos autores utilizaron la defecación como índice del miedo; como veremos en el próximo capítulo, ésta es una de las medidas más válidas del miedo de que dispone el experimentador. El sujeto experimental —ratas en este caso— era expuesto a una luz intermitente durante tres minutos, y a continuación se le aplicaba el choque eléctrico a las patas. En la figura 2.4 se muestra cómo la defecación, que en un principio se producía tras el choque eléctrico, fue apareciendo paulatinamente durante el período de exposición a la luz. En una fase ulterior del experimento, cuando se suprimió el choque tras la estimulación luminosa, la tendencia a defecar en respuesta a esa luz intermitente fue decreciendo progresivamente, dando una curva de "extinción" típica...»

JEFFREY A. GRAY, *La Psicología del Miedo*

«I have a sin of fear»

JOHN DONNE

LOS PASOS EN EL CALLEJÓN SIN SALIDA

El suplicio de la noche y el suplicio del día
el suplicio de la realidad y el suplicio del sueño
despliegan ese movimiento que se ignora y al que otros
pudieron, no sé cómo, llamar «vida», como una tortura
que desde lejos en la oscuridad pensara
un animal sin ojos con el alma dormida
soñando esta pesadilla...
Como una tortura estudiada para
que el sufrimiento aumentara poco a poco

                                          y más allá
del momento en que se hizo insoportable
haciéndonos aprender por la fuerza
una Ciencia del Dolor como la única
sabiduría posible en la Zona Clausurada.

El suplicio de la realidad y el suplicio del sueño
y mi cuerpo en el potro exhibiendo su tortura
como una vanidad —ved ahora un potro en medio
del escenario vacío— o mi yo disponiéndose
a recorrer una vez más los pocos pasos
que caben en el callejón sin salida

                                          al que muestro
como una vanidad. Y avanzaré, avanzaré mi cuerpo
sin inteligencia ni alma por la calle
en donde nadie me conoce, andaré por allí
contoneándome y hablando solo, sin ver
que llevo una mujer sobre mi espalda
con las uñas clavadas en mis hombros
y mordiéndome el cuello ebria de mi sangre.

MA MÈRE

A mi desoladora madre, *con esa extraña mezcla de compasión y náusea que puede sólo experimentar quien conoce la causa, banal y sórdida, quizá, de tanto, tanto desastre.*

Yo contemplaba, caído
     mi cerebro
aplastado, pasto de serpientes, a
vena de las águilas,
     pasto de serpientes
yo contemplaba mi cerebro para siempre aplastado
y mi madre reía, mi madre reía
viéndome hurgar con miedo en los despojos
de mi alma aún calientes
     temblando siempre
como quien tiene miedo de saber que está muerto,
y llora, implora caridad a los vivos
para que no le escupan encima la palabra muerto. Vi digo
mi cerebro en el suelo licuándose, como un excremento
para las moscas. Y mi espíritu convertido en teatro
vacío, del que todo pensamiento ha desertado
—tutti gli spirti miei eran fuggiti
     dinanzi a Lei
mi espíritu como un teatro vacío
donde en vano alentaba inútil, mi conciencia,
     cosa oscura o
aliento de monstruo presentido en la caverna. Y allí, en el
  teatro vacío,
o bajo la carpa del circo
     abandonado, tres atletas

—Mozo, Bozo, Lozo—
                       saltaban sin descanso, moviendo
con vanidad desesperada el trapecio
de un lado a otro, de un lado a otro. Y también, cortesanas
con el pelo teñido de un oro repugnante, intercambiaban
leyendas sobre lo que nunca hubo
en el palacio en ruinas. Y me vi luego, más tarde
mucho más allá del demasiado tarde,
                       en una esquina desolada de
alguna ciudad invernal, mendigando
a los transeúntes una palabra que dijera
algo de mí, un nombre con que vestirme. Puerta
del infierno —del
infierno de la imposibilidad de sufrir ya—
                       puerta del infierno
—del infierno de la posibilidad de sufrir ya—
este poema, este canto exhausto
esta puerta que chirría en la casa
sin nadie, llevada sólo por lo deshabitado del viento,
como un pelele o marioneta infame que mimara
su carencia de ser con lo exagerado del gesto: una muñeca
llevada por los hilos invisibles de todas las manos
y negada por todos los ojos. Como una muñeca me mimo
a mí mismo y finjo
delante de nadie que aún existo. Peonza
en la mano del dios de los muertos. Como una muñeca extraviada
en la ruta implacable de tantas otras, de las incontables marionetas
que ejecutan su vida como un rito funerario,
una obsesión senil o un delirio
último de moribundo. Porque los hombres no hablan, me dije, dije

a los ciegos que manchaban
de heces y sangre sus zapatos al pisar mi cerebro.
                                              Y al momento
de pensar eso, un niño
orinó sobre la masa derretida,
                          dando luego
de beber vino rojo y fuerte a un sapo
para que borracho riera, riera, mientras caía
sobre el invierno de la vida la lluvia
más dura. Y al verlo, y mientras me arrastraba
cojeando entre los muertos, pensé: llueve,
llueve siempre en las ruinas. Y mi madre rió, al oír aquel ruido
que delataba mi pensamiento.

LINTERNA CHINA

El agujero que ha muerto se
despliega como una sábana para
no poder dormir —yo, al fondo
de él, habiéndome olvidado—
                            mi cadáver
será un signo —En la pared sombras
de sapos van, una a una, pasando
pensando— no poder dejar de pensar
—en la pared desfilan
lentas las sombras de los sapos
de mi pensamiento—
                      no estoy sino aquí.
Atravesar el bosque para
saber que está vacío, y por siempre.
                              Un coro
de gigantescos monos danzará sobre

mi cadáver y uno de ellos, el que
lleva la insignia del jefe, cogerá
en su mano mi pequeño cráneo y reirá, reirá.
Mas mi destino sigue
erguido en pie en un mundo
desierto. Esposa
de un esqueleto, fiel a un muerto, así
eres tú, Helaí.
         Y mi madre muere en mi pensamiento.

EL CIRCO

Dos atletas saltan de un lado a otro de mi alma
lanzando gritos y bromeando acerca de la vida:
y no sé sus nombres. Y en mi alma vacía escucho siempre
como se balancean los trapecios. Dos
atletas saltan de un lado a otro de mi alma
contentos de que esté tan vacía.
         Y oigo
oigo en el espacio sin sonidos
una y otra vez el chirriar de los trapecios
una y otra vez.
Una mujer sin rostro canta de pie sobre mi alma,
una mujer sin rostro sobre mi alma en el suelo,
mi alma, mi alma: y repito esa palabra
no sé si como un niño llamando a su madre a la luz,
en confusos sonidos y con llantos, o bien simplemente
para hacer ver que no tiene sentido.
Mi alma. Mi alma
es como tierra dura que pisotean sin verla
caballos y carrozas y pies, y seres
que no existen y de cuyos ojos

mana mi sangre hoy, ayer, mañana. Seres
sin cabeza cantarán sobre mi tumba
una canción incomprensible. Y se
repartirán los huesos de mi alma.
Mi alma. Mi
        hermano muerto fuma un cigarrillo junto a mí.

CORRECCIÓN DE YEATS
(Extraída del poema «A Prayer for Old Age»)

Dios me proteja de pensar como esos
hombres que piensan solos y
viven por ello de olvidar lo
que pensaron —porque
la mente no está sola y
        Aquel
que canta la canción perdurable
demasiado la siente, demasiado.

Dios me proteja con más que su nombre,
Dios me proteja de ser un anciano
al que todos adulan y llamen
por el vacío de su nombre; oh, qué soy,
¿quién, si no puedo más,
        que
parecer —por amor de cantar
entera la canción— siempre un loco?

Rezo —pues las palabras vacías se marcharon
sin ser oídas y sólo la plegaria queda
en pie— para que aun cuando tarde mucho

en morir y en escribir mi nombre
al fin sobre la lápida puedan
un día decir sobre ese frío
que no estuve loco.

IV

EL MATRIMONIO DE LAS CENIZAS

«El no-amor es la verdad del amor
y todo miente en la ausencia de amor.»

GEORGES BATAILLE, *L'Archangélique*

«¿Otros pecados cometiste?
—Sí, de amor, pero fue en otro país, y
además ella murió hace mucho tiempo.»

MARLOWE, *El judío de Malta*

DESCORT

El Señor del Miedo guarda la llave del Amor,
de la bondad infinita de unas manos
que no pudieron escribir. Hasta mirarse.
                                        Fuiste como
Cyane, transformada
                por las lágrimas en nada
                                    (que el verso
se lea formando —como en Cor-
bière y no formando
                parte del poema— nada es
si no es por sí solo: así nada el fragmento).

                Así fue —es— nuestro amor
erección sobre ruinas, botella verde en el solar vacío
que contiene a Dios, semen
sobre un cadáver. Nada sin la Verdad, con sus tres
nombres y riendo de tres maneras. Un
                             Tercero
monstruo de cuatro piernas
entre nuestras dos, vigila
el cumplimiento del fracaso, de su victoria
secreta: ¿no sabes ya lo que ello
                        secreta-monstruo
negro entre nuestras dos piernas. «Y la madre no quiso
tocar al monstruo que huye y se esconde» Descort —«a veces
este «desacuerdo» se ponía
de manifiesto en el contraste
entre el texto, desesperado, y la música
elevándose, alegre». ¿Acaso no amas
que yo te orine? Y allí perderse.
«Alba», aún no. Descort.
Semen sobre el cadáver. Que lo fecunde. Que crezca
en él la flor y la yedra lo cubra. Semen
sobre el cadáver. Que crezca
de él la raza nueva. Que se yerga
el muerto rasgando la yedra, que se yerga él como el falo
que no poseemos, como la Diosa que amamos
la Castración ¿o es lo que deseamos quien se abre
como una grieta entre los dos, no es eso lo que falta?
Olvidar es fácil ya que nada sucede,
sin Él, sin un tercero. El padre muerto
al que escupimos y el que escupe
una y otra vez en nuestra cara
una invisible y pútrida saliva.
                        No olvidar en cambio la fanfarronada

de hacer que Dios descienda entre nuestros
dos brazos, como un Hijo, el que no se espera.
—Crece la yedra sobre el cuerpo
mudo de Dios— crece
sobre nuestros dos brazos mientras estamos
abrazados como en una
alegoría hindú de la unión
del agua y el fuego, de lo que no se puede
unir, «la unión de lo que no se puede unir»
—decían las *Noces chimiques*— y yo amo que me orines,
y tu pie sobre mi boca, besarlo. Asilo.
Semen sobre el cadáver: que no sólo lo mojen
las lágrimas, las húmedas, las no demasiado
dolorosas. Y que hable, sí, la crueldad para saber
lo que calla. Cuando los muertos nos impidan
la cópula: ellos también tienen
su lugar allí, en nuestro lecho. Y nosotros
somos oscuros como ellos y estamos muertos como los
 niños.
Semen sobre la piedra. Que nada fecunde, sino quede
allí escrito y se borre al leerlo.
O que, como nacieron hombres de las piedras
de Decaulión y Pirra, esos huesos
de la piedra se hagan blancos y tenues
y algo nazca, y venas las venas.
Ab fin amor, ab fina ioia —con la que
sabe el dolor, con el que sabe del vacío
y del asco— si no estaremos
relatando un sueño, de noche, sin ver
ninguno los ojos de ninguno,
de noche, en una barca que se bambolea.

CÓPULA CON UN CUERPO MUERTO

A Mercedes, por las bodas que vimos
sub umbra.

Y ella está allá: en la espera,
y no es a ti a quien ama, sino que
es un Otro, amantes, el que usa
voces y cuerpos vuestros —el que os ha
de abandonar[1]. Feto negro que
se interpone entre vuestros dos
cuerpos y hace
siempre imposible la cópula—
creer sólo en la castración.
                       Y alguien
ella tal vez pasó su mano sobre
el feto con suavidad
que no le tocó. Y se aleja —ahora,
al acercarse, vivir es alejarse—
                       se aleja
por el jardín sin nombre y lleva
en la espalda una mancha de semen seco.
O hay dirección en la huida: ¿sabes
supiste acaso adónde
se dirigían sus ojos cuando
te miraba?
        y por qué no

---

[1] Variante: «el que usa/vuestros cuerpos para luego/dejarlos en el suelo vacíos, cáscaras de un sueño/que nadie soñó».

soportas que ella ahora,
suavemente te diga al oído:
=«No has escrito»
¿Podrá oírse el verbo?
«No has escrito» repite
ella otra vez —y es por eso que tú
finges leer otra vez,
finges leerme
como si yo fuera Él. Y es sólo a la
palabra a quien ama o amó— a ese feto
o bulto negro que los dos cuerpos
bañan de sudor —*Dios está muerto* (2)
y habló a través de los dos. Ella
eres tú y soy yo— a condición
de no salirme de la muerte, soy
la mujer que buscas y que no encontraré.
=El feto cae
cayó —caeréis—, cayó disuelto
el abrazo con un chasquido monstruoso
al suelo y se levantó
sobre su tercera pierna, enano
negro con labios
pintados de rojo, y fumó
un cigarrillo. Nadie lo miró.
=Y ella
al marcharse me dijo —movió
los labios sin hablar y se oyó
que decía: «Se han roto,
se han roto todas las personas del verbo.»

---

(2) Hegel y, posteriormente, Nietzsche.

ALBA
(te fuiste, dejándome sin mí)

Encadenado en medio de la soledad de todos,
sudor frío en la conversación, y miedo
                               un muro
en medio de esos dos
                 hombres que la con-
versación araña, la mano
de uñas que se rompen
                    «es en el agua donde está la vida suave».
Beber sólo sed en el vaso
que contiene el mar de la or-
gullosa (tenebrosa) ebriedad que
arrastran y la creen en pie
triunfal, hedionda, las babosas
gimen y se restriegan
unas contra otras: tú,
la palabra que cae de mi boca,
los alces que galopan enloquecidos
hacia la pradera leída, en el margen
donde recobro la mujer robada, aquella
de que Dios nos castró, ayer,
en el origen: Yo. El sol me llama,
el sol llama con su brillo
el fuego sabe: más allá
del nudo de dos lenguas en el aire
emponzoñado y quieto,
                     se entrebesca el beso.
                                Una mujer

una mujer en el tembladeral—, perdida
como tu sombra allá, entre sus cuerpos,
en la habitación, fija
allá en un extremo, mientras hablan sin
tocar jamás el nudo de sus bocas. Palabra
impura y *apostiz,* cortadle
la lengua al que algo
innecesario diga, empezar, empezar
puesto que nada
    se ha escrito, empezar
como virgen desnuda, en el invierno, errando
nacida hace un instante. Empezar
ayer, por estar muerto, hablar entre el frío,
ayer, ayer, nunca hemos salido del ayer.
Morir para decir. La llave
húmeda de la saliva de mi lengua.
        Habla
aciaga y arte
mal hecho, inmoral, y en cambio
destilar el veneno: cisnes
caídos, aquí, sobre el papel, y cirios
midiendo con su luz la catedral que
recorren vacía en la que
tu recuerdo se pudre en el altar de nuevo.
Caras tiznadas contra el cristal,
tempestad para nadie, cerebro del que todos
han huido, pierna colgando. Nada hay
entre mis piernas.
    Una oscura
navaja en las gargantas, cortar
la lengua del que diga más
de lo que urge, del que hable
por hablar y no se haya
previamente quemado la lengua, con la antorcha.

                              Trapecio que muévese
sobre la castración:
aquí fueron las Bodas, aquí
azoté con deseo su torso desnudo
con deseo quemando su lengua,
fresc e joven, no movida, las
olas lamiendo los muñones de lengua quemada,
aquí, ayer. Y aquí golpeé, golpeé,
y aquí fueron las bodas y las caras
tiznadas mirando detrás del cristal, los ojos no nacidos,
seca la mano del océano, allí: me encerré
dentro de sus cabellos, aquí.
                              Y el viento oyó mi nombre.
Oyó mi nombre, bramar,
bramar *contra el braire,* sosteniendo
un anillo en mis labios como foca, vete,
cruza a la otra orilla, seco,
cruza a la otra orilla hacia la asfixia
central, tus cabellos
hechos para siempre de sal. Vete,
toda belleza en la palabra *Ir,*
              y bramarla,
                      con los labios sin mancha,
sin saliva, con los labios
cerrados, de rodillas,
de rodillas con los labios cerrados.
Ramo de rosados muñones
y negros en el Metro, pero
cruzar águilas, gavilanes, búhos
con los hombres de Castilla: hacer
el vacío en tu boca;
              no hay nadie delante de ti.

Una mujer
        hincó su diente en tu carne, pero
pero comeré de mis ojos. El Palacio
del Amor yace sobrio en sus ruinas
a tus pies, frente a
la mirada impasible, los ojos de piedra,
                        y quien
mira ahí no eres ya tú, Dios no tiene alma.
                            El viento
el viento me hace crujir, y me pudro,
me pudro y me construyo una muralla,
                        en el aire,
en el aire, donde sólo tú estás.
                     Unos pasos
más allá de la joya no puedo pensar. Me
pudro, me pudro
en el aire, donde sólo tú estás: atada
la que goza al gozo
del que no goza. Custodiada
la dicha. Los ojos decantados, ya cae
dentro de ellos la nieve, ya dicen adiós.
                     Pero nunca me olvides, porque
los hombres estaban desnudos y
las vestiduras eran los hombres.

AFTER GOTTFRIED BENN

> Imitación póstuma de Gottfried Benn.
> «es gibt nur zwei Dinge: die Leere
> und das gezeinichte Ich»
>
> (GOTTFRIED BENN, *Nur Zwei Dinge.*)

Una vez más erraste, el Fracaso
sólo no tiene límites —tú sí.

Sólo esta oscura pesadumbre sin
voz— mientras, afuera, oyes esas voces:
podría decirse que estás loco
                                  como los
que oyen otras.
               La habitación
escasa, aborrecida, está llena
de ese inefable mal olor —y allí
sólo el susurro sofocante,
                        siempre
de la voz de Pilatos, sellando la boca.
                                  Y allí
a oscuras, arrodillarte, sin dejar de oler
la pestilencia que no nombra a nadie, la
                                  aplastante
pesadumbre sin voz —arrodillarse
para rezar, una vez más, la oración
maldita. Y masturbarte oyendo
en tus oídos tu propia voz que dice a
una burbuja ciega que estallará,
                                que dice
y dirá —«golpéame,
pégame, por favor.
Por favor».
           Y si así fuera
realmente, luego, la carne
ridículamente magullada y la vergüenza.
                                Y la habitación
y en un recado, los libros vencidos,
y sólo
esa pesadumbre sin voz.
Moriré en esta celda.

V

TROBAR LEU

SPIRITUAL I

Salí a la calle y no vi a nadie,
salí a la calle y no vi a nadie,
¡oh, Señor!, desciende por fin
porque en el Infierno ya no hay nadie.

SPIRITUAL II

A Pancho Ortuño que me salvó la vida.

Hoy los perros del Amo están de caza
no preguntes por quién ladran los perros de ese Amo
ya que es por mí.

HAIKÚ
(Variable)

Yo soy sólo mi perfil.
Cuando la nieve cae, de mi rostro
nada se ve.

(Variante)

Yo soy sólo mi perfil.
Cuando la nieve cae de mi rostro
nada se ve.

3.ª variante

Cuando la Nieve caiga
no estaré ya.

VI

COMO UNA BRUJA APAGA SU VELA

DA-SEIN

«Levant le jour, ils adressent au soleil des prières traditionelles comme s'ils le supliaient de paraître.»

(GERARD WALTER, *La communauté essenienne.*)

«Ein da-sein.»

ALFRED MOMBERT

La llave, la llave oscura
del fuerte dios, del pardo
dios cierra
       mis ojos con su fuerte llave Miento, me
agito en vano y danzo como rota película
movida por el viento me encontra-
réis en la
       siniestra humedad de un cubo
de basura, allá donde aún reposa
el secreto de la vida, abyecto,
ciego, soñando como el mar en el puro,
en el intransigente ético perfecto
inalcanzable ideal de la muerte
allí están mis ojos vi
vivo allá en ese sueño

de una tumba sin hilo a otra
de un interruptor exacto
de la luz del mundo, allá
donde no hay nada, donde no hay
lugar para estar, vivo
ignorado, secreto, peor que el suicidio, peor
que la desesperación, que cuanto gime y aún
llama a la vida desde el fondo
                            Perfecto:
sueño en eso, en que muera el mundo:
como el mar, como el demonio, allí me río
del Golgothe del dolor y la dicha
y de su mezcla inmunda.
Soñó en eso Dyonisos, el desdichado, el mártir:
en el instante absoluto de
abolir para nunca más el tiempo,
                                    nevermore
dicen los ángeles, nevermore
canta Dios en las alturas,
                         nunca más
soñaré que existo, ni daré
a los signos un sentido por su movimiento,
nunca más, dice Él, porque
Dios es para sí mismo una pesadilla
que trata en vano, universo tras universo
de arrancarse de un tajo
la espina de la vida, el crucifijo
y de beber el Vino.

DA-SEIN
(2.ª versión)

«Ici, dit le jardinier du cimetière», Jean Charles Lamb.
«Levant le jour, ils adressent au soleil des prières traditionelles, comme s'il le supliaient de paraître.»

(GERARD WALTER, *La communauté essenienne.*)

«Ein da-sein.»

ALFRED MOMBERT

La llave, la llave oscura
del fuerte dios, del pardo
dios cierra
   mis ojos con su fuerte llave Miento, me
agito en vano y danzo como rota película
movida por el viento me encontra-
réis en la
siniestra humedad de un cubo
de basura, allá donde aún reposa
abyecto el secreto de la vida,
      ciego,
nutriendo como un hijo al excremento y
soñando, soñando como el mar en el más puro,
en el intransigente ético perfecto
inalcanzable ideal de la muerte
allí están mis ojos vivo

vivo allá sin hilo a otro, como
interruptor exacto
de la luz del mundo allí,
donde el espacio muerde
su esencial polvo, y el tiempo nos otorga
insensato instante de su paz total, vivo
peor que el suicidio, peor que
la tierna desesperación, y que cuanto
gime todavía suplicando innoble
a la sucia vida desde el fondo. Pero inventé un baile perfecto:
y aún sueño en eso, en purificar al mundo de sí mismo, e
igual que un loco, digo a todos: sabe
más la boca que el dolor de tus ojos
que nada saben, sabe
mentir la boca: y enseño, entre babas, balbuciente,
un *rosario,* y un niño que tiene en la mano la Tierra: y lo arrojo
así al suelo, a la flor de la basura, al lugar sin tiempo
en que delira conmigo el que fuera
Titán marino, el perfil
más bello del lago, el Mártir de la Cuerda,

            Aquel
que vivió por mandato del Ojo la creación tal Infamia, y
al que llaman para reírse de él Initiator: y es que no hay
sacrificio que no tenga por su hija a la Venganza,

            y ésta hoy quiere
morder la fuerza que hace rodar las horas, y matar
al gusano, a la ridícula porcelana del Tiempo:

            qué hombre no ha soñado;
qué hombre no ha soñado en abrasar el Templo
del universo y en llenar el aire
entero del cosmos de los hilos
de lluvia de la sangre, del vino
del Solo, de aquel a quien los ojos

le alucinan y a todos dice «soy»
                    el que no es, el Único
el caballero idéntico a su vanidad, el esclavo
de mi propio ídolo, el adorador de Otro, el Yo sin ley y todo
hombre animal o luna me es al filo del Destino
desconocido: y quizá Dios es también esa tortura,
si me padece: quizá es, si sabe al menos, si se sabe,
también un No perfecto y puro. Soy
                    virgen de los hombres y no tengo
sexo, como la nada, como el tiempo, como el Instante puro
en que Adonái cierre su mano para siempre y diga
nunca más en el incomprensible espacio, nevermore
nevermore, dicen
en la calle, al pasar, tantos ángeles
medio muertos, nevermore, repiten
sin alma los arcontes de un cielo que desprecio,
                                        nunca
más, canta Dios en los abismos de lo alto,
nunca más soñaré que existo, ni daré
a los signos un sentido por su movimiento:
nunca más grita por fin a la
sed la tortura del Tiempo, la
siniestra tortuga, el Monstruo: nunca más, dice Él, porque
es también un ente sin espejo, porque
Dios es para sí mismo una pesadilla
que trata en vano, universo tras universo
de arrancarse de un tajo
la espina de la vida, el crucifijo
y de beber el Vino.

VII

PROSEGUIR EL INFIERNO

«Je n'ai pas d'ennemi sinon l'enfer lui même.»

Poèmes et proses de la folie de JOHN CLARE

(Mi madre me contó de niño que, allá por el tiempo de esa remota leyenda que llaman «guerra de España», a alguien le seccionó un obús la cabeza y siguió andando.)

MANCHA AZUL SOBRE EL PAPEL

«Para reencontrarse otra vez como perdido.»

HEGEL

Leí mucho y no recuerdo nada. Y en la
habitación del fondo mi madre
se pudre, es un pez. El
palacio de la locura está
lleno de animales
               verdes con
motas anaranjadas como ácidos y
cubierto de polvo: entra,
ven.
        No me acuerdo de ti. Pere
decía, creo, lo contrario, Pound

sin talento, a Paz le
gustó mucho: moscas
vuelan alrededor del árbol. Oh, yo
también devoro moscas, a veces me atraganto, tantas
hay, crudas, sí, que no resisten
la cocción (Capítulo III de
L'Alchimie rétablie de Canseliet, «So-
llicitations trompeuses et............»),
los senos del niño. Enormes y caídos. Qui
scribit bis legit.
                      Y en los ojos una escalera empieza.
Y vuelvo, vuelvo como un sueño,
como los sueños vuelven, sin entrar,
vuelve a soñarme, allí. Mientras duermen,
duermen, duermen, en la Morgue
«avec les yeux grand ouverts» —vuelve
y la casa desierta, o hay extrañas
gentes que no conozco, cerebros ilegibles. Largo
el viaje por mar. Y en la habitación condenada se
encontró, muertos,
los extraños que vivían allí,
en la casa del confín (Hodgson)
                              sin hablar, un niño
enteramente recubierto de escamas —al tocarlo
sentimos una humedad, afilada y
fría como un cuchillo: sin conocernos. Había
también una soga colgada de una moldura
con la forma, en su extremo,
de una cabeza.
Suicidarse y seguir viviendo,
esta frase pertenece a alguien, a
Nijinsky quizá, no estoy seguro —Largo
el viaje por mar. En una isla había

una caverna y dentro un
enano que no quiso decirnos su nombre.
Una rana le colgaba de la boca, casi lo olvido.

                                            Y mi madre
acariciaba al niño de escamas, y de
vez en cuando retraía
la mano y la ponía
cerca de sus ojos, para mirar la humedad, las
gotas de agua fría deslizándose
sobre la piel. (Estaba
ciega como yo.) El
palacio de la locura está
lleno de agua y peces ciegos que tropiezan
de las profundidades, que relumbran. Ven, así
estás a salvo (golpeado, año tras año
por un látigo de luz, hasta la muerte), mucho menos
atroz estás a salvo: los peces
no hablan, lo mismo que los niños, no
se encadenan a una charla en la
que nadie responde ni te
responderá nunca, y que cesa
nada más formularse la pregunta —Do
I dare demasiado me atreví: sale agua
de mis ojos, y los ojos cosidos y la
boca ve y ando con los oídos. Escúchame tú, que pasas al lado, que me rozas
por la calle, ange à moitié mort. Que me rezas.
Cesa todo cuando se pregunta, dejan
de hablar. Se van. Guardó la
mano muerta de su hija en un vaso
con agua.
          Una mosca
come en mi mano. Una lluvia de sangre

cayendo en el cerebro de Charles. Hacía
frío Fort, la noche en que murió hacía
frío, sí, lo recuerdo, llovía. Pere
Gimferrer —contrapunto
como en el canto VII de Pound —*no mera
sucesión de pinceladas, narración
ciega,* sino la vida
y la mente toda puestas en juego,
y perdidas —aquí. Pere
Gimferrer y Carnero se casaron
en octubre, y su hija
de enorme falo goteando,
colgando, muerta.
Balanceándose como un péndulo
mortal, goteando, en lo oscuro.
Hay un falo en mi boca, dos, y otro
erecto en mi ano, otro
lo arrastran mis pies.
                Otro
cuelga de mi cabeza y araña
al pasar las paredes y deja
un rastro, y un sonido. Pero
al morir Charles Fort dijo:
Mi hijo está desnudo, allí,
en el suelo, la llave. Y esos no son
de mi Pueblo. Oculto.
donde todos me ven, sello
de la carta robada, soy una princesa.
                              Ven a donde huyo.
Jamás me pudieron encontrar. Dije: estaré
siempre en el bosque, perdido,
en el bosque donde nací. Llueve,
llueve sobre el sexo de una mujer. Y bajo

el sol, rodeado de muchos, tengo frío. Y dije:
                                    «Ese que va allí,
ese que corre, que
                al volverme hace una mueca,
                                    soy yo.
                                    Ácido disuelto
                                        en agua
caída sobre el papel.»

STORIA

«I am-yet what I am none cares or knows
my friends forsake me like a memory lost
I am the self consumer of my woes.»

JOHN CLARE

*A una vieja que vi, sentada, gustando el frío,
sobre una piedra de la Rue du Louvre, et item a
Andreas Baader, in memoriam.*

Tú has llegado hoy al final del mundo
que es ahora algo así como una aldea fantasma
o un teatro macabro e inaprehensible
desnudo por completo de tu imagen
                        y sin embargo
representando aún fanáticamente la obra
cuyo guión se extravió hace tiempo en el oscuro
laberinto sin hilos de tu vida
                miras
lo mismo que un ciego esa órbita sin creador ni firma
donde nadan perdidas en un vasto naufragio
las palabras crueles del colegio
los sórdidos cuentos de hadas de la infancia:

Dios, lo «humano» o «fraterno»
el Diablo a evitar, con su pompa y sus glorias,
la lujuria, el pecado a vencer sin jamás flaquear
hasta llegar ahora a estas piernas desnudas
cortezas arrugadas debajo del descuido de la falda,
diciendo dónde estaba la verdad de la falta.
Ves que aquellas palabras, verdad, hacen peor tu vida
ahora, porque vuelven
más irreal tu infierno, y mucho más
atroz este
         llegar sin palabras ni eco de otras bocas
hambrientas de tu alma al puerto de unos ojos
errando en el desierto de la Rue du Louvre
sin una mano al menos, sin una mano fuera
de este llanto, este sí, verdadero y nocturno
sin una mano al menos que te guíe hoy
bebiendo, copulando entre espasmos y alaridos bestiales, y
    matando
matando, sí, matando más allá
de la ceniza de las lágrimas
por honrar póstumamente con una extraña orgía la leyenda
y entrar así juntos y unidos por un beso
de terror y de muerte en aquel paraíso
donde te juro que alguien, sin más nombre que el hecho
se arriesgará a mirarnos aún perdiendo los ojos.

EVE

A Mercedes, por el hilo que la une al secreto

Porque hiciste mi gesto eterno supe
que eras la muerte: porque ella sólo podía

amarme si no había
                      hombres para mí, vivos:
sólo ella
       podía amarme; y supe también que tú eras
la Muerte, y que me amabas.
El rostro de la Humanidad era
para mí el de nadie: como para ella,
como para ti: eres negra y no quieres
nada de lo que vive y no sabe
hasta morir que te desea.
                      Y vi, a través de ti, cómo surgían
y surgen cabezas de la tierra helada:
cabezas, yelmos, corazas, espadas
es el fruto que cosecha la tierra en este año
que tanto recuerda al último, al siguiente,
y me amaste porque ya lo veía, porque
veía crecer ya en el huerto el fruto
monstruoso que incorporaba en sí
todo dolor e injusticia y desastre
y me dijiste: «he aquí mi primer hijo
yo que nada sabía del ridículo
acto de nacer!». Y agregaste:
«Éste reirá de todo,
y lo encenegará todo con
el veneno de su risa mortal:
                              cuando no haya nadie
que recuerde cómo se reía, éste reirá.»
Y te reíste de mí, como mi madre
al ver que yo había nacido de ella.
                            Tan inmenso
era el frío en las ciudades
que algunos sabían que no era locura
ni es, creer que caerán —sobre mí

o seré yo el que caiga al morir sobre tu cuerpo.
                              Pero en el frío crecían
seguían creciendo —la peor de las *alfombras
de césped*— los huesos y la carne de soldados
que crecían sobre la tierra helada. Y me dijiste:
«ellos no tendrán miedo, porque están
muertos, lo mismo que tú me amas,
                              a mí que soy negra
como la vida, e hice una piedra de tu gesto».
Y los muertos brotaban sobre la tierra helada
—cabezas, yelmos, corazas y espadas
porque la Muerte se había hecho vida.
                              Y pregunté
—te pregunté entonces—: «Será mi alma
buen alimento para perros?» Y contestaste: «no esperes
que ella sirva para otra cosa: fue creada
y pensada lo mismo que tu cuerpo y huesos para
nutrición de los perros finales —lo mismo
que tu palabra». «Y ¿nada he de esperar?» «Nada».
Y vi cómo espadas y corazas y yelmos
crecían sobre el campo más yermo.
Y me olvidé.

LA MALDAD NACE DE LA SUPRESIÓN HIPÓCRITA DEL GOZO

> «Jois e Jovens n'es trichaire
> e Malvestatz eis d'aqui.»
>
> MARCABRÚ

Una cucaracha recorre el jardín húmedo
de mi chambre y circula por entre las botellas vacías:
la miro a los ojos y veo tus dos ojos

azules, madre mía.
Y canta, cantas por las noches parecida a la locura,
                            velas
con tu maldición para que no me caiga dormido, para que no me olvide
y esté despierto para siempre frente a tus dos ojos,
madre mía.

LE BON PASTEUR (Haikú)

Es duro el trabajo de la pesadilla,
                                  es duro
arrastrar de día el carro de las marionetas,
de noche; y ser una de ellas
mañana, cuando abran los ojos
                                para no ver
que la bailarina de cuerda danzando entre ellas
mueve ella misma el resorte.

LA ALUCINACIÓN DE UNA MANO O LA ESPERANZA PÓSTUMA Y ABSURDA EN LA CARIDAD DE LA NOCHE

A Isa-belle Bonet

«Todo el bienestar del mundo lo encuentro en Suleika cuando la achucho un poco me siento digno de mí mismo; si me dejara —perdería los ojos.»

(GOETHE, *Diván Oriental Occidental.*)

Una mujer se acercó a mí y en sus ojos
vi todos mis amores derruidos

y me asombró que alguien amase aún el cadáver,
alguien como esa mujer cuyo susurro
repetía en la noche el eco de todos mis amores aplastados
y me asombró que alguien lamiese en las costras todavía
tercamente la sustancia que fue oro,
aquello que el tiempo purificó en nada.
Y la vi como quien ve sin creerla
en el desierto la sombra de un agua,
la amé sin atreverme a creerlo.
Y la ofrecí entonces mi cerebro desnudo,
obsceno como un sapo, como una paz inservible
animándola a que día tras día lo tocase
suavemente con su lengua repitiendo
así una ceremonia cuyo sentido único
es que olvidarlo es sagrado.

LA VIDA

«Say maiden wilt thou go with me
through his sad non-identity.»

JOHN CLARE

A Miriam

Niña de veinte años, cruel como quien puede
que mirabas de lejos con asco el movimiento
sangriento de mi boca en el vacío
                    de la
habitación que nadie toca, y donde
se desliza por las tardes la serpiente, niña
clavel desafiando mi impotencia, blanco

semen en el ojo; aplastaría
bien lo sabes tus ojos con toda la ceniza de mi alma
que ha muerto y no descansa, y llenaré sin duda
algún día tu tierra del incienso dorado de mi mierda
cuando sepas, ya tarde, en aquel *demasiado*
en que la serpiente recorre los libros de mi cuarto
que también de tus sesos, sedienta por misterio,
masticará los restos el fuego de Locura, el fuego
sin piedad que hoy me escupe
desde ti, de tu nombre joven, Miriam, desde tu carne cruda
el horrendo enigma que llevo y que no sé, y que llevas
por costumbre atado al zapato del colegio
y enseñas a las otras sin decir nada, sonriendo,
                              diciéndoles, mira
mira, él persiguió esta sombra y dijo que era LA VIUDA.

EL ÚLTIMO ESPEJO

> *Inspirado en una pesadilla que tuvo por nombre*
> *«Maraba Domínguez Torán».*

Todo aquel que atraviesa el corredor del Miedo
llega fatalmente al Último Espejo
donde una mujer abrazada a tu esqueleto nos muestra
cara a cara el infierno de los ojos sellados
de los ojos cerrados para siempre como en una máscara
de muerta representando en el más allá el teatro último:
así miré yo a los ojos que borraron mi alma
así he mirado yo un día que no existe en el Último Espejo.

NU(N)CA

Vi cuatro mujeres luchando por los senos de un muerto,
vi cuatro mujeres luchando solas, más tarde, por la posesión del soplo
y disputando con sus uñas feroces por el Abel Garmin que abandonaba feliz aquellos huesos.
Hay cuatro mujeres que robaron mi fetidez sensible
y mi podredumbre en el cadáver que aún respiraba lentamente dejando
salir de allí mi alma como un pedo.
Y esos cuatro seres guardan ahora el resto sanguinolento de mi espíritu
y habito para siempre en la carnicería de sus bocas
y día a día bajo del nido de sus nalgas
para saber entero en lo insensible del tiempo
cuál era el sentido que no aprendí del cielo
como cae debajo la palabra nunca.

UN CADAVRE CHANTE

> *Lo que queda de ti, To Zelda, again, y en recuerdo tembloroso de aquellas traducciones de Gottfried Benn, poeta y médico, que le gustaba hacer para probar a ser poeta y maga.*

Qué queda de ti. Miro al sapo, le
araño buscando lo
que queda de ti en los negros

testículos hay como un humo,
y la poya cobarde y retraída, es ya hongo
en desfiladero de sed y rocas, de tortugas
y los espíritus huyendo de Arezzo: el miedo
quizás diga de ti, de eso. El bosque
de pelos a la izquierda
te amó sin duda. El culo pide, reclama un hombre al grito de su pedo:
el pie no tiene pelos, pienso
como la vida junto a ti, que luego
en carne viva fuera, despellejada,
un viejo verde al que los niños apedrean
al crepúsculo, y el pueblo le conoce por el nombre
sarcástico de «viuda». La curva del abdomen sin embargo
   respira:
¿se acordará del seno? ¿Y el zapato?
Tengo la boca aún húmeda de él
                        El pie repta mientras escribo esto, y de
                                          la boca
                                                      cae
espuma de cerveza,
                  sobre la mano que se queja
de ir sola ahora por la tierra del cuerpo. Un car-
denal en la pantorrilla izquierda
recuerda al chulo y
hace mirar la nalga
desesperada, con tres forúnculos hermosos que son
nuestros tres hijos. El vientre se
me mueve, una rana
canta en sus aguas:
                  siento y toco los huesos como una esperanza.
He aquí el cadáver, he aquí —entre los pelos del pecho
componiendo un rombo, entre las tetillas

erectas por el frío o en el moco que
encontrará pronto quienes
lo sirvan en vajilla de plata, cantando
a la masa de nadie la noticia falsa
de que soy —quién sabe cómo, he aquí
todo hermana
lo que queda, lo que queda entre serpientes
ensortijadas en el triste ano, lo que queda de ti, lo que recuerda
    aún al pobre hombre
quién sabe por qué, y a pesar tuyo que olvidaste
el día o el instante en que me regalaste tu vida,
y tu palabra
             que me da miedo oír, y hace
retrotraer la poya, y desplomarse
más cansada o animal que vencida la mano
izquierda sobre el tórax. Y otra vez el humo, el
humo que sale de los negros testículos
de ese par de huevos que no me sirvió para tenerte de nuevo
y ni siquiera para morir, el humo ahora, como de leña
húmeda que no sirve para nada. A quién daré mi semen, y
    cuándo
beberé otra vez en vaso la cerveza de tu menstruo
que gotea como el tormento en mi cabeza.
Qué será de mis ojos. Quién es este enano, este duende de-
    forme
que va a roncar ahora imaginando fácilmente lo que no ha existido
y escupirá algún día con sangre lo que no ha vivido.
Tengo cinco agujeros: sabes, lo sabes muy bien, el de la boca, el de los oídos tapado con cera, el del pene color violeta,
el de la nariz que supura
alimento para imbéciles, el otro que suelta pedos y pide
otra vez el insulto. Ah, y dos, bajo la frente,

de las cuencas vacías
engangrenadas para siempre que te esperan. Nunca pensé, dijo el muerto,
que mi vida había acabado. Echadme flores en la tumba, ahora
para eso sirve un muerto, y una esfera negra
que llaman el Huevo para besarlo todos
entre cantos de loa, y acariciad por vicio
las culebras de las venas. Mi suicidio es esto:
seguir viviendo, y que respire el sapo:
    mi pie danza una tarantella mientras escrito esto, y las gotas de cerveza como fina lluvia abandonan el estómago.

VIII

PALIMPSESTOS

MUTACIÓN DE BATAILLE

(De *L'Archangélique*)

Yo soñé con tocar la tristeza viscosa del mundo
en el desencantado borde de una ciénaga absurda
yo soñé un agua turbia donde reencontraría
el camino perdido de tu ano profundo;

yo he sentido en mis manos un animal inmundo
que en la noche había huido de una espantosa selva
salvaje como el viento, como el negro agujero
de tu cuerpo que me hace soñar
yo he soñado en mis manos un animal inmundo
y supe que era el mal del que tú morirás
y lo llamo riéndome del dolor del mundo.

Una demente luz, una luz que hace daño
encuentra sólo en mí el cadáver de tu risa
de tu risa que libra tu larga desnudez
y el viento descubre nuestra muerte, semejante
a ese agujero inmundo que yo quiero besar: un resplandor
    inmenso
entonces me iluminará
y he visto tu dolor como una caridad
irradiando en la noche tu forma amplia e inmensa

el grito de la tumba que es tu infinidad
                                      y he visto tu dolor
como una caridad, como si alguien dejara suavemente
un ojo en la mano blanca que un mendigo le tiende.

PARÍS

Hijo de puta llegó al hormiguero
donde el sol pierde su vigor.

—¡Adelante, en fila! —un guardia os arrastra
a la cadena. —¡Atrás!..., acabado el incendio
pasan cubos de agua vacíos.

Aquí su musa la pulga
callejeó como una puta
decían y esa qué vende.

—Nada. —Se quedó allí medio atontada
sin oír la canción del vacío
perdiéndose en las espirales del viento.

* * *

Allá: vivir a golpes de fusta —pasar
en carroza o en canguro[1],
pasar sin que nada pase, he aquí el estribillo
y sobrepasar, traspasar.

---

[1] Canguro: coche celular en argot español.

O presentar a nadie tu espectro diminuto, te hizo falta empezar
pobre pero nadando en oro; oscuro, pero con nombre rimbombante;
y oscuro es en efecto el nombre que todo ha de romper.

Que sea inscrito en el ojo del tabernero
que en pronunciarlo adiestren a cualquier papagayo
que lo cante o silbe esa serpiente.

¡La música! —la música que nos destruye
es el paraíso de musulmanes y tétricas huríes
el placer de que gozan los dioses que no hablan
del dios macarra que nos da de bofetadas!

* * *

Quisiera que una negra rosa —Dondé
estuviera aún en el rosal —Dondé

Poeta —Más tarde...! primero el placer:
el Parnaso que es preciso escalar
está en sus primeras gradas
lleno de resentimiento y amargura,
y al subir un poco más nos encontramos
con sacristanes, ambiciosos
pequeño-burgueses y abominables mamarrachos que se aferran
tenaz e inexplicablemente a los bordes
de la literatura; y arriba, una fiesta esclerótica, una vida
anémica, el acontecimiento convertido
en algo pasivo, que se sufre como un drama
en que no pasa nada.

El incomprendido, en cambio, se acuesta con su pose
bajo el cinc de un manzanillo, mientras que el ingenuo

«querría que la rosa dondé
tuviera aún una tierra en que crecer!»

«La rosa en el rosal» dondé
a cada pie dadle su cadena.
«La rosa en el rosal» —Llegas
demasiado tarde...

«La rosa en el rosal...» —¡Naturaleza!: no has dejado
tu huella sobre el hombre— Se es
catador o callista o cualquier otra cosa en el arte.

* * *

Amé una marca que ya no está en venta,
y aun cuando me digan: —No, de eso ya no tenemos—,
hay por fuerza que pagar ese mísero precio
buscarse una mujer en cualquier montón de basura —y mi
    amante
me dice que jamás me olvidará.

Bajo tierra amé un cuerpo que habrá sucumbido
y su sombra en el palor reaparece
entre el hedor de las lilas. Puede que así sea. Ella llora...
                                        —Y bien, canta,

para ti solo toda la nostalgia
la noche es blanca y sin lámparas
y al amanecer unos cuantos
versos ateridos, un papel indefenso ante la luz más cruda
que perecerá por agua o por fuego, o arrastrado
por la sórdida canción del Viento, hacia el Valle, quizá,
en donde nada existe. Y mientras eso ocurre, nos observa

un enorme e inhumano signo amarillo en la montaña, semejante
a un ciego o a una lengua cortada: una mueca eterna.

Cuando lo hayas mirado, arrójate en lo más feroz de una orgía
hincha tus ojos inyectados en sangre
y que aflore en tu cuerpo ese aire de gato!

* * *

Es la bohemia, muchacho: piensa que tus páramos se han incendiado
y que el Viento ha abolido el campanario
                                                    agrietado
reniega de los lagos de tu colonia y enséñanos
que sabes bailar sin tambor.

Canción raída y más que terminada,
tu juventud... todo eso dura un solo día!
A cambio, toma: —esto está siempre nuevo— y calumnias
tu pobre amor: el amor.

¡Evohé! Ya he llenado tu copa:
vierte el vino y guarda los posos...
Así: nadie ha visto el truco.

Y he aquí que un día González el cándido
diga de ti: —Eres infecto
o ¡espléndido! —o no diga nada—. Es más corto.

* * *

¡Evohé!, que agotas la inspiración.
¡Evohé!, miseria cegadora,

como mujer de la vida, derríbate
con esta palabra en la boca: ¡Gozar!

Arrástrate por entre los barrios malsanos
adonde van los frutos podridos a pudrirse,
a enmohecerse durante un cuarto de hora en la escena...
—¡*Ver las tablas y después morir!*

Vete por los teatrillos, los lupanares, las iglesias,
corte de los milagros y corte judicial;
—¡cuarto de hora de inmortalidad!

Apareces tú: es la apoteosis
te arrojan algunos regalos
flores de papel, mierda.

* * *

He aquí que el viento cobra fuerza, dicen que es la tramontana
creerás que ha llegado el momento
Prometeo mil quinientos
a una roca de cartón piedra encadenado.

¡Ay de mí! ¿Cuál ave de presa, qué buitre exquisito
vendrá a mordisquear tu higadito gordo y trufado—

                                                      para qué
para llevarse un gran chasco

un chasco banal... ¡Adiós encarnes!
Deglutiendo otra vez tu bazo hecho papilla,
avanza como un pelícano blanco

maltratando el canto del cisne
ve con tu pico amarillo a herirte en el flanco...
frente a un pescador solitario.

* * *

Tú sonríes. —Bien, sé, pues, amargo,
arruga el entrecejo, Metistófeles fanfarrón, y ansía
que tu garganta arda por el ajenjo: y con el labio espumoso
cuéntame que tu corazón se pudre

Haz de ti mismo tu obra póstuma
castra el amor... ¡el amor que es duración, lentitud!
Tu pulmón cicatrizado aspira
miasmas de gloria, ¡oh vencedor!

Basta, ¿no es verdad? ¡Vete ya!
                               Deja
tu bolsa —último amante—
tu revólver —último amigo...

Curioso tipo de pistolero
fracasado.
           ... o bien te quedas y devoras el resto de tu vida
sobre una mesa ya levantada.

TRISTAN CORBIÈRE

UN POEMA DE JOHN CLARE

I am
(je suis)

Soy —mas qué soy nadie sabe ni a nadie
le interesa —mis amigos
me dejaron como un recuerdo inútil
que sólo se alimenta de su propia desdicha
de mis penas que surgen y se van, sin más, y para nada
ejército en marcha hacia el olvido

sombras confusamente mezcladas a los pálidos
mudos, convulsivos, escalofríos de algo
parecido al amor —y pese a todo soy, y vivo
como vapor en el cristal, que borrarán seguro
cuando llegue el día.
                En la nada del desprecio, en el ruido de
                muerte de la vida
en el mar frenético de los sueños despiertos, del delirio
que tranquiliza a los hombres, pero más allá aún
donde no hay rastro de sensación de vida
nada más que un gran naufragio en mi vida de todo lo que
    quería
hasta de los más íntimos amores, por los que hubiera dado la
    vida
son ahora extraños —más todavía que el resto.
Languidezco en una morada que ningún hombre holló
un lugar en que jamás aún mujer lloró o sonrió
para estar a solas con Dios, el Creador
y dormir ese sueño que dormía en la infancia
procurando no molestar a nadie —helado, mudo, yazco
sobre la hierba como un perro, irreal como el cielo.

«Y aún espera, sin duda, más allá de esa esquina, una vuelta aún, una vuelta de tuerca más a la bondad humana.»

HENRY JAMES

Last river together
(1980)

*para Conchita Sitges, in memoriam
que este libro la acompañe en su muerte,
que ya va siendo tan larga como mi vida.*

«Más allá de los guerreros moribundos
y de la espada en ruinas de la vida
reina sobre lo puro arrasado
una flor a quien llaman violeta nocturna.»

ALEKSANDR BLOK

«Ma fille — ma, car vous êtes à tous,
Donc aucun d'eux ne fut valable maître,
Dormez enfin, et fermons la fenêtre:
La vie est close, et nous sommes chez nous.»

ALFRED JARRY

«I' vo come colui ch'è fuor di vita,
che pare, a chi lo sguarda, ch'omo sia
fatto di rame o di pietra o di legno,
sol uno fior mi trae della ferita,
sol a uno sguarda credo ch'io sia.»

GUIDO CAVALCANTI

A FRANCISCO

Suave como el peligro atravesaste un día
con tu mano imposible la frágil medianoche
y tu mano valía mi vida, y muchas vidas
y tus labios casi mudos decían lo que era el pensamiento.
Pasé una noche a ti pegado como a un árbol de vida
porque eras suave como el peligro,
como el peligro de vivir de nuevo.

EL BACCARRÁ EN LA NOCHE

¿Quién me engaña en la noche, y aúlla
pidiéndome que salga, que salga a la calle y camine,
y corra, y atraviese las calles como perro rabioso
las calles desiertas en que es siempre de noche,
buscando locamente el *baccarrá en la noche*?

¿Quién me despierta, qué hembra mortal o pájaro,
                              para decirme
que aún vivo, que aún deseo, que tengo
todavía que imprimir una última dirección a mis ojos
para buscar el baccarrá en la noche?

¿Qué uñas escarban mi vejez, y qué mano que no perdona
tortura mi muñeca, conduciéndome
como a un *lugar seguro,* al baccarrá en la noche?
¿Qué mano de madre, qué oración susurran
luna tras luna los labios de la luna

gritando en medio de la calle a solas
descubriéndome en la acera, denunciando a todos
mi testamento secreto, mi pavor y mi miedo
sin descanso de encontrarme, no sé si hoy quizás, tal vez
                              mañana, jugando
ya para siempre al baccarrá en la noche.

EL LAMENTO DEL VAMPIRO

Vosotros, todos vosotros, toda
esa carne que en la calle
se apila, sois
para mí alimento,
                    todos esos ojos
cubiertos de legañas, como de quien no acaba
jamás de despertar, como
mirando sin ver o bien sólo por sed
de la absurda sanción de otra mirada,
todos vosotros
                sois para mí alimento, y el espanto
profundo de tener como espejo
único esos ojos de vidrio, esa niebla
en que se cruzan los muertos, ese
es el precio que pago por mis alimentos.

AUTOUR DU POÈME

Ici je dresse une poupée.
Mais quand l'instant se termine, je suis déjà prêt
a tomber là, nu
comme une poupée.

                    (Après je vais pleurer à l'ombre
de ma poupée, et je vais faire beaucoup de bruit.)

Ici le poème se termine, ici
on expire, on dit toujours
le dernier mot: tu me condamnes, tu me fais
jaillir entre tes mains, et tu m'étrangles, et je dis
cependant toutes ces choses à l'oreille
de ma femme que je t'offre, à laquelle on a promis
très petite qu'elle serait aventrée. C'était
rien qu'une lesbienne, une femme pour jouer,
rien qu'une poupée désireuse d'être
dans deux ou trois lignes
déchirée. Comme on déchire les enfants,
les poupées, ton oubli déjà prêt.
Ici le poème se termine: tout ce qui est léger doit tomber.
                    (Et Après je vais pleurer, sur la fenêtre,
                    devant les inconnus, et
                    je vais faire beaucoup de bruit.)

EL DÍA EN QUE SE ACABA LA CANCIÓN

Cuando el sentido, ese anciano que te hablaba
en horas de soledad, se muere
                    entonces
miras a la mujer amada como a un viejo,
y lloras.
        Y queda
huérfano el poema, sin padre ni madre,
                            y lo odias,
aborreces al hijo colgando

como un aborto entre las piernas, balanceándose allí
como hilo que cuelga o telaraña,
cuando el sentido muere,
      como un niño
castrado por un ciego,
al amparo de la noche feroz, de la noche:
como la voz de un niño perdido aullando en
           el viento
el día en que se acaba la canción, dejando
sólo un poco de tabaco en la mano,
         y la ciudad ahora, las
ciudades convertidas en vastas plantaciones de tabaco,
          y la mano
asombrada toca la boca sin labios
el día en que se acaba la canción, y se pierde
el hombre que a sí mismo le daba el nombre de alguien,
al dar la vuelta a una esquina, un atardecer sin música.
El día en que se acaba la canción el dolor mismo
es sólo un poco de tabaco en la mano,
          y las palabras
son todas de antaño, y de otro país, y caen
de la boca sin dientes como un líquido
parecido a la bilis,
    el día
en que se muere el sentido, ese
asesino que al crepúsculo hablaba y al
insomnio susurraba palabras y cosas,
          el día
en que se acaba la canción miras
a la mujer amada como a un viejo, y
con la cabeza entre las piernas,
frente al mundo abortado, lloras.

PARA A., AGAIN (Y VUELTA A EMPEZAR)

Digo yo si este espejo vale para que tú seas
frente a mi imagen arruinada, si este espejo
vale para los dos y si este cuerpo
canta en tu sexo y brilla
algo la cópula bajo la cúpula del techo,
digo yo si tú quieres que mi vida sea,
ahora que mi alma se quiebra entre los dos,
como por un abrazo.

HIMNO DE LA ESPÍA

No hay nadie en el mundo, se diría
salvo la Espía.
¿Quién es la Espía?
                Olana, se diría.
Posada en el techo hay una mosca
Olana allí me espía.
Miro al cielo, y él me mira:
¿no será Olana que me observa
quizá, tal vez, desde una nube
en forma de Espía?
Porque el cielo a nadie mira.
Recorro el mar con grandes piernas
son dos las piernas, mas de pronto
descubro al lado una tercera: mía no es,
luego es de Olana, que me espía,
ya no sé qué hacer sin esos ojos
que allí en el frío me vigilan;
mi figurón tiembla y vacila
no sé quién soy ya sin la Espía.

HAIKU

Te ofrezco en mi mano
                    los sauces que no he visto.

* * *

                   «sta selva selvaggia ed aspra e forte»
                                          Dante. *Inferno*

Si no es ahora ¿cuándo moriré?
Si no es ahora que me he perdido en medio
del camino de mi vida, y voy
preguntando a los hombres quién soy, y
para qué mi nombre, si no es ahora
¿cuándo moriré?
Si no es ahora que aúllan los lobos a mi puerta
si no es ahora que aúllan los lobos de la muerte
si no es ahora que está como caído
mi nombre al pie de mí, y boquea, y pregunta
a Dios por qué nací: si no es ahora
¿cuándo moriré?

IMITACIÓN DE PESSOA

para Edita Piñan, recordándole que la poesía llama imaginación a lo que ella se empeña en llamar locura.

Amor, no seas: huye del ser y que a ti el ser rehúya
como a un muerto, y dile, no me toques
como a un muerto, que no plante en ti
su zarpa de animal la vida, que
vivir es pecado, amor, no seas
huele mal la vida, amor

no seas que vivir es una
huida perenne de aquel nacer que extraños
conspiraron contra tu dicha un día, de aquel
nacer que esos desconocidos
te quisieron y no te pudo nadie
porque eres virgen todavía, virgen
como un santo, de la vida:
                        amor, sé como yo, no seas.

ANNABEL LEE

Hay un nombre cuyo ruido hace
temblar el aire como si fuera de algo
el de mi hermosa ANNABEL LEE: el de una niña
que me amó como si yo algo fuera
y que al morir supo tan sólo
a Dios decir un nombre, un ruido:
ANNABEL LEE.

Yo era una niña y ella casi un niño
nadando los dos bajo el mar; pero
nos amábamos ambos de algo como hierro
y llorábamos juntos los dos, bajo el cielo.
Y fue ése el motivo quizás por el que un día
una lágrima cayó del cielo disolviendo
como un ácido el cuerpo que temblaba
de mi hermosa, de mi pálida ANNABEL LEE, y entonces
vinieron sus padres, gente de dinero
a hacerse cargo del alma, y dicen
que la enterraron bajo el mar.

Pero hoy los huesos de una niña bailan
allí junto a una roca, cerca

de aquel reino moribundo que hay
debajo del mar, y cantan
aún esa canción demente, la
de los seres que
se enterraron juntos pronunciando
a solas el nombre de
ANNABEL LEE.

LOS MISTERIOSOS SOBREVIVIENTES

Dime si destruye mi mirada, dime si
queman más mis ojos que la furia del tiempo,
y que este espacio vacío en que los sueños
                              prometen suicidio, y quiénes
en la esquina, devoran aún mi cabeza, y escupen
sobre mi cadáver, y ríen
cuando cae la noche, y lloran
y gritan cuando por desgracia amanece
y mienten vistiendo a la vida con el traje del Espectro,
dime quiénes son, y qué es esto
que huye del ser como el ciervo del
cazador al crepúsculo, el vago
crepúsculo que se extiende como llanura infinita,
desafiando cualquier horizonte, el vasto
crepúsculo sin perspectiva que es ya toda la vida...
                                          pero dime
quiénes son, borradas
todas las señales del cielo y caída
sobre la tierra una vez más la luna, cuando
ya la noche no puede llamarse noche, y
los hombres se buscan ciegos en la noche,
quiénes entonces, dime quiénes, en el aire sin tiempo

hozan aún y escarban como cerdos en la
llanura sin sueño de la nada, y me
preguntan por mí, por ellos cuando
nada queda por vivir.

LA CANCIÓN DEL CROUPIER DEL MISSISSIPPI

>   «Fifteen men on the Dead Man's Chest.
> Yahoo! And a bottle of rum!»
> *Canción pirata.*

Fumo mucho. Demasiado.
Fumo para frotar el tiempo y a veces oigo la radio
y oigo pasar la vida como quien pone la radio.
Fumo mucho. En el cenicero hay
ideas y poemas y voces
de amigos que no tengo. Y tengo
la boca llena de sangre,
y sangre que sale de las grietas de mi cráneo
y toda mi alma sabe a sangre,
sangre fresca no sé si de cerdo o de hombre que soy,
en toda mi alma acuchillada por mujeres y niños
que se mueven ingenuos, torpes, en
esta vida que ya sé.
Me palpo el pecho de pronto, nervioso,
y no siento un corazón. No hay,
no existe en nadie esa cosa que llaman corazón
sino quizá en el alcohol, en esa
sangre que yo bebo y que es la sangre de Cristo,
la única sangre en este mundo que no existe
que es como el Mal programado, o
como fábrica de vida o un sastre

que ha olvidado quién es y sigue viviendo, o
quizá el reloj y las horas pasan.
Me palpo, nervioso, los ojos y los pies y el dedo gordo
de la mano lo meto en el ojo, y estoy sucio
y mi vida oliendo.
Y sueño que he vivido y que me llamo de algún modo
y que este cuento es cierto, este
absurdo que delatan mis ojos,
este delirio en Veracruz, y que este
país es cierto, este lugar parecido al Infierno,
que llaman España, he oído
a los muertos que el Infierno
es mejor que esto y se parece más.
Me digo que soy Pessoa, como Pessoa era
                                    Álvaro de Campos,
me digo que estar borracho es no estarlo
toda la vida, es
estar borracho de vida y no de muerte,
es una sangre distinta de esa otra
espesa que se cuela por los tejados y por las paredes
y los agujeros de la vida.
Y es que no hay otra comunión
ni otro espasmo que este del vino
y ningún otro sexo ni mujer
que el vaso de alcohol besándome los labios
que este vaso de alcohol que llevo en el
cerebro, en los pies, en la sangre.
Que este vaso de vino oscuro o blanco,
de ginebra o de ron o lo que sea
—ginebra y cerveza, por ejemplo—
que es como la infancia, y no es
huida, ni evasión, ni sueño
sino la única vida real y todo lo posible

y agarro de nuevo la copa como el cuello de la vida y cuento
a algún ser que es probable que esté
ahí la vida de los dioses
y unos días soy Caín, y otros
un jugador de póker que bebe whisky perfectamente y otros
un cazador de dotes que por otra parte he sido
pero lo mío es como en «Dulce pájaro de juventud»
un cazador de dotes hermoso y alcohólico, y otros días,
un asesino tímido y psicótico, y otros
alguien que ha muerto quién sabe hace cuánto,
en qué ciudad, entre marineros ebrios. Algunos me
recuerdan, dicen
con la copa en la mano, hablando mucho,
hablando para poder existir de que
no hay nada mejor que decirse
a sí mismo una proposición de Wittgenstein mientras sube
la marea del vino en la sangre y el alma.
O bien alguien perdido en las galerías del espejo
buscando a su Novia. Y otras veces
soy Abel que tiene un plan perfecto
para rescatar la vida y restaurar a los hombres
y también a veces lloro por no ser un esclavo
negro en el sur, llorando
entre las plantaciones!
Es tan bella la ruina, tan profunda
sé todos sus colores y es
como una sinfonía la música del acabamiento.
Como música que tocan en el más allá,
y ya no tengo sangre en las venas, sino alcohol,
tengo sangre en los ojos de borracho
y el alma invadida de sangre como de una vomitona,
y vomito el alma por las mañanas,
después de pasar toda la noche jurando

frente a una muñeca de goma que existe Dios.
Escribir en España no es llorar, es beber,
es beber la rabia del que no se resigna
a morir en las esquinas, es beber y mal
decir, blasfemar contra España
contra este país sin dioses pero con
estatuas de dioses, es
beber en la iglesia con música de órgano
es caerse borracho en los recitales y manchar de vino
tinto y sangre *Le livre des masques* de
                                      Remy de Gourmont
caerse húmedo babeante y tonto y
derrumbarse como un árbol ante los farolillos
de esta verbena cultural. Escribir en España es tener
hasta el borde en la sangre este alcohol de locura que ya
no justifica nada ni nadie, ninguna sombra
de las que allí había al principio.
Y decir al morir, cuando tenga
ya en la boca y cabeza la baba del suicidio
gritarle a las sombras, a las tantas que hay y fantasmas
en este paraíso para espectros
y también a los ciervos que he visto en el bosque,
y a los pájaros y a los lobos en la calle y
acechando en las esquinas
«Fifteen men on the Dead Man's Chest
Fifteen men on the Dead Man's Chest
Yahoo! And a bottle of rum!»

TERRITORIO DEL MIEDO

Está sola la araña en el telar del miedo
está sola y lucha contra las estrellas del miedo

y canta, canta la araña canciones al miedo
que dicen por ejemplo: el miedo es una
mujer que camina descalza en la nieve
en la nieve del miedo, rezando, pidiendo a Dios de
                                                        rodillas
que no haya sentido, y que
camine la muerte por las calles
desnuda, ofreciendo su sexo y su mano para
acompañarnos en el Miedo.

EL PÁJARO

Ah, el pájaro, el pájaro, el pájaro detenido
en el límite de las horas que dibuja en la sombra
el rostro de Dios, y grita en el bosque
una vez, y otra: OSCURO, OSCURO, OSCURO
y PARANA NADA, PARA NADIE, PARA NADIE,
                                                        y grita
y grita en el bosque y escribe la
letra imposible contra las paredes, silbando
a las estrellas la canción sacrílega, el
viento sombrío de su alma, el susurro, ¡ah el susurro!
el susurro que no acaba jamás, sibilando, hilando
laberintos en la noche para no volver,
                                   ¡el pájaro!
                                   el gemido
aquel que produce siempre
a una hora eterna de la tarde,
advirtiendo del fin de la tarde, y escupiendo
a las horas y en contra
del vómito del tiempo, y de la saliva
blasfema de las horas cuya obsesión es morir

es morir y matarnos
ah el pájaro que en el bosque sacrílego en donde
los falos caminan erguidos como hombres,
imitando a los árboles, recita
el evangelio del silencio y la
ternura de la muerte, el pájaro
aquel que habitaba en las tumbas
y a lo largo de aquel
camino preguntaba a
los que ya no viven quién es,
qué es el
      ser
           misterioso que no existe y no fue nunca
y que vuela despacio en la noche.

EL LOCO

He vivido entre los arrabales, pareciendo
un mono, he vivido en la alcantarilla
transportando las heces,
he vivido dos años en el Pueblo de las Moscas
y aprendido a nutrirme de lo que suelto.
Fui una culebra deslizándose
por la ruina del hombre, gritando
aforismos en pie sobre los muertos,
atravesando mares de carne desconocida
con mis logaritmos.
Y sólo pude pensar que de niño
me secuestraron para una alucinante batalla
y que mis padres me sedujeron para
ejecutar el sacrilegio, entre ancianos y muertos.
He enseñado a moverse a las larvas

sobre los cuerpos, y a las mujeres a oír
cómo cantan los árboles al crepúsculo, y lloran.
Y los hombres manchaban mi cara con cieno, al hablar,
y decían con los ojos «fuera de la vida», o bien
                              «no hay nada que pueda
ser menos todavía que tu alma», o bien «cómo te llamas»
y «qué oscuro es tu nombre».
He vivido los blancos de la vida,
sus equivocaciones, sus olvidos, su
torpeza incesante y recuerdo su
misterio brutal, y el tentáculo
suyo acariciarme el vientre y las nalgas y los pies
frenéticos de huida.
He vivido su tentación, y he vivido el pecado
del que nadie cabe nunca nos absuelva.

EL NOI DEL SUCRE

Tengo un idiota dentro de mí, que llora,
que llora y que no sabe, y mira
sólo la luz, la luz que no sabe.
Tengo al niño, al niño bobo, como parado
en Dios, en un dios que no sabe
sino amar y llorar, llorar por las noches
por los niños, por los niños de falo
dulce, y suave de tocar, como la noche.
Tengo a un idiota de pie sobre una plaza
mirando y dejándose mirar, dejándose
violar por el alud de las miradas de otros, y
llorando, llorando frágilmente por la luz.
Tengo a un niño solo entre muchos, as
a beaten dog beneath the hail, bajo la lluvia, bajo

el terror de la lluvia que llora, y llora,
hoy por todos, mientras
el sol se oculta para dejar matar, y viene
a la noche de todos el niño asesino
a llorar de no saber por qué, de no saber hacerlo
de no saber sino tan sólo ahora
por qué y cómo matar, bajo la lluvia entera,
con el rostro perdido y el cabello demente
hambrientos, llenos de sed, de ganas
de aire, de soplar globos como antes era, fue
la vida un día antes
de que allí en la alcoba de
los padres perdiéramos la luz.

DEDICATORIA

Más allá de donde
aún se esconde la vida, queda
un reino, queda cultivar
como un rey su agonía,
hacer florecer como un reino
la sucia flor de la agonía:
yo que todo lo prostituí, aún puedo
prostituir mi muerte y hacer
de mi cadáver el último poema.

SENESCO, SED AMO

Amor mío, los árboles son falos que recuerdan al cielo lo
    que fui,
y todos los hombres son monumentos de mi ruina.

De qué sirve llorar, en este crepúsculo en que el amor empieza
si estás tú frente a mí, como lo que un día
fuiste: presagio de mí mismo, no de mi destrucción, última rosa
para levantar la tumba,
para ponerla en pie como árbol
que contará de nuevo los cielos
mi vida, mi historia que el ocaso vuelve perdida, como embalaje en manos de extraños
como excremento que a tus pies coloco o
abrumador relato fantástico: que yo era un perro
vagando donde no había vida,
lamiendo día a día la lápida que me sugiere
y ahora seré si quieres, fuego fatuo
que alumbre por las noches tu lectura, y ruido
de fantasmas para alejar el silencio, y canción en la sombra, y mano
que no supo de otra, y hombre
buscándote en el laberinto, y allí gritando cerca del monstruo tu nombre, e imaginando tus ojos.

SAINT MALCOLM PARMI LES OISEAUX

Al alcohol

Quién grita, vengativo, en el palacio sin nombre,
quién grita, quién me fuerza a vivir con su
látigo restallando a diario en mi espalda,
quién sino esta
tentación perpetua al... dolor de la nada,
de esta muerte que invita, esta

obsesión perpetua de sufrir por nada, por
lo que no vale, y lo que no es
esta muerte, y este
dulce dolor para nadie y para todos,
este dulce dolor como un pecado.

EL MENSAJERO LLEGA CON RETRASO

(de El Castillo *de Kafka)*

Tarde viniste, dije, Barnabé, mensajero:
                                 he ocultado mi vida
y en este cuarto nada visible queda.
                             Todo lo más, dije
aúllan espectros débilmente en las rendijas
de las paredes, y me suelo
tirar un gran pedo cada vez que me acuerdo
de cómo fue y no debió ser; y los días pasados
son como bandada de pájaros en el desierto otra vez,
en la arena que cubren las calaveras: están
parados todos los relojes, y mi alma emana
un insoportable hedor a tabaco. Y los hilos cuelgan
de los libros tantos y todos
por fin en blanco, sin título ni portada.
Veo al mar estrellarse contra la ventana
que mi enorme fuerza de esclavo condenado
a galeras no puede ya cerrar. Como en un
mundo submarino, los monstruos fosforecen
nadando en mi conciencia. Huyeron ya las
vírgenes, y sobre todo aquella cuyo
cabello canté cuando el asedio
de Troya, la de los bucles

dorados que extendiéndose tocaban las
nubes y molestaban a los reyes sentados.
Compro el periódico y leo sin asombro
que ayer he muerto: y es por eso que te digo
tarde llegaste, Barnabé, mensajero.
Feliz, cuando ya no podía serlo,
ebrio, ebrio como un esfuerzo
feroz para ser alguien donde ya no es nadie,
quiero decir —en este espacio
que alguien llama «Nadie»—, y viendo
el gozo a lo lejos como ciervo que huye
y al que sin poder ya tener, adoro
y contemplo como a un intruso
cantando demasiado alto entre estas
paredes, como sucede en
The old men admiring themselves in the water
los viejos que en el agua se asombran de sí mismos,
sintiendo sólo el dolor de no poder ya sentir nada.

LA ORACIÓN

Y la Madre reprendió al niño, y dijo
qué haces que no velas el cadáver
y él puso su boca en aquel falo, y
sorbió lentamente como de un alimento
porque el muerto ese era el incienso
que purificaba los
sabidos hedores del teatro, su
turbia agonía de modo que al crepúsculo la madre repetía
de golpe despertando del sueño Hijo mío ve y mira
al fondo para saber si duerme o si nos piensa
y no te olvides nunca de velar el cadáver:

que nos absuelva, dile, que hemos vivido mucho
y tropezamos ya con los muebles, y el alma está
podrida, y huele
demasiado, demasiado: ve y mira si nos piensa
y el hijo sorbía de aquel ano abierto.

EPÍLOGO

A AQUELLA MUJER QUE QUISE TANTO

Veías cómo día a día te frotaba
los muslos con la pesadilla,
y al terror escarbar en los dominios del sexo
y nada me decías.

Veías en mis ojos escenas de otros tiempos
secuencias de casas quemadas y rumor de linchamiento
y tocabas con asco las escamas
y no decías nada.

Y me lavabas con el trapo el culo:
todo lo que quedaba,
y decías que era el viento cuando fuera gritaban
los perros otra vez mi muerte:
y me hablabas del viento porque nada quedaba.

Fingías no verme cuando a solas pedía
la muerte que me era debida,
y cuando insistía en que era
la habitación una capilla ardiente
para quemar los días como cigarros o velas,
honra póstuma a lo que en mi cuerpo había:
decías que era el viento.

Besabas con el oro
blando de tu paciencia la corona
grotesca de mi locura,
y dejabas que amaneciera y luego
oscureciera en la ventana cerrada:
decías que era el tiempo.

Decías que era yo cuando espectros creía
ver en tu cabeza, y en tu
corazón la danza nocturna
y cuando te pegaba e insultaba
blasfemando contra lo más tierno
y no sabía que me amabas.

Y así vivir es sólo mendigar a tus puertas
y esperar a tus pies, y soñar tu mirada en el limbo
cruel de las paredes de este cuarto,
aun cuando también podría
decir que acepto la vida
por respeto a ti que tienes piedad de ella
y yo no sé si hay, y no quisiera
creer que la hubo en algún día extraño,
y yo no sé si hay.

Yo no sé si hay, y qué es esto que brota
parecido al pus por las paredes, y qué estos libros
viejos como mi vida, testigos de secretos
absurdos y grotescos que ya a nadie interesan,
ridículos como mi vida y más cómicos
aún que mi figura.

Yo no sé si hay vida,
o si aquí queda alguna, y

si no es blasfemia esto, si no es pecar vivirlo
si merece su ser esta soledad de lepra
y maldición que nombran sólo
los otros por su huida, y con risas y orgías
en torno a este cadáver frágil, aire sólo,
y celebran mi ruina y orinan encima, por las noches
de esta tumba inmensamente humillada.

Yo no sé cómo puede ser tan inmensa mi muerte,
ni cuál es el misterio que hace pasar los días
ni lo que tiene en pie el muñeco que anda
ya torcidos los hilos y sin saber ya nada
ni por qué he escrito esto, ni si hay algo escrito
si no están las letras en la acera borradas,
de toda la cultura.

Yo no sé qué es la luz
misteriosa y cruel que aparece a esa hora
eternamente inmóvil de una absurda mañana
yo no sé pero sé que hay cerca de mí una hermana
único ser que existe aún después de la nada:

Y esa lengua que lame
día tras día las llagas que hay por nada
y el dolor sin dolor, como una sombra vana,
como dolor de muelas o carie en una cama,
esa lengua incansable que acaricia la lepra
esa que ama a los muertos sea quizás, hoy, que
                                                       por fin nada
queda ya escrito,
sobre un papel fantasma el único poema.

El que no ve
(1980)

I PARTE

LA RUINA DE LOS DIOSES

LA TUMBA DE CHRISTIAN ROSENKREUTZ

Ah, Rosacruz, hermano,
hombre para los bosques,
en pie sobre tu tumba hablo solo, hago gestos
absurdos y grotescos ya no para los hombres
en pie sobre tu tumba, de puntillas,
ah Rosacruz, hermano, estatua para el viento
para el verano pálido en que acechan los dioses
en matojos de hierba, para el croar de ardillas,
y el ulular de ranas en los ríos en sombra,
cuando los peces pescan obscenos tu corona,
ah Rosacruz, hermano, te he visto en una piedra
te he visto hoy en un pie, ayer en una uña
y tu cabeza cae y rueda entre los hombres
cae y rueda entre los hombres, cae
y rueda, y rueda, rueda,
ya menos que paloma, o cadáver, o sombra,
ya una nada en la aurora,
tu cabeza cae en la arena y brilla
mientras rueda, y rebota, corre, rueda
ya la nada por yelmo, la cabeza que rueda
bajo el sol en la hierba, bajo la luna, bajo el agua
y la nieve, tocada
levemente por la mano de la ardilla.

LA TEA HUMANA

Un niño, un padre, estaban ambos
atizando las llamas en la noche.

Una bruja ardía y recrujía
y a los dos calentaba con su fuego.
En esto el niño al padre le pregunta:
por qué queman a brujas, padrepadre?
Y el padre le responde: no hay
calor en la noche
                para que ardan
y velen en la noche por nosotros, hijo.

AMANECER EN LA BIBLIA (Yeats)

Tiende la mano la mujer sobre
la pálida frente del niño
que nos mira y no llora;
estamos en Bethlem antes del tiempo:
afuera, llora el puerco.

La noche es tibia como madre o perro
tiene pelos la noche, y rezuma
su sangre como mosto para el vino
alguien parte los panes en la mesa:
afuera, grita y grita el puerco.

Hay sangre en la mesa, y de ese pan
derramado brotan gotas como ojos
                            que nos miran
la carne se remueve entre los platos
como abriendo su boca para hablar:
                            afuera, como un niño,
                              llora el puerco.

Dos mujeres de pronto en la cocina
se miran y se tocan, y no creen

aún en lo que ven: crepita el fuego mientras
y el reloj lo mismo, y las mujeres
se tocan y se tocan, y se lamen
los ojos para ver: afuera
                        llora y se lamenta el puerco.
Un tenedor se abre en el dintel
mostrando sus enseñas a los hombres:
pasan y pasan combatiendo a boca
se enseñan las manos y los hombros
y señalan al cielo y a la tierra
                        mientras
en los largos
corredores de la noche, errando
ciego aún, y torpe, entre caídas
y bajo las estrellas, va caminando el puerco.

EL ANTICRISTO
(Sebastián en el sueño)

En el Metro vi a un hombre inmensamente bello
que miraba a los hombres como se mira a un pedo
en la calle vi a un hombre atrozmente hermoso
que tenía en la frente la cifra de justicia,
el blanco 5, el blanco número
que dividió a los cielos.
                        En el espejo oscuro
de un bar donde creían
algunos que vivían, había ya un Despierto
que miraba la escena como si existiera.

II PARTE
UNAS GOTAS DE SEMEN

DIARIO DE UN SEDUCTOR

No es tu sexo lo que en tu sexo busco
sino ensuciar tu alma:
                        desflorar
con todo el barro de la vida
lo que aún no ha vivido.

BELLO ES EL INCESTO

Bello es el incesto.
Hay torneo de lanzas, y juegos
y el vino promete su derrame
para alegrar la unión
de los esposos.
Se decapitará a dos niños para saber si es buena
la sangre, y si así augura
una feliz unión para los siglos.
Cándido, hermoso es el incesto.
Madre e hijo se ofrecen sus dos ramos
de lirios blancos y de orquídeas, y en la boca
llevan ya el beso para desposarlo.
Y en la noche
de bodas, invitado
viene también el cielo: lluvia
                            y truenos
y los rayos, y el mundo entero convertido en lodo
para celebrar la unión
de los esposos.

NECROFILIA (prosa)

El acto del amor es lo más parecido
a un asesinato.
En la cama, en su terror gozoso, se trata de borrar
el alma del que está,
hombre o mujer,
debajo.
        Por eso no miramos.
Eyacular es ensuciar el cuerpo
y penetrar es humillar con la
verga la
erección de otro yo.
Borrar o ser borrados, tanto da, pero
en un instante, *irse*
                dejarlo
                          una vez más
entre tus labios.

ESCRITO SOBRE UN VERSO DE CAVAFIS

No me engaña el espejo:
                esa mujer soy yo,
la que el espejo prolonga
y que vierte la copa sobre sí misma
y canta, frente al espejo,
                un himno
a una mujer desconocida
y baila, baila desnuda
ante la copa del espejo,
ante la sangre que derraman los ojos
y que es su vestido, su ropa

que no existe, y se deshace
como las hojas en el otoño
del espejo.

LOS AMANTES CIEGOS

Estaban ciegos los amantes,
están solos
              mais tombait la neige
daba pena verlos cuando a solas hablaban
de estar juntos, y lloraban,
y adoraban la nada en el altar del amor.
Quand tu seras bien vieille
                  descubrirás que el tiempo
es única certeza, quema los rostros
y hace cenizas el alma
y que al final tan sólo la ilusión del recuerdo
te dirá que no estuviste, en aquel beso, solo.

            * * *

Todas las mujeres que conocí
están desnudas, bajo la lluvia desnudas
poco a poco hundiéndose en el lodo
de la memoria, y cayendo
como pelotas a lo largo
del barranco que mis manos no tocan;
y tienen frío, y lloran, y aúllan en vano
y se tiran de los pelos para sentirse en vano
en el país de los muertos.
                Y se quieren con las manos
tapar la desnudez, la inmensa
y sin remedio desnudez.

TROBAR LEU

CANCIÓN

Sólo un hombre errando solo
solo, a solas con Dios
un hombre solo en la calle
errando a solas con Dios.

CANCIÓN (II)

Just a skin boy walking
walking in the street.
Just a skin, less than nothing
walking an everlasting street.

III PARTE
EN AQUELLA ESQUINA, TAN SOLO, TODAVÍA ME ACORDABA DE JARRY

EL HOMBRE QUE SÓLO COMÍA ZANAHORIAS

El hombre que sólo comía zanahorias
ya no podía ni de noche cerrarse los ojos
y eran dos faros abiertos para nada
y no sabía sino mirar, mirar
el hombre que sólo comía zanahorias.
El hombre que sólo comía zanahorias
vagaba por los campos, en lucha con conejos
en pos de sus malditas zanahorias.
El hombre que sólo comía zanahorias
tenía miedo a tanta luz, a tanto
sol que quema, y destapa y desnuda, y acosa
en medio del campo de las zanahorias,
y vivía
pues en madriguera oscura
y breve, saliendo
sólo de vez en cuando para
buscar sus zanahorias.
El hombre que sólo comía zanahorias
era capaz de matar, y de robar, y cuentan
que se deshizo de su mujer
por una sola zanahoria.
El hombre que sólo comía zanahorias
salía a la tarde, que es la hora de las zanahorias
y de noche, y de día, y al crepúsculo
oía gritar llamándole a las zanahorias.
El hombre que sólo comía zanahorias
tenía el pelo rojo y largos
colmillos para

partir mejor las zanahorias
y las piernas largas para correr mejor, porque
tenía miedo de los hombres más todavía que del sol
y así era el hombre que sólo comía zanahorias.

IV PARTE
ORINAR SOBRE LA VIDA (LIFE STUDIES)

VASO

Wakefield, quien por una broma
se perdió a sí mismo.

Hablamos para nada, con palabras que caen
y son viejas ya hoy, en la boca que sabe
que no hay nada en los ojos sino algo que cae
flores que se deshacen y pudren en la tumba
y canciones que avanzan por la sombra, tam
baleantes mejor que un borracho
y caen en las aceras con el cráneo partido
y quizá entonces cante y diga algo el cerebro
ni grito ni silencio sino algún canto cierto
y estar aquí los dos, al amparo del Verbo
sin hablar nada ya, con las bocas cosidas
las dos al grito de aquel muerto
mientras caen las estatuas y de aquellas iglesias
el revoque es la lluvia fina pero segura
sobre ese suelo inmenso que bendicen cenizas
y caen también las cruces, y los nombres se borran
de amores que decían, y de hombres que no hubo
y de pronto, en el bar, tan solos, sí tan solos,
me asomo al pozo y veo, en la copa un rostro
grotesco de algún monstruo
que ni morir ya quiere, que es una cosa sólo
que se mira y no ve, como un hombre perdido
para siempre al fondo de los hombres

extranjero en el mundo, un extraño en su cuerpo
una interrogación tan sólo que se mira sin duda
con certeza, perdida al fondo de ese vaso.

Quién sabe lo que quiso Chatterton
hacer con su suicidio: qué promesa
a una mujer o qué herida en el viento.
No quebró la realidad, no hundió el cuchillo
en la carne cruel de lo que vive.
Hoy sin él, sin su suicidio, porque es peor la vida
que moja los cadáveres con lágrimas de cieno.
Quién sabe lo que quiso Chatterton con su suicidio,
qué palabra decir, qué grito a nadie
qué signo que no fuera barrido por la escoba
anónima del tiempo.
Quién sabe qué nos dijo, qué esperanza tenía,
y si a pesar de todo aún podemos
gracias a él, en los días de lluvia
cuando amenaza la soledad, y acechan
en la sombra los recuerdos,
confiar en el misterio de la muerte.

CATULLI CARMINA

Ves aquel cuerpo absurdo de la tonta suicida?
Caído está en el suelo desde quinta ventana
misterio ya es su vida, que fue nuestra alegría.

UN ASESINO EN LAS CALLES

No mataré ya más, porque los hombres sólo
son números o letras de mi agenda,
e intervalos sin habla, descarga de los ojos
de vez en vez, cuando el sepulcro se abre
perdonando otra vez el pecado de la vida.
No mataré ya más las borrosas figuras
que esclavas de lo absurdo avanzan por la calle
agarradas al tiempo como a oscura certeza
sin salida o respuesta, como para la risa
tan sólo de los dioses, o la lágrima seca
de un sentido que no hay, y de unos ojos muertos
que el desierto atraviesan sin demandar ya nada
sin pedir ya más muertos ni más cruces al cielo
que aquello, oh Dios lo sabe, aquella sangre era
para jugar tan sólo.

EL SUPLICIO

La fiebre se parece a Dios.
La locura: la última oración.
Largo tiempo he bebido de un extraño cáliz
hecho de alcohol y heces
y vi en la marea de la copa los peces
atrozmente blancos del sueño.
Y al levantar la copa, digo
a Dios, te ofrezco este suplicio
y esta hostia nacida de la sangre
que de todos los ojos mana
como ordenándome beber, como ordenándome morir
para que cuando al fin sea nadie
sea igual a Dios.

EL TESORO DE SIERRA MADRE

Quiénes son los hombres que se separan del resto
y andan solos y creen ver en las tinieblas
y se ríen como si supieran, y andan solos
como si supieran, quemando
rostros y con algo de saliva
escondida tristemente en las bolsas.
Aspirando a sí mismos y pisando el rojo
vivo de los labios. Sin mancha,
persiguiendo ciegos la ilusión del espejo.
Dime Luna, quiénes son los que te
adoran y creen, y recorren seguros
la tela de araña que nadie, nadie ha tejido
y corren en pos de su imagen, tropezando en el cieno,
acezantes, mordidos en el culo por su sombra
camino del abismo con los ojos vendados
como el FOU de aquel juego
de cartas cuya clave olvidé, oh dime Luna
el nombre secreto de tus fieles, y si saben, si saben
que al llegar por fin no les espera
sino en la muerte su rostro en el espejo.

V PARTE
CONSUMATUM EST

EL BESO DE BUENAS NOCHES

I

Padre, me voy:
           voy a jugar en la muerte,
                      padre, me voy.
Dile adiós a mi madre,
           y apaga la luz de mi cuarto:
           padre, me voy.

Dile a aquel niño que allá ríe,
no sé de qué, si de la vida,
mi nombre, sólo mi nombre
pon mis juguetes en buen orden
oso con oso, y pon al perro
con el pájaro, en cuanto al pato
déjalo solo, al pato:
           padre, me voy: voy a jugar con la muerte.
Había una llama, sí en mis ojos,
porque velaron tantas noches
y no logró nadie cerrarlos
sino yo; perdona, padre, que no hubiera
nadie, sino yo: me voy,
           me voy solo a jugar con la muerte.

II

Padre, estoy muerto, ya, y qué oscuro
       es todo esto:

no hay luna aquí, no hay sol ni tierras,
padre, estoy muerto.
Somos los muertos como enfermos
y el cementerio el hospital
para jugar aquí a los médicos
sábana blanca y bisturí
y tantas tumbas como lechos
para soñar: y son tan blancos esos huesos
padre tan blancos: como soñar.
Dicen los otros, los más muertos
los que ya llevan tiempo y tiempo
aquí vengándose de Dios
que vendrá el Diablo, el buen Diablo
que vendrá el Diablo con más flores
de las que nadie pueda traer.
Padre, estoy muerto, no estoy solo
padre, estoy muerto, tengo amigos
con quien jugar.

III

Madre, esos besos que en la tumba
aún me das
son despertar, son nuevo frío;
estuve vivo, ya lo supe
                     ahora
déjame olvidar.

IV

Padre, estoy muerto, y es la tumba
una cuna mucho mejor

padre, no hay nadie, ya estoy solo
padre, si alguna vez de nuevo
vuelvo a vosotros, padre si otra
vez yo vivo
no sé con qué voy a soñar.

LA CANCIÓN DEL INDIO CROW

Qué larga es la ribera de la noche,
qué larga es.
No hay animales ya ni estrellas
y el matorral de los recuerdos
la vida es una línea recta,
qué larga es la ribera de la noche
qué larga es.
El mar al lado, tan oscuro
ya ni la luna quiere verme
y allá en el pozo sepultada
la miel aquella de esos labios
que de algo como amor me hablaron,
luego en silencio se quedaron:
qué larga es la ribera de la noche,
qué larga es.
Flotan cabellos en el agua
de una mujer que no existió
y en la cabeza hay unas letras:
la A, la V, más dos Os:
qué larga es la ribera de la noche
qué larga es.
Tal vez sea un oso lo que anda
con una pierna y luego otra,
las huellas son como de oso,
no de yo.

Qué larga es la ribera de la noche,
qué larga es.
No se terminará nunca la playa
con esa sombra que recorre
ese desierto tal un péndulo:
qué larga es la ribera de la noche,
qué larga es.
Cómo saber si ya estoy muerto
o si aún vivo como dicen
si allá en la playa sólo hay playa
atrás, delante sólo hay playa
cómo saber si yo soy indio,
si yo soy Crow o yo soy Cuervo,
si ni la Luna quiere verme
y Padre Sol nunca aparece:
qué larga es la ribera de la noche,
qué larga es.
No es que esté solo, es que no existo
es que no hay nadie en esta playa
y ya ni yo aún me acompaño,
son estos ojos cual dos cuevas
y en mi cabeza sopla el viento:
será la muerte como un vino?
habrá mujeres en la tumba?
Qué larga es la ribera de la noche,
qué larga es.

THE END

He fumado mi vida y del incendio
                              sorpresivo quedan
en mi memoria las ridículas colillas:

seres que no me vieron, mujeres como vaho,
humo en las bocas, y silencio
por doquier, como un sudario
para lo que no quise ser, y fue
como vapor o estela sobre las olas ociosas, niños con marinera
que en la escuela aprendieron el Error.
No había nadie en aquel pozo, estaba
vacía la cárcel, pienso cuando
abriendo al fin la puerta, y descorriendo
por fin el cerrojo que me unía
inútilmente a las águilas, y me hacía
amar las islas y adorar la nada, des
                         descubro
banal, y sonriéndome, la luz.

MUTIS

Era más romántico quizá cuando
arañaba la piedra
y decía por ejemplo, cantando
desde la sombra a las sombras,
asombrado de mi propio silencio,
por ejemplo: «hay
que arar el invierno
y hay surcos, y hombres en la nieve».
Hoy las arañas me hacen cálidas señas desde
las esquinas de mi cuarto, y la luz titubea,
y empiezo a dudar que sea cierta
la inmensa tragedia
de la literatura.

ABANDONO

Fui a cagar en tu cuerpo,
por verlo tan desnudo.
              Hoy
es tu alma un despojo, una cosa sabida
y el cenicero habla tan sólo por los dos.
He sorbido tu espíritu y de él nada queda: tu rostro
se parece hoy a nadie, a una persona
de ésas sin alma y rostro que vemos por la calle
cruzando nuestra vida para morir tan sólo.

Tres historias de la vida real
(1981)

I. LA LLEGADA DEL IMPOSTOR FINGIÉNDOSE LEOPOLDO MARÍA PANERO

Al amanecer, cuando las mujeres comían fresas crudas, alguien llamó a mi puerta diciendo ser y llamarse Leopoldo María Panero. Sin embargo, su falta de entereza al representar el papel, sus abundantes silencios, sus equivocaciones al recordar frases célebres, su embarazo cuando le obligué a recitar a Pound, y finalmente lo poco gracioso de sus gracias, me convencieron de que se trataba de un impostor. Inmediatamente, hice venir a los soldados: al amanecer del día siguiente, cuando los hombres comían pescado congelado, y en presencia de todo el regimiento, le fueron arrancados sus galones, su cremallera, y arrojado a la basura su lápiz de labios, para ser fusilado poco después. Así terminó el hombre que se fingía Leopoldo María Panero.

II. EL HOMBRE QUE SE CREÍA LEOPOLDO MARÍA PANERO

Llovía y llovía sobre la casa de De Kooning, célebre por sus aparecidos. Allí, el hijo menor de De Kooning, se levantó nervioso de la cama, se puso una bata y fue hasta el dormitorio de su padre para decirle que era Leopoldo María Panero. Mientras se demoraba en acentuar su disgusto por la película de Chávarri *El Desencanto*, no hubo más remedio que llamar a un psiquiatra. Ya en el manicomio, persistía en su delirio, imaginaba escenas de la infancia, calles de Astorga, campanadas, porrazos de mi padre. Tras un rápido electroshock, pasó a creerse Eduardo Haro, una ligera variante de la primera figura. Luego se puso a cojear y a toser y a afirmó ser Vicente Aleixandre. Mientras tanto en la casa de De Kooning, entre ruido de cadenas, siguen multiplicándose los aparecidos.

III. EL HOMBRE QUE MATÓ A LEOPOLDO MARÍA PANERO
(THE MAN WHO SHOT LEOPOLDO MARÍA PANERO)

Mi querido amigo Javier Barquín siempre creerá que fue él quien mató a Leopoldo María Panero. Pero eso no es cierto. Nadie tenía entonces valor para hacerlo. El sujeto tenía aterrorizada a toda la ciudad. Había raptado a varias mujeres y amenazaba con torturarlas. Así que esa tarde me decidí, fui a la armería de Jim y compré un revólver calibre 45. En el momento en que Leopoldo María Panero estaba intentando extorsionar una vez más a Javier Barquín, yo disparé desde lejos. Como Javier había sacado también una pequeña pistola, supuso haber sido él quien hiciera justicia. Toda su vida creerá que fue él quien mató a Leopoldo María Panero. Pero no fue así. Yo soy el hombre que mató a Leopoldo María Panero.

Dioscuros
(1982)

«Va' ragionando della strutta mente»

Guido Cavalcanti

Aquel esclavo etíope, de todos el más bello
cuyas piernas huyendo eran mejor que ciervos
oh las gotas mojando tan limpias sus caderas
de la laguna aquella en que soñé mujeres
y acezando perfecto, ya el sol todo en los ojos
al borde de los juncos limpiamente cazado.

* * *

Me dijo un griego en Creta que cuando alguien se quita
la vida por su propia mano
Dyonisos el oscuro canta, en su cueva canta
y el eco de Cibeles da sentido a su canto
porque ser dos es todo, como fue para Atthis.

EMPERADOR EN EL FANGO

Quiera Júpiter, cuyo nombre aún recuerdo
que ya por lodo unidos, Cieno
estando ya sin sien, sin falo, sin laureles
mucho menos que un árbol mucho menos que un ave
en medio de los canes, recuerdo del senado,
ya el cuello y la cabeza al fuego deportados,
seas tú la muerte, y en el cieno
aún reciba tu insulto.

* * *

Cuando cansado desde el lecho, me levanto a mirarte
Juvencio, y otra vez
                      el cansancio reencuentro
de nuevo pienso en Cieno que los ojos de semen
sin cansarse cegaba; y cuando una vez solo

miro vacía la cama

                                      como siempre lo estuvo
                                                     recuerdo
el látigo aún, con la última fuerza.

EL QUE HIRIERA A SU MADRE

El castigo del hombre fue no parecerse a Alceo
que desnudo no supo pronunciar el verbo impío
parecido a los dioses deliraba en la cama
y sin túnica entraba donde estuvo su madre
y quemaba su cuerpo en el lecho vacío
y eran semen las lágrimas y un alce cabalgaba.

* * *

Quién murió entre sus olas, el Tíber no lo sabe
el Tíber sólo sabe de las siete colinas
que tan mansas como él, la intercambian la imagen
así transcurre solo junto a siete colinas
mientras el remolino humano cae de todas las rocas.

* * *

Mataron cinco niños en sacrificio oscuro
invocaron a Hera, a Ceres y a Plutón
maldijeron de nuevo a vencidos Titanes
por el horror humano, danzaron sin descanso
hasta caer vencidos por el vino y el grito
y ahora al morir te digo, tú, Terímaco, hermano
no fue por Hera o Ceres por lo que ellos murieron
fue sólo por la esclava tan dulce que poseía
y a la que un día el viento, tal vez fuese el del Norte
sin piedad para mí desnuda me sustrajo.

* * *

Dije que había sido por robar los collares
de mi esposa Penítide, que esclava
aún es de su amargura, y en mi lecho se acuesta
no sé por qué mas por lo que ordené
ejecutar a Heleagro fue porque en sus dos ojos
en penumbra veía la llama de otros dos.

* * *

Ríe ahora que puedes, Polianto, mi amo,
siempre supe que al Hades por fin descendería
coreando de risas de vírgenes y efebos
ríe ahora Polianto, más que nunca reíste
ahora que este ridículo soporte de mi alma
se deshace en el lecho como cuando cagabas
encima de mi rostro o cuando con el chorro
ferviente de tu falo aún velabas
el dolor de mis ojos mejor que una oración:
mañana en la taberna no seré más que un nombre
mi imagen y mi cuerpo, y todas mis acciones
y mi esposa y mi tumba, alimento del vino.

* * *

Cuando en el bosque Galo los cinco asesinos
cercaron esa vida que acabada ya estaba
vi que era una esperanza el delito y el crimen
y la ofensa a los dioses, y desnuda la espada
alimento mi vida de la muerte de aquellos
que inocentes, sin nada, algunos aún descalzos,
en el bosque extraviados,
se atreven ante mí a empuñar temblorosos
un puñal o una daga.

EL FIN DE ANACREONTE

>«Me enamoré de Cleóbulo, el de los dulces, blancos ojos
>y estoy loco y no estoy loco
>y deliro y no deliro»

Anacreonte

Razono en la taberna esa cercana al puerto
más oído por las olas que los marineros
que no sé ya si ríen o si apenas me escuchan
que el amor es un sueño tan sólo para esclavos
y cuando veo un ciervo, no apunto a sus ojos
y en mi dardo se pudren las venas que en él hubo.
Mas si el amor es sueño, qué fuiste tú Cleóbulo
¿qué signo es mi vida?

* * *

Cuando aparecen en el umbral tus pies
desnudos en las doradas sandalias calzados
y en la fresca savia de tus crueles ojos veo, Flavio,
lo que ha de sucederme, miles
de flores se encienden entre el miedo de mi pecho.

* * *

Cuando por fin, Alcmanes, amor nos declaramos
no en un árbol quisimos grabar el desposorio
yo de mujer vestido, tú en el pelo guirnaldas
no en un árbol quisimos grabar aquella unión

y que fuera la driada del único portento
testigo vano y mudo, pues detesto a los dioses:
en medio de aquel bosque tropezamos a un niño
y en su espalda rosada, con fuego,
lentamente escribimos los nombres.

* * *

A Terímaco, honrando su memoria

Recuerdas que en el día
feroz en que muriera
la suave Cipria de quien tan dulcemente
en las noches de estío con la boca abusábamos ambos
unimos nuestra orina en el único vaso
y bebimos los dos con la risa de un niño?

* * *

Filóstrato, si muero ¿beberás de mis venas?
No desprecies el vino que el dolor enriquece
y al que la noble muerte da el sello más preciado.
Hunde el vaso hasta el fondo en la bañera
que está ya casi entera de ese color de Marte
y bebe luego un grande trago, y al festín invita
a doncellas y amigos.

CAPUT MORTIS

A Juan Manuel Bonet y José

Perdí mi cabeza entre dos piedras, al
borde del camino, al sur de las montañas,
pasado Monterrey. Tú, caminante, que aún recorres
espantando a las moscas el sendero de Nadie
limítate a escupir si ves esos cabellos
resecos en que la sangre escribe
aún un terco poema, y pasa, pasa de largo, vuelve
otra vez sin miedo a correr, sudando
por el camino de las Bestias.

* * *

Te encontré en el Támesis, nadando
para sobresalir de él: yo, mientras
buscaba entre las ratas la razón de mi vida.
Tú eras razón del agua y yo maestro
del estiércol: qué importaba
si a una foca era igual tu cuerpo por el cieno.

* * *

Rozaba el alazán hasta que herida
o locura
       y el odio a la locura
mujer que desaparece entre el junco
ciervo hiriendo la página
cazando el ciervo
hasta que locura herida
hasta que la boca una zarza ardiendo.

* * *

Miedo a las golondrinas en la noche
y de los pájaros que el aire deshace,
                    miedo
a encontrar un día, tras de la nieve, lleno
de miedo y frío
            mi recuerdo.

El último hombre

(1983)

*A Antonio Blanco, Antonio Rubio
y Fernando Cordero que me ayudaron a escapar
del manicomio,
salvándome así de la locura*

PREFACIO

El libro que he realizado, *El último hombre,* que es una leyenda alquímica representativa de la primera fase de la obra, también llamada *nigredo* (oscurecimiento) o *Putrefactio* (putrefacción). De alguna manera la obra poética (Rimbaud lo dijo) es semejante a la empresa alquímica: una destilación del espíritu, un psicoanálisis.

Testimonio de la decadencia de un alma, este libro, pese a lo macabro de sus temas, no romperá por ello con el rigor poético que me he propuesto a lo largo de toda mi obra literaria. La imaginería exótica, retorcida, sigue una técnica: la de contrastar la belleza y el horror, lo familiar y lo *unheimlich* (lo no familiar, o inquietante, en la jerga freudiana). Blake, Nerval o Poe serán mis fuentes, como emblemas que son al máximo de la *inquietante extrañeza,* de la locura llevada al verso: porque el arte en definitiva, como diría Deleuze, no consiste sino en dar a la locura *un tercer sentido:* en rozar la locura, ubicarse en sus bordes, jugar con ella como se juega y se hace arte del toro, *la literatura considerada como una tauromaquia:* un oficio peligroso, deliciosamente peligroso.

Otro de mis métodos para la consecución de este libro es lo que el formalista ruso Sklowsky llamaba el *extrañamiento:* esto es, deslizar componentes anómalos en medio de un panorama familiar. Ceniza entre unas guindas, dos sapos en un jardín, tres niños adorados por los sapos: la fealdad rodeada de belleza, o viceversa, lo que no se come de lo que se devora y es que el referente poético por excelencia es la imaginación del lector: jugar con ella como el cazador con las fieras, aturdirla, chocarla, perseguirla, cautivarla.

También he de decir, en esta suerte de POÉTICA, que, al igual que Mallarmé, no creo en la inspiración. Es más, considero que la buena literatura debe rehuir a ésta como si de una bestia se tratara. La poesía no tiene más fuente que la lectura, y la imaginación del lector. La literatura, como decía Pound, es un trabajo, un *job,* y todo lo que en ella nos cabe es hacer un buen trabajo, y ser comprendidos, *cal trovar non porta altre chaptal* (porque cantar no recibe otro capital), como afirmara la Comtessa de Dia. Algo que no sabe decididamente el poeta inspirado es que trovar es difícil, que la buena poesía no cae del cielo, ni espera nada de la juventud o el deseo.

Leopoldo María Panero

PRIMERA PARTE

TODOS LOS TEMPLOS
SERÁN DESTRUIDOS,
TODOS LOS HOMBRES
IGUALADOS AL SUELO Y
TODAS LAS CASAS ASIENTO
DE LOS DIOSES.

***

Páginas de Poesía Política

REQUIEM

Yo soy un hombre muerto al que llaman Pertur.
En la cena de los hombres quién sabe si mi nombre
algo aún será: ceniza en la mesa
o alimento para el vino.
Los bárbaros no miran a los ojos cuando hablan.
Como una mujer al fondo del recuerdo
yo soy un hombre muerto al que llaman Pertur.

LA FLOR DE LA TORTURA

(Túpac Amaru en los sueños de la prisión)

Busco aún mis ojos en la Mano
en la Mano y en el suelo,
                    y recuerdo que fui hombre,
                                    antes
de que el metal hiciera arder mi cuerpo
entero como una bombilla,
como una bombilla quebrada por la Mano
del hombre sin cabeza, cuyos pies sólo veía,
                              cuya Mano
explorar mi cuerpo como en busca del mapa de Todo.
¡Oh los pétalos de mi vida que caen, los cristales de mi alma
que ya son sólo carne, carne en llamas
y una mujer en los brazos de otro!
¡Oh mi amor, mi amor entero, cuyos pies sólo veo!
¡Oh mi hombre, mi amado, mi esposo, quisiera

ofrecerte mi falo esta noche quemado
y mis ojos también, mientras arañas
con tu mano torpe la bombilla queriéndome,
y el látigo de tu voz desmiente mi cabeza!
Esto era la cabeza que hubo
esto el metal de tu voz.
Esto la carne en pedazos por el suelo, por el suelo
como un espejo roto que recuerda
a todos los hombres.
Ya no soy yo sino *eso* que torturas,
y una sola flor en la cabeza,
dos en el pie, y cinco en el escroto.
Al final, como un regalo
te escupiré mi nombre al suelo.
Y quedará vacía por entero mi alma, sólo amor
sólo pasión de ti y de tu boca de acero,
de tu Mano que se mueve curiosa entre mis pelos,
que aplica electrodos con premura, tiernamente
a través del laberinto de mi cuerpo.
¿Querías saber mi nombre? Soy el Fuego,
y toda la marea de los dioses
aparece en mi frente. ¿Querías saber quién soy?
Yo soy un gato, una gota de agua salada en tu Mano
arena de la playa para que en ella como un niño juegues.
¿Te gusto más desnudo? Para que con mí juegues, sin duda
es mejor mi piel que el inútil
enigma de mi ropa.

No es nada ya mi cuerpo: tómalo,
hunde tu falo, y que te ame
como el agua ama el pie que en ella se hunde.

SOLDADO HERIDO EN EL LEJANO VIETNAM

La muerte vació mi ser, dejó mis ojos
tan blandos y sexuales como selva.
Cada vez que me acuerdo de mí y de aquellos bosques
la nieve del esperma baña mi frente.
El avión me esperaba como una amenaza:
a medida que el terror se alejaba
vi la nave del sentido hundirse entre mis ojos.
En esta habitación de Windham Street
soy sólo un disparo entre los juncos.
Dicen que allá en los ríos, cuando baja
el viento oscuro de la noche, un pez
acaso me recuerde.

BERTRAND DE BORN, O EL OSCURO ENIGMA DE LA POLÍTICA

Bertrand de Born ofrece en vano
a los hombres en el infierno su cabeza:
tan hábil con la palabra nunca supo de mano.
Toda Provenza se encendió llevada
de no sé qué pasión que se esfumaba:
y hasta para el crimen horrendo del Rey joven,
un término halló y una clave
que su vida salvara.
Su arte era extranjero a todos
amó la guerra e ignoró la sangre.
Y a la sombra aquella que en Perigord se olvida
la dijo tan sólo, al despedirse alzando
la mano hacia Occidente:
dividir sé, no reunir
y no conozco al hombre.

SUEÑO DE UNA NOCHE DE VERANO

A Adelina Delorme, lloviendo

Los hombres del viet son tan hermosos cuando mueren.
El agua del río, lamiendo sus piernas, hacía más sexual
su ruina.
        Luego vinieron las Grandes Lluvias buscando
la vagina hambrienta de la selva, y todo lo borraron.
Quedó sólo en los labios la sed de la batalla, para nada,
como baba
        que cae de la boca sin cerebro.
                            Hoy
que en lecho sin árboles ni hojas
con tu lengua deshojas el árbol de mi sexo
y cae toda la noche el semen como lluvia
y cae toda la noche el semen como lluvia, dime
besando suavemente el túnel de mi ano,
cueva de la anaconda que aún me marca
los ritmos de la vida, dime qué era, qué es,
qué es un cadáver.

LA NOCHE DEL SOLDADO EN LA CASA ABANDONADA

El enemigo no está aquí: las sombras.
No sé si ha huido al mar o aúlla en la montaña
perdido entre lobos o pegando, por sentir algo
el desnudo cuerpo a un roble.
                      Su idea
cae de mi cabeza con el hacha que poda
una tras otra las ramas

del árbol en que la locura cantara, el búho:
es el otoño en mi cabeza.
Las palabras libertad, patria suenan ahora como el grillo
o como la puerta que el viento no conmueve: mañana
con mis cabellos encenderé la hoguera.
				Dos pájaros
pelean en lo alto con sus picos.
Temo morir.
		Temo morir más que en la batalla
temo perder el ser, vencida la batalla
por medio de este ruido sigiloso.
		Temo que caiga el nombre
				como del muro
el revoco, el papel, el dibujo. ¿Qué es la noche?
¿Qué es el búho? ¡Si un perro ladrara!
Si un perro ladrara devolviéndome algo
del candor del estruendo, de
la vid de la batalla.
El ejército ruso no pudo con mi espada:
el silencio, sí.

**THOMAS MUNTZER,
TEÓLOGO DE LA REVOLUCIÓN**

Quemaban a los ricos con antorchas
y tal que hierba seca ardían sus cuerpos.
Que el clero, con sus falsas oraciones
te consuele de desaparecer.
Todos los hombres se creían dios.
Mataban y luego eran despedazados.
Lutero maneja con mayor elegancia los libros:

su mano que no trabajó nunca sabe
mover las páginas y engañar a los hombres.
Muntzer tiene la pasión y no la idea:
sin duda morirá despedazado.

LA PALABRA, EL HECHO (teoría y praxis)

I- la palabra
(Discurso de Thomas Muntzer a las masas)
El mundo se divide en dos:
los hombres de la carne y los hombres del verbo.
Cuando la palabra cae en la pradera
es llama.

II- el hecho
Thomas Muntzer ha muerto:
polvo y nube en llanuras es todo lo que queda
de cualquier gobierno.

SEGUNDA PARTE

DOS POEMAS DE AMOR

TROVADOR FUI, NO SÉ QUIÉN SOY

Sólo en la noche encuentro a mi amada
de noche, cuando más solo
en el llano en que no hay nadie
sino una dama que aúlla
con la cabeza en la mano
sólo en la noche encuentro a mi amada
con la cabeza en la mano.

Le ofrezco como el incienso
que otros reyes la donaran
mis recuerdos en la mano
ella me tiende su cabeza
y luego, con la otra mano
lenta a la noche señala.

Solo en la noche, en la hora nona
salgo a buscar a mi amada
y en el llano como ciervos
corren veloces mis recuerdos.

Tuve la voz, trovador fui
hoy ya cantar no sé
trovador, no sé hoy quién soy
y en la noche oigo a un fantasma
a los muertos recitar mis versos.

PROYECTO DE UN BESO

Te mataré mañana cuando la luna salga
y el primer somormujo me diga su palabra
te mataré mañana poco antes del alba
cuando estés en el lecho, perdida entre los sueños
y será como cópula o semen en los labios
como beso o abrazo, o como acción de gracias
te mataré mañana cuando la luna salga
y el primer somormujo me diga su palabra
y en el pico me traiga la orden de tu muerte
que será como beso o como acción de gracias
o como una oración porque el día no salga
te mataré mañana cuando la luna salga
y ladre el tercer perro en la hora novena
en el décimo árbol sin hojas ya ni savia
que nadie sabe ya por qué está en pie en la tierra
te mataré mañana cuando caiga la hoja
decimotercera al suelo de miseria
y serás tú una hoja o algún tordo pálido
que vuelve en el secreto remoto de la tarde
te mataré mañana, y pedirás perdón
por esa carne obscena, por ese sexo oscuro
que va a tener por falo el brillo de este hierro
que va a tener por beso el sepulcro, el olvido
te mataré mañana cuando la luna salga
y verás cómo eres de bella cuando muerta
toda llena de flores, y los brazos cruzados
y los labios cerrados como cuando rezabas
o cuando me implorabas otra vez la palabra

te mataré mañana cuando la luna salga,
y así desde aquel cielo que dicen las leyendas
pedirás ya mañana por mí y mi salvación
te mataré mañana cuando la luna salga
cuando veas a un ángel armado de una daga
desnudo y en silencio frente a tu cama pálida
te mataré mañana y verás que eyaculas
cuando pase aquel frío por entre tus dos piernas
te mataré mañana cuando la luna salga
te mataré mañana y amaré tu fantasma
y correré a tu tumba las noches en que ardan
de nuevo en ese falo tembloroso que tengo
los ensueños del sexo, los misterios del semen
y será así tu lápida para mí el primer lecho
para soñar con dioses, y árboles, y madres
para jugar también con los dados de noche
te mataré mañana cuando la luna salga
y el primer somormujo me diga su palabra.

TERCERA PARTE
VENCER LA LOCURA

He aquí cómo caigo en el poema:
qué lentamente vuelan las águilas
para vencernos en el poema.
Una y otra vez trenzamos
la partida con el águila
una y otra vez sus alas
azotan nuestro rostro.

* * *

La poesía destruye al hombre
mientras los monos saltan de rama en rama
buscándose en vano a sí mismos
en el sacrílego bosque de la vida
las palabras destruyen al hombre
¡y las mujeres devoran cráneos con tanta hambre
de vida!
Sólo es hermoso el pájaro cuando muere
destruido por la poesía.

* * *

Cuando en el ciego césped
eternamente un anillo buscabas
para desposarte, y a rocas pedías
limosna para tu nombre
lentamente acude, llamada por mi amo, el viento
la mano de fantasma.

¡Qué error ser yo, debajo de la luna!
En la lluvia
veías un tesoro.
Ahora que la lágrima
a todos ha dispersado

viene, angustiosa y lenta
a salvarte la mano de fantasma.

Qué palabras le dices
nadie lo sabe: aúlla.
Estamos los dos solos frente al cielo callando
y unidos por la mano, la mano de fantasma.

Contaremos los gritos de este futuro absurdo
y verás cómo es de largo el alarido
casi infinito y tierno
si en la mano llevas la mano de fantasma.

ORA ET LABORA, I

Señor, largo tiempo llevo tus restos en el cuello
                                        y aún
mi boca sola, y me arrodillo ante las tardes
y en el rezo me evaporo,
como si fuera mi casa la ceniza.
                        Es
como si no existo, como si el rezo
pidiera a los dioses la limosna de mi nombre
ante la tarde entera.
Nunca supe lo que el cielo era:
quizá la tarde, tal vez
amar más que ninguno
a mi madre, la ceniza.
                        ¡Oh espía!
De mí aparta tu ojo, hice un voto
haz secreta mi muerte.

AUTO DE FE

Dios el perro me llama el aire quema a un hombre
horizonte dos cuerpos ardiendo intensamente
quince ángeles velan donde estuvo mi frente
soy el negro, el oscuro: ardiendo está mi nombre.

Mi caballo me busca y pronuncia mi nombre
con el hacha rompieron de dos en dos mi frente
lejos, en el ocaso, alguien dice algo o miente
soy el negro, el oscuro: ardiendo está mi nombre.

Es la ley el silencio y también la blasfemia
es mostrar a los hombres una cruz en la boca
y decirles que arde, como cabo de vela
mi alma en la penumbra como una blasfemia
Dios el mudo, escultura de sombra, florecer de roca
y los dados de un ciego que cierran el poema.

CUARTA PARTE
HAIKÚS

I

A Antonio Benicio

Mujeres venid a mí
tengo entre mis piernas
al hijo que no nacerá jamás.

* * *

Un lago ha nacido:
en mi cráneo
flotan los peces.

* * *

En el viejo castillo de Koomoro
dos mujeres, en la cocina,
derrumban sus ojos.

* * *

¡Oh, viuda! que amas sólo a los muertos:
cuando rezo
mi cabello se desprende.

* * *

Hembra que entre mis muslos callabas
de todos los favores que pude prometerte
te debo la locura.

II

«*A Vicente Aleixandre*»

Lloras entre mis muslos, amada:
el cadáver de la poesía
es la sustancia de mis versos.

* * *

En la arena
yace un muerto
es lo mismo
yacer entre palabras.

* * *

Los vivos
imitan a los muertos:
se pintan las cejas
y los pómulos
colorean de rojo.

* * *

Estoy de rodillas ante la roca.
Quién fui, lo sabe la roca.
Que no seré nadie al fin, la roca lo dice
y el valle lo difunde.

* * *

Un cerdo
cierra la puerta
un ave
cae como saliva sobre la página.

* * *

Pinto mis uñas.
Pienso en mi hermano
tumba entre tumbas.

* * *

Mejor el barco pirata
que la nave
de los locos.
Más atroz que eso
la luna en mis ojos.
Sé más que un hombre

* * *

Sé más que un hombre
menos que una mujer.

* * *

De una roca
penden dos hombres
mejor sería
pender de una nube.

QUINTA PARTE
INÉDITO CONTEMPORÁNEO
DE *NARCISO*

(narración) «escondidos, inmensamente ocultos, temiendo siempre el largo grito de los Guardabosques, escondidos, inmensamente ocultos. Contábamos los árboles, deshacíamos senderos, repetíamos las grietas. Hablábamos con palabra que no puede ser dicha, estudiábamos la grieta, contemplábamos con perezoso afán sus recados.

Tuvimos hambre, hambre de la nada.

Jugábamos a fingirnos muertos, a ver ya ejecutada la acción de los Guardabosques, en nuestros cuerpos.

Llegamos a pensar que por nuestras venas la sangre no fluía, que no éramos sino Extrahombres, dulces y satánicos seres por fuera (más bien que por encima o por debajo) del ser.»

(metapoética): la escritura no contesta a mi voz, su laberinto no es el mío, cuando lo negro y lo blanco se funden, ya no hay nadie.

(narración): «no oís al fin el grito de los ojeadores?»

SEXTA PARTE
DE CÓMO EZRA POUND PASÓ A FORMAR PARTE DE LOS MUERTOS, PARTIENDO DE MI VIDA

I

Baut de foras-cuatro años sin voz, hablando demasiado y sin oírme, errando
en mi cerebro con sed, como
un pez rojo en el fango, y
—dinanzi a Lei tutti
gli spirti miei eran fuggiti— aún
no perdí el canto (ni el estigma
de «pobre loco»). Cuatro años la misma
borrachera noche y noche, ola batiéndose
—practicar sin armas la esgrima— contra el duro
mar de la «tenebrosa

                  generación». Y en una de ellas
dije, a alguien que a mi lado estaba, dije, le
dije «acércate y escucha cómo
me muero». Lago que
para cumplir su venganza se seca
en esta página, concavidad que deja

                  y
todos los ahogados que aparecen ahora
lívidos, intactos, como ayer.
                  Baut de foras:
                  ya
acepté el insulto, lo vestí como una
trágica y sonrosada muñeca. Where
are you? I
       am in the shop-window frente
a la muchedumbre que
mira, como siempre, con los bestiales ojos. Mi alma

en el escaparate, gentío que aplaude
en la hoguera los últimos gestos
de Juana de Arco. ¿Qué
miran: la muñeca —vendida hace cuatro años— tiene
para sus ojos un tatuaje
                        negro en el ano, y
rojo, y amarillo también en el ano. Y su cabeza cae por sí sola y rueda
como una pelota de
patada en patada y una
mueca de su boca
constantemente rehecha. Como caen
dentro de mi alma, *de roca en roca*
los hombres que conocí, y todos los
rasgos y los gestos se confunden en
un montón de ropa sucia, casca-
da informe de
                        piernas, brazos, ojos, ojos
cayendo de roca en roca o
esparcidos por el suelo.
                        La marca de los hombres se seca aquí.
                        «De cada lado de la verja sendas co-
                                      lumnas esta-
ban adornadas con una Estatua
de la Locura, personificada por una cabeza con
una mueca (a la manera como un elefante esculpido
podría adornar hoy la puerta de los Zoos). Según
Robert Redd («Bedlam on the Jacobean Stage») la visita
de esa casa de locos era una de las grandes diversiones
dominicales de los londinenses. Los visitantes pasaban
por esas verjas llamadas «penny gates» porque
     la entrada costaba muy poco, muy poco. El visitante
    después
de haber depositado su

espada en el vestuario, donde quedaba hasta su vuelta, tenía
 derecho
a recorrer todas las divisiones, las celdas, hablar con los enfermos, y burlarse de ellos. A
cambio de sus agudezas dábales
en ocasiones algo de comer, o bien les
hacía beber alcohol para
estimularles a seguir divirtiéndole.
 Un grabado
de Hogarth muestra a un libertino terminando
su carrera de vicio encadenado
en Bedlam en una celda miserable en donde
las damas visitantes le contemplan con
una mezcla de curiosidad y desprecio».
 Daniel Hactucke,
 «Chapters
 in the His-
 tory of the Insane in the British Islands» y
el mar se seca aquí, y la marea de los hombres
aquí, en esta cabeza tranquila y vacía. Y el rey
nórdico Forudj ordenó que nadie
más naciera en sus islas, y nadie nació aquí.
Y los he visto caer, y dentro de
los que caían, unos que sabían
hacerlo y otros no-éstos más aprisa y otros
cayendo en la inmoralidad y el pacto: «Éstos sobrevivieron». Quedó un idiota sentado
a las puertas de palacio relatando
confusamente una historia
llena de furia y de ruidos, pero
había también claridad en su calva, y
cuando callaba. Y en su
cabeza calva estaba escrito:
«La marea de los hombres se seca aquí».

II

Y aún así, aún teniendo
sobre tu cuerpo muchos cuerpos, aún así,
en el suelo, tranquilo y
habiéndote por fin sabido, una vez más.

Konoshiro

¿nadie para leerlo?
         quise decir tan sólo (ver también
poema final de *Teoría*)
           que
«En estas ocasiones habla
             ÉL»
                pero una piedra
una piedra en su boca para hablar, un balbuceo
sordo detrás del sello y un
poco de saliva que cae, más allá del
burdo lenguaje de los personajes
de una novela indescifrable
se derrumba la pared, el sol.
                Y aquel hombre que esperó
toda su vida para oír
antes de perder la vida, oír
hablar a las bestias más
repugnantes, a las que nadie
había visto ni podía
siquiera imaginar y
         «Lo oímos en la ópera, será
dentro de unos meses, todo lo más un año».

III

«En estas ocasiones», Ello o Él dice
lo que nadie dice, y cada vez
escasean más estos conciertos «la tercera
persona es la
                función de la no-persona» —insectos, ba-
bosas, renacuajos negros
                    e inmundos se deslizan sobre
la tapadera de la alcantarilla, —y
                    «Allí
está mi padre caído y muerto y nadie lo ve».
                                Un leproso
pasa su lengua por encima del
libro cerrado de Freud, su lengua, lenta, haciendo ruido contra las tapas rugosas.
                            Y en las afueras
de la ciudad muy lejos
se oye al perro ladrar cada vez más
fuerte hasta que caigan los
muros de la ciudad, ladrar. «Enséñame tu
Libro, di la palabra» y él
a los pies del rey, pero mirándolo
«El Libro eres tú «pre-
gunta a cualquier moribundo su
nombre y el mío, y lo dirá, pero
no sabrá decirte quién
usó su cuerpo y su voz para
hablar y moverse y luego la arrojó como una cáscara. El hombre
  de las
marionetas era
la verdadera marioneta, y ésta

vivía y vedla se aleja
                        sentada en el carromato
del circo, moviendo las piernas». Y luego el moribundo
—el hombre de las marionetas— muere y la
marioneta lo arroja, vivo, a las basuras, vacío
de toda palabra y sin saber ya su nombre que
nunca supo. Y sin embargo yo
encontré en él
Muerto, un Ben Vezi, encontré entre los muertos mi
                        Ben Garan-que
sigan hablando los
lausenhadors pues
                      he muerto y sé mi nombre, sé
«faire un vers de dreit nien» y
montado a caballo no puedo, pienso, ni puedo.
«Sin olvidar por ello los sufrimientos de»
«ni la forma de una niña ni...»

                Vallados en el Jardin des Plantes, rejas que
                        prohíben la fuente:
                            «J'ai tué l'esprit»
he matado he
        matado matado
he matado a mi madre en el Jardin des Plantes.
No supo decirme que Dios es mujer, ni qué dios
era yo. «En estas ocasiones»: fal-
taste a tu promesa y sin embargo
despliega, despliega
tu pobreza.
Tendido en el suelo como
una perla en la pocilga. Y delante de ti
avanzará siempre, más allá de tus ojos, una mujer vestida

de azul como el cielo apagando
las luces que ella misma encendió, más allá de tus ojos, en el
camino de las luces que se encienden y apagan.
Y esa mujer es Dios —«Et bien que
le soleil m'éclairait encore pendant un
certain temps, il ne le fit conti-
nuellement. Et lors qu'il se
cachait, à peine pouvais je com-
prendre mon propre travail»— Y lo mismo mi
Ben Vezi de entre los muertos que hablan: «I
thought I
           was Villon, Arnaut, but
just an instant and the flame was gone» y
sin embargo pese al titubeo
obsesionante de la antorcha que avanza
por delante de tus ojos a través de ellas
viste el rostro —tu rostro— esculpido en la montaña
—la montaña que tiene la forma de un rostro—
                                            y hallaste
el lugar exacto del callejón sin salida. Y he aquí que, agachado,
orinas y mientras vienen a darte
su felicitación los hijos
                      y la madre del sol. Vallados
en el Jardin des Plantes, rejas que prohiben la fuente, y
   sin embargo
una niña llegó con una sola pierna, marchando sobre
el estrecho reborde de piedra
hasta la fuente. Y de su frente
cayó largamente una lluvia de pelo, y sus
cabellos llovían y caían del cielo
y el viento no lograba detener la lluvia.
                              Un ojo
un ojo perdido en el mar, pero

el león saltó contra la lluvia
       que
caía sobre aquellos viejos durmiendo en las esquinas junto
a una botella vacía al lado
      de este papel y uno
de ellos se levantó seca suciedad, sudor seco y
           murmuró
—nadie le oyó—
     «¿Estoy muerto o no estoy muerto?»
Ojo perdido en el mar pero
el león salta contra la lluvia,
no de pelo. No hay error
posible si todos, absolutamente
se han cometido. Uno
de los funcionarios que inspeccionaban las ruinas
vino a mí y me mostró un
pez muerto hallado bajo
      las alfombras, uno más. Y el pez
abrió los ojos cuando le hablé: «Vete,
tu tiempo ha terminado,
y una paloma sobre el altar».
        Variante 1999.
Lui seul sait pleurer y mi
      cuerpo es un cáliz.
Lui seul sait pleurer y
no lloró, soy un cáliz, una
alegoría del Fuego como en Arcimboldo V
de piernas abiertas y
allí miró. Y en el agujero
oscuro estaba Él y le
devolvió la mirada.
      LISTA DE MUERTOS: 5.000.000, *la*
 tercera

parte de los hombres que cuelgan
de tu boca y luego caen. Cae también parte de tu boca,
un trozo de labios rojos, en el suelo, en el polvo. «Vengo del país
de los ladrones de palabras, de los hombres que escuchan
sólo para *poseer* la palabra y hablan
para dominar y no saben leer». Y hay
un hombre que me espera en el Sur. «Y algo
                              les dijiste?»
                                        Pregunté
por qué los mudos no espantan, no les. Y
mi cabeza seccionada está allí, sobre el muelle, junto a las llaves, a la izquierda
de la lámpara. Y continué después de decirle por qué
la prueba del canto —la preuve d'amour—
la prueba del canto es no tocarlo, y
los muertos hablan a través de mí.

IV

Y así empieza, empezó la fiesta
de los muertos que viven, cogidos
del brazo y bailando y se besan.
Y yo les doy la palabra. A partir
del οὖτις se cambian
de lugar todas
las personas del verbo maloliente. Y Dios
se suicidó al crear: en la piedra que coges
en la mano, en el agua que acumulas
en el hueco de la mano, Dios está muerto.
Siete
candeleros de plata brotan de mi ano

y el cadáver de Dios sale
flotando de un río que mana
de mi vagina: hendiduras en el aire, a través de las cuales
pase tu mano. Y de entre
los excrementos nace un árbol,
de vida, verde, mojada ya por el rocío, y algo
canta allí entre mis heces, como cristal. Orinar sobre el muerto, en lugar de
«oscurecer los textos con filología»
y pasear muerto entre los muertos; mejor
pasearse vivo entre los muertos, y hablarles como
a iguales, y escribir
                      mientras bebe tu breve
orina ávidamente, pájaro,
lo que no puede absolutamente ser escrito.

V

Cuatro años sirviendo
de espectáculo a las almas más cansadas,
                                y una cruz
en el agua en el lugar donde murió
Luis II de Baviera —y me bendigan
los muertos y los recuerdos—. Y de este
texto podrá nunca
escapar ave ni insecto.
Y lobos introducen lentas sus pezuñas cálidas
en el agua para devorar la cruz que indica
el lugar del recuerdo, lo que queda
del rey muerto. En el agua, recuerdo:
cruz en el agua.
                Nada podría decirse peor

que su nombre, que la Letra que falta: Hen.
«Fine della parola, di tutto quello
che era da udire»: SOBRENADA (An-
gelus Silesius, nada-
dor que surge del Ungrund, una cruz
se levanta sobre el Ungrundsprache, largo el viaje por mar.
Pájaro que ubica su vuelo en el cero absoluto:
¿no oyes cómo callan las voces?
                              «E l'uomo se ne va».

VI

Queda, detrás del cristal, una muñeca
en pie y un alfiler clavado
sobre tu piel.
            Y las suaves sombras de los animales
tirando de los carros, y el culo del Fou
mordido por un perro, y él no grita,
y sus ojos vendados, ciego como el perro que
ladrará hasta que caiga. «Caen los perros
sobre Acteón» y me convierto
en una sombra, arrojo lentamente
mi semen al abismo. Y las suaves sombras de animales
tirando de los carros hasta
el abismo o la luz. La huella
en el libro de los dientes del perro.
Y el alma cerrada con llave de plata.
                                   La
estilográfica caída en el suelo, la
cara esculpida en la montaña que cae
silenciosamente y el loco y el perro al barranco y la montaña

silenciosamente se derrumba, humildemente y
el semen y el loco y el perro y la mirada
perpleja a la paz de los escombros.

VII

«Pero sin embargo a un
muerto...»
    presagio.....
.... que vive en la montaña.... lejos
está todo de mis ojos.... de-
seo en la ingle, hecho piedra, ...
                                 .... sangre que corre.......
luz, ... el fuego.....
                  .... espuma.... alrededor.... ver-
güenza de estar vivo, como un gusano....
                                   .... las mandíbulas....
el sol... cenizas...
        «no espero que aparezcan
aves por la derecha...»: «eres hermosa
cuando hablas»... lo que pensar... beber la copa vacía... lo
    que pensar...
un ladrón de noche recorre la ciudad....
.... enloquece..........................
...... gotas de mi sangre... en la copa, brillan, secas.
                                                 αμοσβη
...... vendrá el fuego....
                                    ..... a analizar tu cuerpo...
arroja tus ojos en la
                    arena.....
y que pasen sobre ellos las pezuñas

esclavos y leones... y
                    cuerpos desnudos....
...... que se disputan tus ojos... en la arena gladiadores....
α - - - (·) - - - (- - -) · (
κ (α)ς · (συ) μβαλ (όντες
- -) ην - - δ'εκ (·) · (
- -) - - - - - ((y juntando

.... pero a un muerto....

VIII

Y nadie quería, nadie
quería que escribiese, así que
murió cerrando
los ojos sobre un atardecer de Venecia, y nadie
quería que escribiese. «Accante alla colonna
di pietra liscia dove san Vio
incontra il Canal Grande questa
farfalla se n'e uscita per il foro del fumo»
en la Dogana, sabiendo
que nadie volverá a repetir la comedia del genio
«Io verrei spiagarla, io... io...»
Una cruz en el agua y
el agua lavando a los muertos —«Estoy
muerto o no estoy muerto»—
pasa ahora, Pound, por entre
el cuerpo azul de ilusión brillante
a la derecha, y a la izquierda, el reflejo
pardo que llega del mundo de Los Que
Aún Se Devoran En Silencio:
                    ahora

puedes lanzar ya una mirada a las
«visiones del renacimiento» y a la vez saber,
saber por fin, firmemente saber
que has entrado, al fin, has puesto el pie
suave y desnudo en el Palacio Amarillo de los Muertos.

7 POEMAS
(1985)

Uomo ch'alla Sicilla abiti
guardati d'aprir la porta
ch'alla tua isola vien d'arrivar
uno ch'é morto: uno ch'é morto e vive
nell'isola scalza, uno mezzo brullato.

* * *

In the open house nobody cries
in the silent midnight the open nobody cries
and nobody touchs the cry.

* * *

Nobody told me the long history of Priamo
the long destruction, the waiting of the slave
under the falling walls.

* * *

Hay un sol en la tarde
que nos mira y nos llora
hay un bosque de nieve y una piedra de sangre
hecha para los sueños lentos más que la piedra
lentos como pisadas de lentos policías
que buscaban la muerte seguidos por los perros
atroces de Diana.

* * *

Era un dios en la sombra que escuchaba el sonido
de árboles vacilantes
de niños y de falos
y la sombra tras los árboles lloraba.

* * *

Caían los cristales
y hombres de ceniza lloraban
parecidos a nadie
ubicados en medio del circo enorme y vasto
en el que Nadie llora
vigilado de cerca por barbas gigantescas
que morían cercadas de guerreros de frío,
y Patroclo sentado en el centro de la nada.

DYONISOS

Lambda era el grito escrito en las paredes
y el gallo que no habla gritaba en la basura
escupido en la frente por alguien sin cabeza
mientras un niño, el más oscuro
      y cruel y secreto de los niños
susurraba en silencio el nombre del diablo.

Últimos poemas

(1986)

Uomo ch'alla Sicilia
abiti, guardati d'aprir
la porta: che vien d'arrivar
alla tua isole, l'uomo ch'é morto.
Uomo che piú non vive, uomo che non dice
ché strane cose, ambizioni di morto.
Uomo che non á per core
che una insegna, cinque segni
affondati sul petto come nave
che il mar á affogato.
Guardati da quest'uomo,
uomo della Sicilia, che viene d'arrivare
alla tua isola
uno ch'é morto.

* * *

> *A Sidi Pepi ben Angelis, que me escondió un secreto.*

    Marcho inclinado, mirando al suelo
lleno de peces que sudan
como mi barriga
              llena de cerveza que sube y que baja
sobre la acera, al compás de mis pasos: elefante
mirando al suelo, grasa de ballena, rostro
reflejado en las risas de los hombres.
                        Casanova era así, de viejo,
me digo
      para no insultarme: apedreado
por niños al crepúsculo.

Marcho inclinado, mirando al suelo;
los muertos están boca abajo. Sin duda
moriré en la calle.
Entro en el bar y el cervecero
ya está, como siempre, la copa en la mano
anunciando mi muerte.

EL CANTO DE LO QUE REPTA

La que, después de muerta, se demora en morir, repta
la que tarda, simplemente, en morir repta
y deja un rastro de baba entre casas y hechos como signo
de la vida que arrastra; es
perezosa y lenta la vida de lo que repta. Y así
tu recuerdo en el fondo de mi alma repta
y su contacto de piel viscosa y muerta me
produce algo así como un escalofrío
algo como terror. Y también yo repto, me
arrastro entre los vidrios dispersos de tu espejo, entre los
               harapos de ti que aún quedan
absurdamente en el
cubo de basura de mi memoria,
espectros en la casa abandonada
en la casa abandonada que yo soy. Y repto
al fondo de mí, como si fuera
yo mi recuerdo tan sólo, como si estuviera
dormido al fondo de mí, como una vivencia olvidada. Y
               me desenvuelvo entre las ruinas somnolientas
  y a través
del palacio en el que no puedo entrar, como
una hábil serpiente. Me queda sólo la ebriedad
dolorosa que produce
la idea del suicidio; estoy a solas

con la idea del suicidio, con la idea de aplastarme como a un
        reptil.
Todo hombre es un rey entre almenas que sienten
todo hombre es castillo de una princesa muerta
todo hombre, una máscara rodeada de tenedores
y un cadáver que escupe la boca de un fauno.
Lloran mis ojos en la frente
mis enemigos han muerto,
                sólo queda
la vergüenza de la vida.
De mí sólo queda la vida,
las manos que se mueven,
los ojos de la frente,
las lágrimas sin dueño:
mientras los hombres mueren
la barba crece.
          Guárdate, amor, de cruzar el río
que nos separa,
          la vida es sólo un árbol
un árbol
    que crece.
Crece el poema como un árbol
y entre sus ramas, como niebla densa,
alabando a la noche,
            mi padre
se ahorca.

EL MENSAJE

Casi no queda Voz cuando el espanto
pronuncia su evangelio de blancura
y una roca tenaz a nada ofrece

el desierto pelado de su mano
donde los niños dialogan con los hombres
acerca de un muerto que llevan en su mano.

I

No insertos en un plan, los sapos
existen sin objeto.
Cálido el sol de la mañana los envuelve,
suavemente los acaricia el viento.
Como la vida de un árbol
o del viento
así es la vida del sapo
sin objeto.

II

No busques ojos al sapo
que no tiene.
No le busques las orejas
que no tiene.
De qué le sirve la boca
no lo entiende.

III

Un sapo es un círculo, un sol hacia adentro.
Como los bueyes camina —lento como el tiempo.
No hay cielo que no se vuelva
de espaldas cuando levanta
hacia arriba su mirada.

IV

Vienen los sapos del Norte
a buscar a los del Sur.
Encuentran un mismo rostro
y la misma baba azul.

V

No hablan del sapo los hombres
que viven en la ciudad.
Se refugian en sus casas
cuando le oyen pasar.

VI

Como un geranio se pudre
los sapos viven su vida.
Escuchan pasar las moscas
las espantan cuando pueden.
Como a los cuervos la noche
les es siempre favorable.

VII

Tienen miedo de los niños
y de las aves, los sapos.
Un color puede matarlos
acostumbrados al negro.

VIII

Surge en el cielo la aurora,
se esconde el sol tras los montes.
Igual el paso del sapo
por los bosques.

IX

Los sapos y las culebras
levantan la piedra y salen
cuando el día se oscurece
y llueve fuego del cielo.

X

Son hermanos de los buitres,
se parecen a los cuervos,
con las serpientes se hablan
y enmudecen ante un mirlo.

XI

No tienen fe en el futuro
los sapos como las aves.
Caminan sobre las tumbas
dejando en ellas su baba.

XII

Los días de luna llena
se esconde el sapo en los bosques.
Cuando amanece, la aurora
lo persigue por los montes.

XIII

Invade el jazmín los campos
mientras el sapo se arrastra
con una espina en el flanco.

XIV

No tienen los sapos nombre
cuando mueren en el monte.

Poemas del manicomio de Mondragón

(1987)

A quien me leyere

Los libros caían sobre mi máscara (y donde había un rictus de viejo moribundo), y las palabras me azotaban y un remolino de gente gritaba contra los libros, así que los eché todos a la hoguera para que el fuego deshiciera las palabras...

Y salió un humo azul diciendo adiós a los libros y a mi mano que escribe: *«Rumpete libros, ne rumpant anima vestra»*: que ardan, pues, los libros en los jardines y en los albañales y que se quemen mis versos sin salir de mis labios:

el único emperador es el emperador del helado, con su sonrisa tosca, que imita a la naturaleza y su olor a queso podrido y vinagre. Sus labios no hablan y ante esa mudez de asombro, caigo estático de rodillas, ante el cadáver de la poesía.

Leopoldo María Panero,
1/3/87

I

« dérisoires martyrs... »

STÉPHANE MALLARMÉ

En el obscuro jardín del manicomio
los locos maldicen a los hombres
las ratas afloran a la Cloaca Superior
buscando el beso de los Dementes.

Un loco tocado de la maldición del cielo
canta humillado en una esquina
sus canciones hablan de ángeles y cosas
que cuestan la vida al ojo humano
la vida se pudre a sus pies como una rosa
y ya cerca de la tumba, pasa junto a él
una Princesa.

Los ángeles cabalgan a lomos de una tortuga
y el destino de los hombres es arrojar piedras a la rosa.
Mañana morirá otro loco:
de la sangre de sus ojos nadie sino la tumba
sabrá mañana nada.

El loquero sabe el sabor de mi orina
y yo el gusto de sus manos surcando mis mejillas
ello prueba que el destino de las ratas
es semejante al destino de los hombres.

EL LOCO MIRANDO DESDE LA PUERTA DEL JARDÍN

Hombre normal que por un momento
cruzas tu vida con la del esperpento
has de saber que no fue por matar al pelícano
sino por nada por lo que yazgo aquí entre otros sepulcros
y que a nada sino al azar y a ninguna voluntad sagrada
de demonio o de dios debo mi ruina.

LAMED WUFNIK

Yo soy un lamed wufnik
sin mí el universo es nada
las cabezas de los hombres
son como sucios pozos negros
yo soy un lamed wufnik
sin mí el universo es nada
dios llora en mis hombros
el dolor del universo, las flechas
que le clavan los hombres
yo soy un lamed wufnik
sin mí el universo es nada
le conté un día a un árabe
oscuro, mientras dormía
esta historia de mi vida
y dijo «Tú eres un lamed wufnik»*
sin ti Dios es pura nada

---

*y añadió «y entre los árabes, un kutb»
(v. Jorge Luis Borges, *El Libro de los seres imaginarios*)

EL LOCO AL QUE LLAMAN EL REY

Bufón soy y mimo al hombre en esta escalera cerrada
con peces muertos en los peldaños
y una sirena ahogada en mi mano que enseño
mudo a los viandantes pidiendo
como el poeta limosna
mano de la asfixia que acaricia tu mano
en el umbral que me une al hombre
que pasa a la distancia de un corcel
y cándido sella el pacto
sin saber que naufraga en la página virgen
en el vértice de la línea, en la nada
cruel de la rosa demacrada
                        donde
ni estoy yo ni está el hombre.

* * *

a José Saavedra

Has dejado huella en mi carne
y memoria en la piel de las interminables bofetadas
que surcaran mi cuerpo en el claustro del sueño
quién sabe si mi destino se parecerá al de un hombre
y nacerá algún día un niño para imitarlo.

Ven hermano, estamos los dos en el suelo
hocico contra hocico, hurgando en la basura
cuyo calor alimenta el fin de nuestras vidas
que no saben cómo terminar, atadas
las dos a esa condena que al nacer se nos impuso

peor que el olvido y la muerte
y que rasga la puerta última cerrada
con un sonido que hace correr a los niños
y gritar en el límite a los sapos.

II

«Ne sachant pas, ingrat! que c'était tout mon sacre,
Ce fard noyé dans l'eau perfide des glaciers»

Stéphane Mallarmé

En mi alma podrida atufa el hedor a triunfo
la cabalgata de mi cuerpo en ruinas
adonde mis manos para mostrar la victoria
se agarran al poema y caen
y una vieja muestra su culo sonrosado
a la victoria
        pálida del papel en llamas,
desnudo, de rodillas, aterido de frío
en actitud de triunfo.

* * *

a Marava

Brindemos con champagne sobre la nada
salto de un saltimbanqui en el acero escrito
donde la flor se desnuda y habita entre los hombres
que de ella se ríen y apartan la mirada
sin saber oh ilusión que es también a la nada
adonde ellos la vuelven y que a cada jugada
se tiende la Muerte ante el jugador desnuda
y enanos juegan con cabezas humanas.

EL QUE ACECHA EN EL UMBRAL

A Inés Alcoba.
Si la beauté n'était la mort

Toda belleza por el cadáver pasa
y se limpia en el río de la muerte, el Ganges

que a los inmortales conduce
toda mujer
se transfigura en la tumba y adorna
en el eterno peligro de la nada
así, querida
sabrás muriendo lo que es el Adorno
y te adorarán los pulgones y aplaudirán las ranas
de ellas compuesto el canto eterno de la nada
        oh, tú, hermana
llena con tu cántico mi noche
de tu susurro delgada hermana
      de tu sollozo
                que la nada devora
sabiendo así lo que es el Adorno
las chotacabras avisan Su Llegada.

A MI MADRE
(reivindicación de una hermosura)

Escucha en las noches cómo se rasga la seda
y cae sin ruido la taza de té al suelo
como una magia
tú que sólo palabras dulces tienes para los muertos
y un manojo de flores llevas en la mano
para esperar a la Muerte
que cae de su corcel, herida
por un caballero que la apresa con sus labios brillantes
y llora por las noches pensando que le amabas,
y dice sal al jardín y contempla cómo caen las estrellas
y hablemos quedamente para que nadie nos escuche
ven, escúchame hablemos de nuestros muebles
tengo una rosa tatuada en la mejilla y un bastón con
                empuñadura en forma de pato

y dicen que llueve por nosotros y que la nieve es nuestra
y ahora que el poema expira
te digo como un niño, ven
he construido una diadema
(sal al jardín y verás cómo la noche nos envuelve).

LOS INMORTALES

«cada conciencia busca la muerte de la otra»
HEGEL

En la lucha entre conciencias algo cayó al suelo
y el fragor de cristales alegró la reunión.
Desde entonces habito entre los Inmortales
donde un rey come frente al Ángel caído
y a flores semejantes la muerte nos deshoja
y arroja en el jardín donde crecemos
temiendo que nos llegue el recuerdo de los hombres.

* * *

Llega del cielo a los locos sólo una luz que hace daño
y se alberga en sus cabezas formando un nido de serpientes
donde invocar el destino de los pájaros
cuya cabeza rigen leyes desconocidas para el hombre
y que gobiernan también este trágico lupanar
donde las almas se acarician con el beso de la puerca,
y la vida tiembla en los labios como una flor
que el viento más sediento empujara sin cesar por el suelo
donde se resume lo que es la vida del hombre.

* * *

Del polvo nació una cosa.
Y esto, ceniza del sapo, bronce del cadáver
es el misterio de la rosa.

* * *

Debajo de mí
yace un hombre
y el semen
sobre el cementerio
y un pelícano disecado
creado nunca ni antes.
Caído el rostro
otra cara en el espejo
un pez sin ojos.
Sangre candente en el espejo
sangre candente
en el espejo
un pez que come días pre-
sentes sin rostro.

HIMNO A SATÁN

Tú que eres tan sólo
una herida en la pared
y un rasguño en la frente
que induce suavemente
a la muerte.
Tú ayudas a los débiles
mejor que los cristianos
tú vienes de las estrellas
y odias esta tierra

donde moribundos descalzos
se dan la mano día tras día
buscando entre la mierda
la razón de su vida;
ya que nací del excremento
te amo
y amo posar sobre tus
manos delicadas mis heces.
Tu símbolo era el ciervo
y el mío la luna
que la lluvia caiga sobre
nuestras faces
uniéndonos en un abrazo
silencioso y cruel en que
como el suicidio, sueño
sin ángeles ni mujeres
desnudo de todo
salvo de tu nombre
de tus besos en mi ano
y tus caricias en mi cabeza calva
rociaremos con vino, orina y
sangre las iglesias
regalo de los magos
y debajo del crucifijo
aullaremos.

EL LAMENTO DE JOSÉ DE ARIMATEA

No soporto la voz humana,
mujer, tapa los gritos del
mercado y que no vuelva

a nosotros la memoria del
hijo que nació de tu vientre.
No hay más corona de
espinas que los recuerdos
que se clavan en la carne
y hacen aullar como
aullaban
en el Gólgota los dos ladrones.
Mujer,
no te arrodilles más ante
tu hijo muerto.
                    Bésame en los labios
como nunca hiciste
y olvida el nombre
maldito
de Jesucristo.

Danza en la nieve
mujer maldita
danza hasta que tus pies
descalzos sangren,
el Sabbath ha empezado
y en las casas tranquilas
de los hombres
hay muchos más
lobos que aquí.
Luego de bailar toca
la nieve: verás que es buena
y que no quema tus manos
como la hoguera
en que tanta belleza

arderá algún día.
Partiendo de los pies
hasta llegar al sexo
y arrasando los senos
y chamuscando el pelo
con un crujido como de
moscas al estallar en la
vela.

Así arderá tu cuerpo
y del Sabbath quedará
tan sólo una lágrima
y tu aullido.

ACERCA DEL CASO DREYFUSS SIN ZOLA O LA CAUSALIDAD DIABÓLICA

EL FIN DE LA PSIQUIATRÍA

La locura se puede definir, muy brevemente, como una regresión al abismo de la visión o, en otras palabras, al cuerpo humano que ésta gobierna. En efecto, la zona occipital, que regula el desarrollo de la visión, controla, según mi hipótesis, el cerebro, y el cerebro controla todo el cuerpo. De ahí que sea tan importante lo que Lacan minimizaba como «inconsciente escópico», y esa mirada a la que el dicho psicoanalista apodara «objeto a minúscula». Por el contrario, la mirada es un infinito. Contiene imágenes en forma de alucinaciones que son lo que Jung llamara «arquetipos» y Rascowski «visión prenatal». Ferenczi habló del inconsciente biológico: por muy increíble que parezca, ése está contenido en la mirada en forma de alucinaciones. La magia, el inconsciente antes de Freud, lo sabía: *«Fons oculus fulgur»*. Freud también decía que el inconsciente se crea a los cuatro o cinco años; en efecto, los niños padecen dichas alucinaciones de una forma natural: de ahí el retorno infantil al totemismo, del que hablara también el fundador del psicoanálisis.

Pero el cuerpo humano, que, salvo para los niños, es un secreto, contiene igualmente alucinaciones olfativas, aunque éstas no remitan a inconsciente metafísico o junguiano alguno, es decir, a inconsciente alguno de la especie o, en otras palabras, a su pasado, en el que los dioses están bajo la figura de totems, pues no en vano la palabra «zodiaco» significa en griego animales. Dioses estos, pues, corporales, hijos del Sol y de la Tierra.

He aquí, por consiguiente, que el cuerpo contiene la locura y como el único cuerpo entero que existe es el cuerpo infantil, es por tal motivo que la esquizofrenia tuvo por primer nombre *«dementia praecox»* o demencia traviesa. Respecto a la paranoia, su problemática es triple o, en otras palabras, quiero decir que existen tres tipos de paranoia, pues ya nos dijo Edwin Lemert que no existe la paranoia pura; uno de los tipos de paranoia, cuyo síndrome es el delirio de autorreferencia, nos reenvía al problema de que el psiquismo animal es colectivo, y ése es el magma alquímico, en cuyo seno se hunde tal género de paranoico. El otro género de paranoico es el que proyecta su agresividad, con frecuencia, sobre su mujer en el delirio de los celos. El tercer género de paranoico es el que, según ya dijo Edwin Lemert, tiene realmente perseguidores. Ése es el caso al que yo llamo el caso Jacobo Petrovich Goliadkin (el protagonista de *El doble* de F. M. Dostoyewski). Es un sujeto con frecuencia deforme, enano o simplemente raro, o tan oscuro como Dreyfuss, que es víctima de agresiones, humillaciones y vejaciones por parte de sus amigos o compañeros de oficina —o, a veces, de un portero, o sencillamente de un camarero—, y que para dar sentido estético a su vivencia se inventa a los masones, o a la C.I.A., metáforas que reflejan a tan sombríos compañeros.

Las otras locuras son frecuentemente producto de la psiquiatría: tal es el caso de las alucinaciones auditivas, que no existen en estado natural alguno y que son producto de la persecución social o psiquiátrica que cuelga, como vulgarmente se dice, en lugar de explicar o aclarar. Pues cada ser humano puede ser en potencia un psiquiatra, con sólo prestarnos la ayuda de su espejo. Pasemos ahora al caso de Dreyfuss; el caso Dreyfuss, en verdad, fue, como el mío, un caso muy extraño. Ni yo ni él entendimos el origen de la persecución; su naturaleza, sin embargo, o su mecanismo puede definirse como el efecto «bola de nieve»: se empieza por una pequeña injusticia y se sigue por otra y por otra más aún hasta llegar a la injusticia mayor, la muerte. O bien como en el *lynch* empieza uno y continúan todos. Así, yo he sido la diversión de España durante mucho tiempo y, a la menor tentativa de defenderme, encontraba la muerte, primero en Palma de Mallorca en forma de una navaja y, luego, en el manicomio del Alonso Vega (Madrid) en forma de una jeringa de estricnina; pero todo por un motivo muy oscuro, no sé si por mi obsesión por el proletariado, nacida en la cuna de la muerte, o bien, por miedo a que desvelara los secretos de un golpe de Estado en que fui utilizado como un muñeco, y en el que los militares tuvieron, primero, la cortesía de apodarme «Cervantes», para llamarme después, en el juicio, «el escritorzuelo». Pero no son sólo los militares los que me usaron; en España me ha usado hasta el portero para ganarse una lotería que de todos depende, porque el psiquismo animal es colectivo, y éste es el motivo de que el chivo expiatorio regale gratuitamente la suerte, en un sacrificio ritual en pleno siglo XX, en nombre de un dios que ya no brilla, sino que cae al suelo herido por las flechas de todos. Ese dios al que todos odian por una castidad que ha convertido al español en un mulo y en una mala bestia. Al parecer toda España ha rodeado amorosamente a la muerte entre sus brazos, y la prefieren al sexo y a la vida.

Que ella les dé al fin su último beso en la pradera célebre del uno de mayo.

Leopoldo María Panero

Globo rojo

(1989)

Los años han roto mi cara
y dicen que no es sangre, sino pus lo que corre
            lentamente por el tembladeral de mis venas
           donde agoniza un dios del pasado
que desde el poema nos llama con la mano de un muerto.

DIARIO DEL MANICOMIO DE MONDRAGÓN

Relación de un asesinato

6 de enero

Toda mi habitación llena de humo, colillas por doquier, la cama deshecha: mañana me obligarán a hacerla de nuevo.

5 de enero

Las campanas de la iglesia tocan a rebato: ¿Sublevación militar en Palma de Mallorca? Will they shoot x-y? Aparece en la puerta un loco que se cree Genaro, el sapo, con una pistola en la mano.

4 de enero

Las campanas de la iglesia tocando a muerto.
De noche.
Mi cadáver en el lecho: ¿resucitaré otra vez, cosido a balazos?

Entra Billy el niño, jugando a vaqueros, y lleva en la mano mi alma.

3 de enero

Un loco que se cree Dios lleva en un cáliz la cabeza devorada de mi amigo Pedro Ancoechea.

6 de enero

Salgo a la puerta y me arrodillo ante la muerte.

4 de enero

Unas viejas beatas susurran: creíamos que lo querían matar por la fe.

3 de enero

En la caja, asolada por la ETA, brillan como cerebros unos dólares falsos. La muerte por un cheque sin fondos.

4 de enero

¿Quién me matará hoy, por orden de los «militares»?
¿Garicano, que asesinó a su padre por regañarle acerca de unos exámenes suspendidos, y que se cree un insecto, una mosca que sucesivamente se posa en un armario, en un bolígrafo, en mi cabeza?

6 de abril

Hay aroma de palizas en el ambiente. El boxeador sonado es una amenaza constante de golpes y de muerte. En mi cenicero hay unos signos que recuerdan a la baraja de póker. Entre muerte y muerte me corro sobre la cara de Santi. Luego escupo, estoy vivo.

En el jardín pasean jirafas.

7 de abril

Temo las borracheras del boxeador sonado, que se cree San Pedro. El tráfico de alcohol aquí es incesante. Mi belleza, con la que han acabado casi el alcohol y los manicomios, es tan sólo un incentivo para la muerte.

20 de abril

Entro en el bar de los enfermos. Todo él está lleno de hojas amarillas que recuerdan a viejos. Caminando hacia la barra pisoteo algunas de ellas semejantes a álbumes o a recuerdos. El camarero está acodado a la barra, y junto a su cabeza hay una cocacola. Me habla de un crimen que cometió hace tiempo, hace mucho tiempo. Luego pasa un trapo de cocina por la frente y susurra: Oh mi cabeza, mi cabeza, mi pobre cabeza!

FIN

Contra España
y otros poemas
no de amor
(1990)

Al Ejército Popular Republicano

INÉDITO DE *EL ÚLTIMO HOMBRE*

Valdivia tiene más hombres, más caballos
y árboles que escupen fuego y sangre:
ante la bestia de Valdivia el indio
tiene sangre de hembra.
Valdivia tiene dioses para los que no cuenta
nada la sangre del hombre,
dioses como árboles sin savia
que llevan colgando de su cuello:
pero era la noche de Lautaro.
Y en la noche de Lautaro tras del árbol hay perros
y la luna ilumina el camino a los lobos.
Entra el hombre barbado, el español a saco
en nuestras casas y muestra su verga a las mujeres:
pero en la selva se pierde, en el laberinto
oscuro de Eldorado.
Hacen pues un camino con la sangre
entre los más oscuros árboles:
y que el hombre ahí se pierda;
porque era la noche de Lautaro.
En la noche de Lautaro el dios castellano
es menos que una víbora, y su cuerpo
es un pálido dibujo en la nieve.
Allá donde te dije que estaba Eldorado
está un artífice para labrar tu muerte.
En el tobillo desnudo están
las joyas que preguntas:
búscalas en la noche de Lautaro.

HIMNO A LA CORONA DE ESPAÑA

(Para su Majestad el Rey Don Juan Carlos)

Sólo un payaso soy de una cuerda pendiente
ante aquel que la luz vino a traer a España
e hizo que el sol ardiera en la mano más pura.
En la pradera los ciervos arden como recuerdos
y acuden los pastores a olvidar sus deseos
y el Rey, nívea la frente, deja caer su mano
y una perla me ofrece, que el aire la disuelva
porque blanca y perfecta, mucho mejor que el viento
es la Corona de España, perseguida tan sólo
por el ladrar del viento en la llanura insomne
donde Don Juan solloza por su perdida figura.

RÉQUIEM POR UN POETA

(Death's door. Sugerido por un dibujo de Blake)

Qué es mi alma, preguntas
a una imagen atado.
Es un dios en la sombra
rezándole a la sombra.
Es quizá un esclavo
lamiendo con su lengua las sobras de la vida.
La soga que en el cuello
llevábamos atada fácil es desatarla,
por cuanto es ilusión sólo, lo mismo que la vida,
que el dolor y la muerte y el sueño del dinero.
La vejez dicen sólo responde a tu pregunta.
Una piel arrugada y un hombre al que avergüenza

mirarse al sediento espejo.
Un día moriré. Un día estaré solo,
un alce cabalgando en la calle, y el aire
será para mis ojos la señal de la huida.
Ya no serán manos mis manos,
ni un solo buen recuerdo
a la vida me ligará ya entonces.
Veré pasar un niño por la acera de espanto
y le preguntaré mi nombre si mañana renazco.

EDGAR ALLAN POE, O EL ROSTRO DEL FASCISMO

Leí en un solo día bajo una luz oscura
en páginas de Poe sobre un enano oscuro
que de muchos sorbía el rostro y el recuerdo
y era de generales esclavo y la peonza.
En un baile de muertos conocí al verdadero
y gran golpe de Estado. Caían como moscas
a mis pies generales,
y unos al despedirse la mano alzaban
como para decir adiós, y se reían
de ellos las vírgenes y efebos
y en los bares caía la sangre, única gloria
de aquel por el alcohol llamado
a luchar por un país más puro.
Caída hoy está también mi mano,
y muerta la farándula
quedan dos huesos de pollo en la mano.
No sé quién soy, ni quién los militares,
y en mi cabeza un huevo
ha puesto una gallina

blanca como Jesús y limpia como el miedo,
como el sudor de espanto que denunciarles fuera
entre aroma de alcohol y viento de cerveza,
símbolo y prez de lo que mi vida fuera
antes de que llegaran los militares,
para limpiar España y barrer mi existencia
que para los camareros un peligro fuera.
Hoy día no me encuentro y soy como perdido
y temo sobre todo a la bandera.
Que un día de mi mano comerán ya las moscas
y seré sólo espectro en la acera humillado
clamando día y noche contra el golpe de Estado.
Bajarán las palomas y entrarán en las casas
si un día como el viento llegan esos soldados.
Y estaremos desnudos como un blanco disparo
para saber que España no quiere más que vivir si puede
y si no llorar o beber en la barra
sedientos de la frente en la blanca marea.

Y quedó sólo hoy, de aquel 23 F.,
la espuma de la boca y de la noche.

EL DÍA EN QUE MURIERON LOS MASONES, O PARA TERMINAR CON EL MAL DE ESPAÑA

Lebreles de mi frente, perros a los que el viento
sollozar haga en una noche oscura,
canes de los mis labios, despojos en la noche,
ladrones que al balcón asomáis el rostro
en busca del oro de la noche
y señales en el oscuro, burla del gran Rey Mago,

un mendigo os espera al fin de la calzada
aún llevando en sus manos una lámpara oscura
que ladrar también sabe, y distinguir las joyas
del oro más temible, el de la mente
que aquí agoniza a veces, y otras muerde
como el labio del sol, o la llanura.

ETA MILITARRA

Tengo la costumbre de matar en la mano
en la mano y en los pies que se mueven
lentamente bajo la cúpula del cuerpo.
Hábil como un espectro recorro la ciudad
borracho como un vivo, sereno como un muerto,
y me asombro ante aquellos que viven.
Y me excitan sus labios sonrosados
cuando dicen «ven»
«ven a matarme ya que soy un espíritu».

APARICIÓN

Nuncio que entras abriendo las paredes de mi cuarto
¿eres del hombre o eres de la nada?
Yo sólo puedo el evangelio decirte
de la vida, decirte
si has caído no te levantes más
y besa el sacro suelo
y si eres hombre, escucha los lamentos del esclavo
que piden vivir y que reclaman
con dulces sones la limosna
de la vida en la habitación en donde mi alma

se retuerce feroz como una serpiente
y pide a los durmientes que la vean
despierta para siempre y aterida
con pájaros que vuelan sobre ella
y el ladrido de un can que la despierta
y dice: mira, hombre caído, mira a la mañana
que otra vez se levanta para continuar la tortura
por mucho que tu alma exhale excementos
que la rosa simulan y la vida
entre las paredes feroces de este cuarto
que son como la celda del condenado a muerte
con días que reviven la sentencia
y di: ¿eres del hombre o eres de la nada?
yo sólo puedo mi evangelio decirte
si has caído nadie te levantará ahora
eres sombra y nada
y boca que pisotean los hombres
y una hez en las manos
ofrecida a los hombres y a los lobos
cuyos dientes asoman, cercenando el poema
cuando alguien entra en la habitación a oscuras.

TÁNGER

(Café Bar Tingis, Zocco Chicco)

Morir en un wáter de Tánger
con mi cuerpo besando el suelo
fin del poema y verdad de mi existencia
donde las águilas entran a través de las ventanas del sol
y los ángeles hacen llamear sus espadas en la puerta del retrete

donde la mierda habló de Dios
deshaciéndose
poco a poco entre las manos
en el acto de la lectura
y una paloma
sobre cuerpos nudos de árabes
caminando, bárbaros, sobre la lluvia
y sobre la tumba del poema implantando sus espadas
y la muerte.

Y un niño harapiento lamió mis manos
y mi cuello, y me dijo «Muere,
es hermosa ciudad para morir»
verás cómo los pájaros se arrastran y escupen agua por las narices
cuando mueras
y cómo Filis me abraza y la ciudad se rinde
ante el asedio de los condenados
prefiero vivir al asedio de nadie
con una marca de mierda en la frente.

FINAL

Jugando al escondite detrás del carro abandonado
olvidamos el nombre de cada uno de los dos
y la flauta de Pan, tras de un sollozo
olvidamos el nombre de cada uno de los dos
jugando al escondite detrás del carro abandonado.

Y pasaban y pasaban los hombres a nuestro alrededor pasaban
olvidando la flauta de Pan
y que estábamos sin cesar
jugando al escondite detrás de un carro abandonado,
y sin dientes mordiendo el misterio de la *cosa,*
jugando al escondite detrás de un carro abandonado.

* * *

En la selva caímos
en la oscura selva
sin otra salida
que un agujero negro para caer tan sólo
y jamás levantarse:
que el toro nos salve
e ilumine la selva
y guíe nuestros pasos por el negro agujero
prometiendo una luz que la selva destruya
una luz donde asentar la vida
que el toro nos salve
y haga un hombre del hombre
y sendero el oscuro
camino de la selva
que el toro nos salve

ya que promesa oscura
es el oro de nuestra saliva.

LA MONJA ATEA

Las monjas adoran a su Dios que no existe
mientras el Papa aprieta el gatillo
y dice Dios no existe
es una imaginación de la Iglesia
que está muriendo poco a poco
los ateos lloran al pie de una estatua.
Y el mundo dice Dios no existe
es una imaginación del Papa
mientras los ateos
lloran y lloran por su belleza perdida
y Dios ya no existe
está llorando en el Infierno.

Ésta es la estatua entera de la nada.

FIGURAS DE LA PASIÓN DEL SEÑOR

Ha muerto Él. Ha muerto él y llueve
y hay una lámpara encendida para siempre
entre mis dos ojos:
                    parecida a la luna
que, burlona,
se ríe eternamente de Dios.
Igual la lluvia deshace mi figura
y mi rostro, semejante al de Aquél, cae
herido por la piedra,

por la piedra de nadie que hiere y mata
mientras llueve. Mientras llueve quizás eternamente
y la lluvia imprime al mundo la figura de un rostro
que no nos deja olvidar, como el colorido óxido de la farola
de Londres que entre la bruma brilla
para que no olvide
el cadáver de aquella prostituta.

PETER PUNK

Peter Punk es el amor y Campanilla su princesa
en el cielo están buscando el secreto de la nada
todos los Niños Extraviados.
Peter Punk es el amor y Campanilla su princesa
Garfio busca en vano el secreto de su mano
y Campanilla llora al pie del Árbol Extraviado
adónde las sirenas y adónde los enanos
Peter Punk intenta en vano su amor explicar,
en una playa desierta Campanilla lo dejó.

* * *

¡Ah, el pánico atroz de mirarse las manos
de sentir volando en mis cabellos un ave
y tocarla, tocarla, incendiando las manos!
De sentir que he olvidado mi casa para besar la hierba
y el calor del bosque en mis muslos
y el frío hecho sólo para los ojos
como una página que recorren los ciervos
cayendo a los pies de ti como palabras, una tras otra,
hasta que sólo la saliva humedece los labios
y no hay más!
No hay más sino invitarte a la página, a la nada

cruel de la rosa demacrada
del castigo en silencio mientras silban los pájaros
por el blanco himeneo, por el himeneo en las ruinas
por el himeneo entre las ruinas del bosque!
Tú, el último testigo atroz de un ciervo
atroz que relincha entre mis muslos
pidiendo la paga del soldado, la limosna
de un poco de semen para saciar los ojos
un poco de semen antes de la batalla perdida
y luego volver al prado en que duermen los elefantes!
Qué sea el cuerpo, nadie lo sabe, sino unos ojos
que buscan tu cuerpo en la nada del bosque
y claman otra vez por el aullido, el aullido en la nada del
    bosque
el grito por el hijo muerto,
la madre que llora en la noche!
Soy sólo un cerdo que reclama la protección del silencio
la escolta blanca rodeando el féretro de la dama
frágilmente asida por un hilo al silencio
con cientos de ojos blancos rodeando la nada!
Quiera Dios que si muero donde estoy no se vea
y haya sólo leyendas en torno a la princesa caída
escoltada por mis muslos, sedienta de caída
de la caída atroz de una perla entre otros muslos
para dar fe aun de que el cerdo vive
y saciar con lo imposible la sed de la dama,
la sed de la princesa caída!
Y que esto sea el túmulo de homenaje a la caída
princesa que reposa en mis muslos,
que matará mañana el alba o después de estos versos
en la nada que sigue a la lectura
cuando la luz revive en el comedor de los hombres
cuando la luz que mata llama en torno a los hombres

a festejar a la princesa caída
la derrota al pie de la página, en los bordes del verso
para que los hombres se intercambien las leyendas de la
    princesa caída
y festejen con vino su fin, y su derrota
y arrojen en el vino la ceniza, para beber aún más
para que nadie exista por un instante en el brindis de lo
    imposible
que es lo que busca el verso y el temblor de su caída.

AÑORANZA DE ALCIDES

> «del Ganges cisne adusto»
> *Góngora*

Éste es aquel cuya añosa cabeza
engañó al roble
y a la astucia del cristal
dio nombre, concediendo
figura de mujer al agua trémula
para que entre las manos, honda
corriese, y así dejar que las palabras
blasfemaran contra el Sol
«del Ganges cisne adusto»
y de mis ojos
enemigo, cual la verde honda
que dio en ceguera con mi vida
y desde entonces
como sierpe o aun menos
que ella
me hace arrastrar por la sombra
hasta que vengas de nuevo, Alcides
a engañar a los bosques.

LO QUE STÉPHANE MALLARMÉ QUISO DECIR EN SUS POEMAS

Quiso el viejo decir cuando ya la última lámpara
en el cuarto estaba apagada
y el sol no nos veía, la sierpe lanzada
con las heces del día al pozo del recuerdo
al sueño que todo lo borra, al sueño,
quiso decir el viejo que las leyes
del amor no son las leyes de la nada
y que sólo abrazados a un esqueleto en el mundo vacío
sabremos como siempre que el amor es nada,
y que la nada
siendo así algo que con el amor y la vida
fatalmente rompe, quiere una ascesis
y es por ello que una cruz en los ojos, y un
escorpión en el falo representan al poeta
en brazos de la nada, de la nada henchido
diciendo que ni siquiera Dios es superior al poema.

EL ENMASCARADO

Oh, dónde estás Hombre Enmascarado
en qué galaxia tu nombre ha encallado
lucha, lucha contra el mal
porque la felicidad del hombre es la guerra
Hombre Enmascarado qué amenaza
se cierne sobre tus espaldas
mientras los hombres ríen de ti
oh, pobre Enmascarado de ti se ríen los hombres
qué culpa tiene el pigmeo, el elefante y el tigre
de que Occidente sea cruel

y sobre la cruz disparen
en la selva.

INÉDITOS DE *POEMAS DEL MANICOMIO DE MONDRAGÓN*

Hay cuatrocientos hombres
que se lavan en la piedra de la desdicha.
¿Vendrás mañana?
Tú eres la única esperanza de escapar a la piedra de la desdicha
pues todo otro es un mundo posible.
¿Vendrás mañana?
Es fácil decir para siempre.

* * *

En mis manos acojo los excrementos
formando con ellos poemas
cerca estoy ya de donde sopla el viento*
y odres de vino de mi nombre están llenas.

Mi ano es todo lo profundo
solo construye un mundo
un niño baila en el dibujo
como la rosa de lo inmundo[1].

* * *

---

* Notas al poema: comentario de algunos puntos oscuros.
«cerca estoy ya de donde sopla el viento». El viento es aquí un símbolo de la nada, de lo que borra toda esencia, de esa indiferencia que también se llama muerte allí, en el paraíso, «odres de vino de mi nombre están llenas» siendo en este caso «mi nombre» mi alma.
Y sin embargo «mi ano es todo lo profundo»: esto es, no hay metafísica alguna excepto la rosa de lo inmundo.
[1] Variante: fiel a la rosa de lo inmundo.

Los labios de los hombres
dicen que la mujer es bella
y mienten.
Sin embargo tú eres bella como de la mujer
dicen los libros y las leyendas
y pensé en besarte al amparo de la muerte
única segura compañera
y eyaculé sangre pensando que me amabas.
Hoy de aquella Zaragoza que la amistad nombró
sólo queda
sobre la mesa un ejemplar sin vida
de *Vida ávida* de Ángel Guinda
y unas voces que oigo en las pesadillas.

PARÁBOLA DE LA LECTURA

Humilla a la voz el cieno
y el oro entre tus manos se transforma
en la nada que es, cuando oro fue
y es excremento que de tus labios cae
parecido a lo que el animal hace con lo que come.

* * *

El tigre es ahora un palacio
un templo en que el cuerpo repta
sin saber nada del hombre
se desposa con la virgen
húmeda de mi saliva
los dos reptando en el tigre.

* * *

Como si parecido a un hombre camino entre las calles
buscando un ano en donde huir del hombre
como si parecido al hombre camino ante el filo
atroz de una navaja parecida al hombre
en la noche
que brilla más que el hombre.

* * *

Soy una vieja en un bar llorando
mientras los hombres juegan al tribunal del silencio.

* * *

Así el amante ciego ruiseñor de la Luna
canta a los viejos el dolor de otras dunas
en donde el amor se arrastra lejos de desierta cuna
en donde la serpiente abrazó a la Luna.

Lejos de mí el deseo en que mando
lejos la muerte que siempre estuvo hablando
cuando está cerca el ruiseñor callando.

Lejos he visto la muerte, amor nefando
en donde nací como fuera del mar Venus.

Engañando a la muerte en el tapiz desierto
al cadáver de un viejo entre las páginas.

CUERPO

Busco aún mis ojos en el armario
cercado está mi cuerpo por los cerdos

un látigo en mi boca y
el agua mueve mis pies
mi oído acaricia la lluvia
cercado está mi cuerpo por los ojos.

* * *

Mi gran amor se llamaba Maíz Blanco
fue torturada y violada en las colinas
cerca del lago en el que beben los elefantes.
De mí apenas quedarán los huesos
sobre mi cráneo un día pasará un pigmeo
silbando, cerca del lago,
cerca del lago en el que beben los elefantes.
Morí por una causa que el elefante no sabe
y que es misterio y olvido para el pájaro
ya que lo que la serpiente es para ti
no lo sabe la selva
y la materia del arroyo está muda
y no sabe ni olvidarme.

* * *

¿Y si la Esposa muere?
                    ¿Bailaré con el oso?
¿Bailaré con el oso que sin cesar su boca
me muestra, y como un abismo el misterio de sus dientes
bajo la luna pálida
donde mueren los peces?

Si la Esposa muere
quedará sólo el oso
bailando bajo la luna

en que mueren los peces
pero entra en el reino
donde viven los hombres
diciendo: yo soy el que mis heces
tallé de la piedra de los versos.

Y así bailará el oso
si la lluvia lo esconde
si la mano lo tapa
que hace la magia
como el molino que sin cesar deshace
el Reino de la Tierra.

Y si la Esposa muere
es ésta su ceniza.

SECRETOS DEL POEMA

Filis, al fin lo digo, la flor
que en el poema se buscaba
significaba la tumba
por su hijo ya adornada
monedas de suicidio dan
en la mano los caballeros.

AMANECER SOBRE LA TUMBA

En la playa de la noche
mostraba mis ojos a las sirenas
que jugaban impunemente con mi pene
con el falo que en el lecho maloliente
deshacen los sueños y cae la piedra
del pensamiento al suelo.

PASE DE RABIA

Al del pájaro prefiero
este verde imaginado.
Ven amor, vamos a ver las sombras de los adivinos.

INVOCACIÓN Y LECTURA

Del color de la vejez es el poema
que a la vida insulta y a los hombres increpa
llamándoles con voz de sirena hacia el desierto:
qué larga es hacia la nada la procesión de los hombres
con gritos y relinchos, y fuego en los dos ojos
y ceniza que cae señalando el camino
y alabando al abismo la página que escribo
y que se dobla y se tuerce entre tus manos.

NACIMIENTO DE JESÚS

Los caballos en viento se mudan
el desierto entre mis manos nace
el miedo es Jesucristo entre mis ojos
como una estrella que en la nada yace.

El miedo ante la nieve se arrodilla
el miedo ante lo oscuro es una nada
como una mujer que entre los hombres nace.

LO QUE DIJO LA VIRGEN ANTE EL FUEGO

Cae de la mesa el vino
y el pan roto por la risa se convierte también en vino

y una mujer muerta en la cocina recita ante el fuego
que no quema
lentamente el Evangelio de la Sangre.

*　*　*

Lector, ven y espíame
en el Taller del espectro
donde el fantasma a su imagen se esposa
que nunca existiera sino en esta
cerrada tumba
en este Jardín donde las flores
devoran impasibles a los hombres,
y una Voz, que no es lector ni hombre
ni mujer ni lluvia sobre el lecho
dice sin alma: he aquí los gusanos
que tejen sin armas el Cadáver.

*　*　*

A un camarada de sangre

Quién soy debajo de mí, quién fuiste tú
si la hez del recuerdo te traiciona
y convierte en nada y en dolor el beso
que unió dos seres traicionando al hombre
quiénes fuimos los dos si ni el recuerdo
ni la cueva de la memoria nos avisa
y el alcohol de la vida es ya ceniza
y la furia del amor es un espectro
que de los dos se ríe
a esa hora en que eternamente amanece
para que el Sol se ría del Espectro.

ALBA

Dejé la senhal entre dos árboles
un collar en el cuello blanco de una paloma
los pájaros no se acercaban
a hundir su pico en su cráneo
débil de muerta paloma
cuando una tarde de otoño
en que sin tumba el viento sepultaba a las hojas
todas ellas amarillas
cuatro niños de su bosque
salieron a toda prisa
y un incendio en los dos ojos
que a los hombres daba miedo
creían que en el collar
oro y plata se escondían
mas acercándose al árbol
los cuatro al suelo cayeron
debajo de mi senhal
que en el árbol aún pendía.
Hoy mi ama ya se acerca
pero al ver los niños muertos
huye corriendo y se esconde
y queda en el árbol sólo
mi senhal de que estoy solo
sólo unido a una paloma
sin mujeres sin amigos
y la senhal balanceándose
hasta que el viento la borre
aunque se acoja a estos versos
y aun cuando muerto el poema
después de él salga la luna.

EL AULLIDO DE JOSÉ DE ARIMATEA

Mataron a mi hijo en la montaña
un animal se esconde entre los árboles.

PERSIGUIENDO LO HUMANO

Hay aroma de violaciones en el aire
y una espalda desnuda se ofrece a los árboles
como espectros de falos tras de una cacería
y hombres muertos en tierra con el ojo en el cielo
que esta tarde también sale de cacería.

VOLVER A EMPEZAR

a Julio

La flor, Filis, al fin lo digo
significaba la ausencia
el alba que al fin revela
el secreto de la tumba
y el cadáver del alma que finge un gran poema.

REGALO DE UN HOMBRE

Esta tarde, a las 7,
brillará mi cadáver
de una luz más pura: y una mano
lo tocará desde el poema.
Al rito de morir se le llama la vida

y Dios se esconde entre mis muslos
y mis padres piden perdón por haberme entregado
desnudo a los hombres en la oscura llanura.

ARS MAGNA

para Clemen, con un escalofrío

Qué es la magia, preguntas
en una habitación a oscuras.
Qué es la nada, preguntas,
saliendo de la habitación.
Y qué es un hombre saliendo de la nada
y volviendo solo a la habitación.

BRILLO EN LA MANO

Locura es estar ausente
humo es todo lo que queda
de mí en la página que no hay
cae al suelo mi figura
y libre de mí se mueve
el papel de pura ausencia.

POBRECITO

He aquí las ratas que molestan a las ratas
en el inmenso albañal que se llama vida.
Salir de la cloaca es sólo un artificio
es nuestro destino vivir entre las ratas.

INMOLACIÓN EN EL POEMA

Oh Nerón del poema,
cuervo que nada pide
sino el fin de Roma, y allí
decir a nadie al fin la verdad de los ojos,
suicidio en el lago,
como el fin del poema
que sabe hacer la mano, la mano
que acaricia la piel mientras espío
el grito de la dicha y su caída
y el temblor que a las dos une,
la ceniza de un ciervo que escapa
como el fin del poema, como el fin
anunciado de la rosa, la pregunta:
¿Quién era el Rey?

HUNDIMIENTO

Las carpas se aferraron al barco con sus manos
y las mujeres desde abajo le llamaron
por su nombre: Oh, Captain
¡Oh, capitán, oh mi capitán!
desciende al fondo
allá donde bailan los Grandes Marinos con sus hembras
y las adornan y tiñen con palabras
y el hombre no es un número
y la boca
de los Grandes Marinos exhala fuego y perlas
¡Oh, Captain, My Captain!
Y en la playa el agua nos dice que vendrán los hombres.

CANCIÓN PARA UNA DISCOTECA

No tenemos fe
al otro lado de esta vida
sólo espera el rock and roll
lo dice la calavera que hay entre mis manos
baila, baila el rock and roll
para el rock el tiempo y la vida son una miseria
el alcohol y el haschisch no dicen nada de la vida
sexo, drogas y rock and roll
el sol no brilla por el hombre,
lo mismo que el sexo y las drogas:
la muerte es la cuna del rock and roll.
Baila hasta que la muerte te llame
y diga suavemente entra
entra en el reino del rock and roll.

LA NOCHE DE LOS CONJURADOS

La noche de los conjurados
todos los bailarines comprendimos el día y la hora
ya que el porqué estaba de sobra justificado
en la inmensa cuantía del sufrimiento humano.
Había un bailarín en cada puerta, la noche de los bailarines,
vestido de blanco como las máscaras
y con un trozo de tela negro en los 2 codos.
Camino del Grand Zocco donde danzaba
pierna tras pierna, ojo tras ojo,
para todos nosotros el gran bailarín,
el que tenía la marca negra sólo en un codo,
pasamos por el templo donde desollaban a las vírgenes,
y rozamos el jardín donde cantaban los ancianos moribundos.

Llovía y a partir del atardecer que siguió a la noche
de los conjurados, el mundo no fue ya sino cadáveres y lluvia
y voces de viejas damas que hablaban en las sombras.

Heroína
y
Otros Poemas
(1992)

*Tengo mi pipa de opio al lado
de un libro de metafísica alemana.
El tiempo, y no España, dirá quién soy yo.*

ACERCA DEL PROYECTO HOMBRE

Nadie sabe quién o qué sea el Estado. Sin embargo, para algunos fascistas es ese misterioso Estado quien suministra a la juventud vasca la heroína para adormecer impulsos más peligrosos. Y nada hay de verdad en ello. La heroína viene de algo peor que el Estado, que es la mafia, y cuyos escrúpulos son tan pocos como los de una sirvienta.

Pero detrás de la trágica pantomima del suicidio, que es lo que en pocas palabras formula la heroína, aparece algo mucho menos respetable que se llama todavía proyecto hombre. Algo que empuja más hacia la muerte que la heroína y con muchísima menos valentía: la destrucción sistemática y metódica de la propia imagen, de la propia estima y del propio respeto hacia uno mismo como hombre: esto es lo que se llama proyecto hombre.

Existe, en efecto, una tortura conocida hasta ahora como «suplicio de los pantalones», la aniquilación de esa defensa que es el vestido y el traje, encargada de proteger lo que en proxemia se llama «territorio»: en otras palabras el halo, el alma, el campo bioeléctrico que sella nuestra identidad. Esta tortura se conocía ya en Argentina y se ha convertido aquí en el método de erradicación de una heroína que no tiene otra lógica que la desesperación. Así, uno de los sistemas que se han ideado para la liberación de la droga es la prohibición de los vaqueros, de las anillas, del pelo largo, en otras palabras de la juventud, que no espera ver cambiada su agresividad natural por un sistema que sustituye la droga por algo que es igual que ella, la esperanza del suicidio.

Enseñar a un joven a valorarse a sí mismo es todo lo contrario del proyecto hombre: no se trata aquí de empeñarse, sino de levantar imagen.

Mientras la psiquiatría caza ensueños y persigue con la saña de la leva el sueño diurno el proyecto hombre realiza al fin esa «plot theory» que el marxismo imaginó proviniendo del papeleo del Estado, culpable de todo menos de eso.

Vaya mi firma y el rostro aún convulso de Dreyfuss para luchar contra una utopía que, entre sus proyectos, no incluye el hombre.

Heroína

El diamante es una súplica
que tú inyectas en mi carne
el sol asustado huye
cuando eso entra en mi vena.

* * *

De mujeres y saliva
sólo está hecha la vida:
la heroína es más que el ser
y algo que a la vida excede.

* * *

Que estoy vencido lo sé
cuando el veneno entra en sangre
el triunfo es una burbuja
me deshará la mañana.

* * *

Si el ciervo asustado huye
es que en el bosque ha su casa
así buscas en tu brazo
un lago donde esconderte.

* * *

Contar ciervos en el llano
es deporte de poeta

de hombre es buscar avaro
placer en una cuchara,
oro en el excremento
para que el aullido muera.

* * *

Un fauno y una derrota
mujeres y algo de música
y el sueño de algún efebo
es cuanto de mí sé
y que ahora la heroína
convierta en nada y en polvo.

* * *

Todo ciervo sabe morir
pero que al hombre le cuesta
lo sabe el lento dibujo
de la aguja por mis venas.

* * *

Lento humo de cucarachas
así el orgullo se muere
pálido porque entre el polvo
de la cuchara lea mi destino.

* * *

Antiguos sapos he buscado
en el océano infinito

la aguja muerde y hace daño
tengo cactus en los brazos.

* * *

El jaco es una ramera
que susurra en la oscuridad
en mis manos, cuando me pico
cae el cabello de una mujer.

* * *

Como las alas de la nada se mueven entre el bosque
así el viaje de mis dientes por entre los cuerpos vivos
y como una ramera que se arrodilla en la noche
el rezo de una aguja en la violencia del cuerpo.

* * *

La aguja dibuja lenta
algún ciervo entre mis venas
cuando el veneno entra en sangre
mi cerebro es una rosa.

* * *

Como un viejo chupando un limón seco
así es el acto poético.
El caballo con su espada
divide la vida en dos:
a un lado el placer sin nada
y al otro, como mujer vencida
la vida que despide mal olor.

...Y otros poemas

EL BUCO

Sapos brillan en el cielo
cuando El Buco brilla en medio
de una mujer y de un hombre
abrazados en el suelo.
Mi brazo señala al cielo
cuando al suelo cae El Buco
y el veneno me rodea:
Mi cerebro ya es un himno
y aquél que ayer me hiriera
como un sapo brilla y se esconde
entre la hierba del cielo.

EL FIN DE UNA MAR

El mar compone un trazo
de una inmensa escritura
¡oh! la mano del hombre que tiembla
ante una inmensa escritura.
El mar es el momento en que la escritura desfallece
ante la sombra de la lectura
ante el crepúsculo cruel en que otro hombre descifra
lo que hizo la mano
tragada por una inmensa ola
por el colorido verde de la nada
que lo mismo que la vida
empapuza de sal tu boca más impura.

LA RIMA DEL VIEJO MARINERO

«Y en su frente estaba grabado *Misterio*.»

Apocalipsis según san Juan

El enigma del mar sonríe a las puertas del infierno
y el enigma del mal bien aúlla mostrando su boca desdentada
nadie sabrá nunca el porqué de una derrota
y estupefacto viviré en el octavo círculo del infierno.

UNO MÁS

Sapos brillan en el cielo
cuando el buco brilla en medio
de una mujer y de un hombre
abrazados en el suelo.

* * *

Muerto amor al lado mío yace
parecido a las heces en que nace.

Cerca de mí la música se mece
tal como el viento que a las olas hace
parecido a la música en que nace.

Ebrio de viento, un hombre, dulce kamikace
disculpa la locura en que se nace
fría la mano escribe como el viento
que en las páginas yace.

LE MARCHAND D'AIL ET D'OIGNONS

En esta oscura cueva
destilamos el whisky
y el dolor
transformamos en boca.

ASCENSIÓN Y CAÍDA

La ascensión a los cielos comienza por la página
la caída, tras del susurro, a los pies de la página
manchada de vida, y de lodo
es el hallazgo del rey de la ciénaga
cubierto de rosas para morir
el rey que odia la luz y que no es el rey de la página
como la ascensión no es la caída.

Piedra negra o del temblar
(1992)

«En adelante esta página donde ya nada se inscribe»

Saint-John Perse

I

> «venid y seguidnos a nosotros, que no
> tenemos palabras para decir»
>
> SAINT-JOHN PERSE

Este árbol es para los muertos. Para nadie más que los
   muertos.
Crece, todopoderoso sobre la tierra, como un ciprés
   gigantesco,
como un fantasma al que
niños babeantes abrazarán con frenesí, y gritando como
   ratas
             ¡Scardanelli, Scardanelli!
Y el recuerdo apesta.
Y la vida apesta, como lo que es, como una mujerzuela
que te mira el momento de acostarse, y ver entre las
   sábanas su
cuerpo infecto
como una mujerzuela
esperando en una esquina para siempre la muerte
como el encuentro a solas de Jack the Ripper
con su recuerdo, en una habitación a oscuras, sin más
   recuerdo
de lo humano que una estufa y unos pies y un periódico
   arrugado.
Y que este encuentro firme ese poema,
este feto de ángel, esta excusa
para no terminar hoy con mi vida.

II

TERRITORIO DEL CIELO

al misterio de mi madre

Ha nevado lentamente y mi mano
escribe sobre la nieve
muy pronto se deshará mi figura
cuando el sol queme la nieve
y viole
mi blanco sudario con su espuma.
Qué lejos sigue el mar de nosotros
qué lejos el ser.
Como un fantasma blanco en la noche
la mano de mi madre me llama
al misterio que el hombre desprecia
al misterio de la muerte.
Qué importa si eres feliz si tu mano ya no es mi mano
si no bebes ni gimes, porque sólo de la materia del dolor
puede nacer la dicha:
                    ¿estás triste en el cielo?
¿Qué sentido tiene decir eso?
Pero tiene más sentido tu sombra en el bosque
que estos tristes hombres que recuerdan al zorro,
al lobo y a la aspa
y están condenados para siempre en la campana de la lluvia
y son mártires de la lluvia,
y tienen los ojos cerrados
para no ver detrás del cristal, cómo
en los bosques del estiércol
desfilan lentos los sapos de los muertos.

III

ASESINATO

> «cuando un hombre no nos
> deja vivir, matarle es un acto
> en defensa propia»
>
> Leopoldo María Panero

Yo he sabido ver la realidad de la sombra
y el horror de Pan en la cercanía del poema.
Porque la palabra del poema es más terrible
que el diablo
que endulza el ser, cuando a la orilla de él hemos caído
y vagamos como una jibia por el tigre
y una voz escupe en nuestros sesos la palabra:
¡giloria![1] Y una hostia nos devuelve a la caída
y nos hace
señores del wáter para siempre, amos y principios del retrete
para soñar día y noche con la espada
atroz de Toledo, con la espada
que revela el misterio del estómago
al hundirse en el tuyo sabiamente
para que la sangre nos devuelva la vida.

---

[1] Insulto síntesis de «gilipoyas» y «gloria».

IV

SÚCUBO

Y me encontré una mujer frente a mí,
y le dije: no tengo pelo,
soy un pez. Y ella me dijo:
conocerás el mar, esa ancha tumba
en que nada el Kraken
y se pierden los barcos.
Y era como descubrir en un barco, de noche
a la luz de las estrellas
que está uno abrazado al diablo,
a esa mujer, esa limosna
que sólo él puede ofrecerme
y cuya mano acaricia torpemente
las cuencas vacías de mis ojos
en ese albañal que tengo por juguete,
y por figura; y le diré entonces:
he tenido comercio con la nada.

V

PIEDRA NEGRA

Señor del mal, ten piedad de mi madre
que murió sin sus dos tetas
y sobre la que yo escupí,
y ahora amo
ahora en vano reclamo al país de los muertos
que murió envuelta en víboras y víctima
de una podredumbre que nos hacía mirarnos a los ojos
como dicen que Dios mira a los hombres, con horror

con pena del asesino, con tibia extrañeza
de la jibia[1] que entre sus manos se retuerce
por temor a ser mirada por Dios,
y ver en su luz que no merece
ni mereció nunca la vida: y que él arroja
desde lo alto del cielo a Despeñaperros
diciendo: tan alto subió tu orgullo
mira ahora que cae igual de rápido.
Pero ya voy, madre, a encontrarme
con la única mujer que he conocido, y que es la muerte
cuyo cuerpo con vicio tantas veces he tocado
riéndome de todos mis cadáveres!
y que sea la rosa infecunda de la nada
que tantas veces cultivé porque se parecía a la muerte
la que recuerdo mis heces a otros condenados
a escribir y mear, bajo el sol entero
en esta habitación parecida a un retrete
donde la crueldad dora la piedra negra
en que toda vida acaba, y se celebra
tirando de la cadena.

VI

SUICIDIO

oh mano mía, mano de mi fantasma
mano de Scardanelli que tercamente escribe
la historia al revés (a partir de mi vida
acabada)

---

[1] Jibia, marica en argot carcelario. Juego de palabras con el animal marino del mismo nombre.

háblame otra vez del misterio de la lluvia
que habla sola con el cristal
como invocándome desde el reino de los muertos
como llamándome a esa comunión en el Leteo: porque
qué impura es la noche para el jorobado
y cómo oscuramente
lo bendice el rocío
y qué lejos está Dios del insecto
que retiene en su ámbar la noche
para no morir y cómo
se vence la mano y cae con ella
cuanto de la noche no es, cuando
termina el poema

VII

Oh hermanos cuyos párpados están cerrados por la noche
era mejor quizás la lluvia, quizá era mejor el llanto
y los hombres.
Pero en la duda florecen mis ojos:
porque del lado de acá de la lluvia
está la ruindad de los hombres
su sordidez secreta y el miedo que los reúne y que es extraño
que no se tenga por mayor misterio
que la noche y sus fieles, y que estas sombras
de ovejas arremolinadas frente a la pared, frente a
la larga pared en que orinas, hermano de la noche y del viento.
Porque tal parece que Dios no es de los hombres
ni de la oscura luz, y sólo en su abismo
puedo mojar mi frente de toro que se humilla oscuramente.
Y sólo puedo verte a ti, hombre
en las simas de la risa

en el amargo éxtasis secreto
que no sé si descifra o aleja su misterio,
pobre hombre del odio y la coartada,
hombre.

VIII

La lira nombra
el misterio del roble.
El roble se arrodilla ante la lira
y la lira es la esclava del ser
la esclava dulce de la noche.
Estamos aquí de rodillas ante la noche
y la lira nombra sin desfallecer
porque no hay otro misterio del hombre
que aquel que ni inventa la poesía.

IX

LECTURA

Yo no hablo del sol, sino de la luna
que ilumina eternamente este poema
en donde una manada de niños corre perseguida por los lobos
y el verso entona un himno al pus.
Oh amor impuro! Amor de las sílabas y de las letras
que destruyen el mundo, que lo alivian
de ser cierto, de estar ahí para nada,
como un arroyo
que no refleja mi imagen,
espejo del vampiro

de aquel que, desde la página
va a chupar tu sangre, lector
y convertirla en lágrima y en nada:
y a hacerte comulgar con el acero.

X

LECTURA (II)

En silencio un áspid
muerde tu cuello: y caen
de la herida rubíes y avanzan
mujeres a lo largo de la nada:
                              peor que el invierno
la ceniza del cigarrillo sobre el poema.

XI
VARIANTE

En el silencio un áspid
muerde tu cuello: y cae
la ceniza del cigarrillo sobre el poema.

XII

HAIKU

Figura de Dios:
                un cerdo
entre las ramas.

XIII

MONNA LISA

El áspid es más bello que la mujer
y la calavera más hermosa que el hombre.
Pregunta al portero y al conductor de autobús:
no sabrán llevarte al Palacio Secreto,
porque de noche no croa la rana
y la luna no se refleja en el charco.
Toda la respuesta que puedo dar a la vida
es la de esa mujer que nos sonríe desde el cuadro.

XIV

APARECE NUEVAMENTE MI MADRE, DISFRAZADA DE BLANCANIEVES

La acetonia y la lamprea se disputan en el reino del ser
en el oscuro juguete para el niño muerto
en la pecera donde una vez lo dije
juego con mis amigos.
En el bosque erra un príncipe
buscando
el sepulcro de cristal y de cuarzo
de Blancanieves: que su llanto
nos consuele, antes del Beso
antes del beso final de dos cadáveres
sobre la página en blanco,
sobre la caída de la página
que finalmente no puede caer

sino sobre sí misma: y
éste es el misterio de Blancanieves
que se corrían los niños gordezuelos de boca en boca
besándose.

XV

Yo, François Villon, a los cincuenta y un años
gordo y corpulento, de labios color ceniza
y mejillas que el vino amoratara,
a una cuerda ahorcado
lo sé todo acerca del pecado.
Yo, François Villon,
a una cuerda pendido
me balanceo lento, habiendo sido
peor que Judas, quien también murió ahorcado.
Las viejas se estremecen al oír mis hazañas
pues no tuve respeto para la vida humana.
Que el viento me mueva, ya oigo cerca las voces
de aquellos que mandé a freír monas.
Me esperan en el infierno
y alargan las manos
porque se ha corrido allí, del Leteo al Cocyto
¡que al fin Villon había muerto ahorcado!
Ya la luna aparece, e ilumina la horca
dando a mi rostro el color de la sangre
yo, que hice mal sabedor de que lo hacía
hasta que por fin he muerto ahorcado.
Ya los lobos ladran en torno al patíbulo
y los niños gritan, parecidos a ratas:
¡Villon ha muerto ahorcado!
Viejas que me insultabais en la carretera oscura:

¡sabed que el semen moja mis caderas
y es fresco y sabroso el semen del ahorcado!
Que mis dientes sirvan
de jugo en tu caldera
bruja de los límites, tú a quien admiro
sabedora de embrujos, de filtros y de hechizos
más poderosos que la fe y que los apóstoles
de quienes se burló Simón el Mago, más apta que ellos
para conocer el dolor
¡de éste que ni un sepulcro merece!
Y que el viento diga, al amanecer, mañana
vanamente a ranas y a gusanos
Villon se ha hecho al fin célebre
pues al fin una horca dibuja su figura
¡Villon ha muerto ahorcado!
Y que de mi mano ajada caiga la rosa
que mis dientes estrujaron
pues ella supo mis crímenes
y fue mi confidente
y dígalo ella al mundo, cayendo sobre el suelo
¡Villon ha muerto ahorcado!
Pronto vendrá la canalla
a hozar en mi tumba
y orinarán encima, y los amantes
harán seguro el amor sobre mis huesos
y será la nada mi más escueto premio
para que ella lo diga,
no sé si nada o rosa:
¡Villon ha muerto ahorcado!
Sabrán de mí los niños
de edades venideras
como de un gran pecador
y asustados correrán a esconderse

bajo las sábanas cuando sus madres
le digan: «Cuidado ahí viene».
Y ésa será la fama de Villon, el Ahorcado.
Y será tal mi fama que prefiero el olvido
porque un día, mañana
de ese futuro que el hedor hace
parecerse al recuerdo, una mano
dejará caer, al oír mi nombre
el fruto del culo, el excremento
y mi vida, y mi carne, y todos mis escritos
¡promesa serán sólo para las moscas!

XVI

EL HOMBRE ELEFANTE

A Mary Laurent

Qué espíritu ridículo babeó sobre tu frente
y dijo: hablar sé, no besar
bestia soy ridículamente atado
al carro en que llevan al patíbulo
cuatro vírgenes desnudas
bésame el ano del que versos he hecho
¡también tú morirás en mí!

XVII

LA FUENTE DE LA ETERNA JUVENTUD
(DO DICEN QUE BEBE UNA VIEJA)

>   «Car j'installe, par la science,
>   L'hymne des coeurs spirituels
>   En l'oeuvre de ma patience,
>   Atlas, herbiers et rituels»
>
>   STÉPHANE MALLARMÉ

Delicia que sus propios caminos inventa
en el éxtasis de una mentira
país que no existe, y tiene
por nombre «Nunca» (Yoknapatawpha)
en donde prima la astucia del débil.
El vino aquí no se castiga
en aquel que nos enseña el aliento
como un tesoro logrado astutamente
en la fuente que no perece, opaco
como la existencia
cruel y sin nombre del tabernero
que a nosotros se parece
por su odio a la existencia.
Cual de la Virgen María
que dicen que nació vieja
este fruto tan estéril
para las manos crueles
sólo de Simón el Mago
siendo la magia ese cielo
prometido a los cobardes
para extender su reinado

al de una pluma que cae
y tan sólo por tus ojos
no muere: así
la tristeza se convierte en pájaro
y el pájaro ojo deviene
ante el asombro del cobarde.

XVIII

NO SE TRATA DE RENCOR, SINO DE ODIO

«Ils convoitent la haine, au lieu de la rancune»

Stéphane Mallarmé

Nada hay tan puro como el odio
que vierte esta fuente como dorada bilis
y en donde hay miles de flores saliendo de la enredadera
cruel de la nada, miles
de temblorosas lilas
como mil mentiras.
Yo soy alguien que miente en la tarde
rubí en los ojos del sapo
y espera que forma la cacería
de ciervos en la noche.
Porque lo que soy yo sólo lo sabe el verso
que va a morir en tus labios
como el relincho que da fin a la caza.

XIX

Hay restos de mi figura y ladra un perro.
Me estremece el espejo: la persona, la máscara
es ya máscara de nada.

Como un yelmo en la noche antigua
una armadura sin nadie
así es mi yo un andrajo al que viste un nombre.
Dime ahora, payo al que llaman España
si ha valido la pena destruirme
bañando con tu inmundo esperma mi figura.
Tus ángeles orinan sobre mí.
San Pedro y San Rafael
en una esquina comentan
mientras avanzo borracho
sobre esa piedra, payo,
que llaman España.

XX

LA FÁBULA DE LA CIGARRA Y LA HORMIGA

para Antxon-La Hera, con el afecto y las disculpas de
Leopoldo

El sol alumbra la ropa puesta a secar
—un calzoncillo sucio, una camisa raída—
y un esqueleto se mueve en la cocina.
Si quieres mirar, mira
si has querido hacer un espectáculo de la podredumbre
y gloria del gusano que nunca muere.
Soy un hombre sin vanidad, y de vez en cuando me sueno
con mi soplamocos.
De mí la historia nunca sabrá nada
pero me siento seguro, pues ahí fuera ladrando
desnudo, sus manos agarrando fuertemente los testículos,
tembloroso y lleno de frío

veo el recuerdo de un hombre que tuvo vanidad
y quiso conocer el misterio del mundo.

XXI

En donde se repiten unos versos de
Oscar Wladislaw Lubicz de Milosz

¡Baila, judío, baila
la danza del oso!
Al que ha caído nadie lo levanta
si no es para repetir la danza
sobre una mesa gastada por los pies
si no es para repetir la danza
del mono bajo la lluvia
bajo la lluvia tenebrosa y polvorienta.
Debiera llover ceniza sobre las ciudades
en donde baila no sé si el oso o el mono
y el humo del tabaco reglamenta la vida
como una danza perfecta para el mono
bajo la lluvia sin raíces,
tenebrosa y polvorienta,
sobre esa mesa que los pies han desgastado.

XXII

MOSCA

Ángel fui, de belleza henchido
de hombres y mujeres celebrado
hoy mi rostro recuerda al pecado
y miro con el ojo de la mosca.

Efebo fui, rey del blanco esperma
mi culo fue entre otros celebrado:
hoy, miro con el ojo de la mosca.
Amé la primavera, temí la muerte:
hoy la noche del alcohol es todo lo que queda
y la mosca vuela en torno del retrete.
Rey de la palabra, mis poemas
fueron de todos ensalzados:
hoy sólo es el insistente zumbido de la mosca
volando y volando en torno del retrete.
Negra es mi alma, negro es mi olor
peor aún: sin color ni forma
sólo el insistente zumbido de la mosca
que susurra en la noche por todos mis amores perdidos
y caídos en la sombra del retrete.
Luché contra Badel, y la llené de sangre
buscando en ella la belleza, el orden, la
justicia: no preveía
este final al borde del retrete
donde mis días son atrozmente el mismo
día, mirado por el ojo de la mosca:
volando, volando en torno del retrete.
Tú que fuiste rubia, y que me amaste
di algo, una palabra solamente
a esta mosca que no es digna aún ni nunca
de entrar en tu casa, donde otras moscas
vuelan y vuelan en torno del retrete.
La elegía, la oda, la aliteración, la metáfora
el verso acentual y el verso latino
nada decían de esta mosca final
esperando aquí para siempre, absurdamente
vigilando la tapa del retrete.
Y moriré algún día como la mosca

española, que dura un poco más
en el invierno, cayendo seca al suelo
para que otra mosca también,
nacida héroe o poeta
¡vuele, vuele otra vez sobre la tapa del retrete!

XXIII

Mujeres que aparecen ahorcadas al amanecer
¿dejó algún rastro el hombre de las muñecas?
Cuando este poema ha terminado
hay huellas de sangre en mis manos.

XXIV

VARIANTE

Mujeres que aparecen ahorcadas al amanecer
¿dejó algún rastro el hombre de las muñecas?
Cuando la mano termina de escribir
hay huellas de sangre en el poema.

XXV

Al hermano Javier Cuesta, con el extraño afecto de Leopoldo

Oh Señor Jesús, pues la lepra me consume
¡ten piedad de mí!
Señor de los leprosos y rey de los gusanos
ya que tengo el labio destrozado

y el brazo convertido en muñón
y la baba de los días quema mi esperanza
¡ten piedad de mí!
Yo que ni hijos ni mujer merezco
aquí, en la isla de Molokai
viendo cómo cae al suelo mi carne
rezo para ver tu cara,
también consumida por la lepra.
Tú que eres mi mujer y mis hijos
ya que es lo único que puedo yo ofrecerte
te ofrezco, laurel y cirio,
mi muerte.

XXVI

SCARDANELLI
(Romance)

El topo, la rata,
enemigos del hombre
hicieron este nido
aquí, entre mis cabellos.
Más grande que mi mano es la rata
y lo que ella dibuja
la rata lo deshace.
Manchado estoy de lodo,
como aquel que salido
del cementerio hubiera
a buscar a los hombres,
descuartizado y pálido:
y me siguen las ratas
chillando y chillando

y sobre la tierra un rastro
eterno de gusanos
es mi espuma y mi nombre.
Y en la casa deshabitada
el viento lo repite: fuiste,
ya no eres del hombre:
mas lo que la rata hizo
la rata lo deshaga: una
alcahueta cuenta
a los hombres mi vida:
que el aire la deshaga
que no sabe mi nombre:
lo que sabe la rata
no lo sabe el hombre.

ONCE POEMAS
(1992)

Hasta que mi alma reviente
y caigan flores sobre mi tumba
recordando al poeta y su primera comunión
y cómo el día en que nació, se viera
una mujer en la sombra llorar.

TEORÍA DEL PLAGIO

a Lautréamont

«Ah, la bandera, la bandera de la carne que sangra»

Arthur Rimbaud

La bandera de la carne que sangra
en el límite puro donde sangra el universo
teniendo por bandera a la nada
que deshace la sangre y el rostro
por donde pasa una carroza
azotada por la lluvia que no existe.

* * *

N.B.: este poema está hecho de dos versos de Rimbaud; uno, el citado al comienzo, también reproducido por Beckett en inglés: «Ah the banner/ the banner of meat bleeding»; y otro que es el que sigue al primero: «and the arctic flowers/that do not exist», «y las flores del ártico/que no existen»; lo que también podría explayar el problema de las flores y de los pájaros que, en la poesía, no forman parte de un referente zoológico ni botánico ni natural.

Las sirenas nadan en torno a mi cerebro
y cantan por Ulises, ya muerto y ausente
quién sabe quién orinó en la pared del fondo
y para quién el grito de un perro en el estiércol.

* * *

El deseo mancha el verso
donde mora la carne putrefacta de una mujer
que es todo el poema
ofrecido a la nada
que no perdona.

* * *

Corté una rosa, y otra rosa
y la sangre entonó un bello himno
que la nada cortara, convirtiéndola
en la más sangrienta rosa.

* * *

Como el viento esta larga agonía de mi boca
a la que dio origen, como la visión de Diana desnuda
la contemplación de la nada.

* * *

El hechizo de la nada, el hechizo nunca visto
que destruye los párpados
y hace agonizar la mirada
y crucifica mis versos
en lo alto del monte,

en hechizo del Calvario
donde se mira el sacrificio de la poesía.

* * *

La sombra de un ciprés en el frío del alma
ayuda a recordar la vida que no fue
y el espanto profundo de mirarse a las manos
como si uno aún un ser vivo fuera.

* * *

Supura pus la herida
como yo que versos hago
mientras atardece
ya cicatriza.

CAPTAIN HOOK

a Steven Spielberg

El Hijo de Dios orina en mi cabeza
calva como la del Captain Hook
y una flor crece sobre mi cabeza
calva como la del Captain Hook
y un niño la poda y deja caer
sobre el estiércol infinito
que es la tierra de Hook, y un grito
para saciar la tempestad.

* * *

Ya que estoy solo
bajo la lluvia
y salen los gusanos, las lombrices de tierra

a preguntar por nosotros, los mortales inmortales
bajo la lluvia
que es una pregunta acerca de la nada del hombre
del que no sé
ya que estoy solo
bajo la lluvia, bajo la inmensa lluvia.

Locos

(1992, 1.ª edición)

Tengo un pez atado al estómago
que se retuerce, buscando la sed
en los pantanos de la memoria
donde una serpiente dice ser Yo
en los pantanos de la memoria
en sus nudos, en sus trayectos
confusos por el mar de la pesadilla
donde una serpiente dice Yo
para asombro del sol y de los ángeles
del poema que son quienes únicamente
saben de mí y de la Serpiente.

* * *

La flor que mana de la boca sin dientes
es como una madre que llorara por su hijo muerto,
perdido en el desierto,
cuya exploración constituye el poema,
y da nombre a la rosa.

* * *

La locura anida en los restos del rostro,
en la torsión de la boca,
y un pescador en la noche canta a la luna
diciendo: Kali, esto es lo que encontré en el estiércol.

* * *

Cuadro tras cuadro
se dibuja la misma figura,

la de un hombre que ha perdido
y se contempla, extraño Narciso, en el estiércol.

* * *

Restos de comida dibujan la silueta
del manicomio
y he aquí que sale un hombre
a recoger las heces.
He aquí los hombres que masticó la vida.
La muerte, la única que no mastica.

OJOS CANSADOS
DE PERRO ANDALUZ

Como si un perro recorriera locamente
el desierto del cielo
buscando a su madre
escondida en un cofre
vigilando sus joyas,
así he mirado yo
en los ojos que borraron mi frente
buscando locamente.

Epílogo
(1994)

I

PARÁBOLA DEL DICCIONARIO

Una palabra reenvía a otra palabra, un sentido a
otro sentido: el sentido se extiende como la
cabellera de una dama rubia, en la orilla,
tocando el mar y los barcos.

Es así que la palabra, para no morir en otra
palabra, se disuelve en ceniza.

Y un hombre muere: un hermano mío, un semejante
que reenvía a otro semejante, ya que la categoría
de hombre es universal, y se extiende como una
larga cabellera, hasta tocar las estrellas.

Pero la luna resplandece en las tumbas, y un
perro ladra en la hora en que un hombre muere.

Preguntadle a un perro: ¿qué es la locura?
y ladrará tres veces.

Pero volviendo a la pregunta sobre el sentido,
éste, como el Tao supo, escapa al decir, esto es que el
sentido no es una figura del discurso.

El único significante es la muerte, que es,
al decir del estructuralismo, la mayor figura del
discurso, porque es palabra de Dios.

Un pelícano escupe sobre mi boca, y un pez ansía
en mi mano: como dice el diccionario: «ansiar: desear
con ansia», como cuando el perro ladra.

Pero recuerdo que una vez Antonio me llamó
Humphrey Bogart: «con su gabardina hueca», como dice
él en uno de los poemas de su libro dedicado a su
amor, Olga, cuya cabellera se extiende sobre el papel.

II

DESPUÉS DE LA MUERTE

Como un vampiro en la sombra
el trickster acecha en la cocina.
Dos mujeres sonríen y contemplan el peso de los tenedores.
La luna incendia un poco de carne reseca;
pero que el Condenado al Paraíso lo diga:
un perro ladró tres veces,
y llevo la sombra de la muerte en mis pies.
    Por fin he encontrado el Flegetonte.
Y las palabras componen la luna.

Orfebre
(1994)

«questi ch'io ti cerno
col dito», e additò un spirto innanzi,
«fu miglior fabbro del parlar materno»

DANTE ALIGHIERI

«Je suis le Ténébreux, —le Veuf, —l'Inconsolé,
Le Prince d'Aquitanie à la Tour abolie:
Ma seule Étoile est morte, —et mon luth constellé
Porte le Soeil Noir de la Mélancolie.»

GÉRARD DE NERVAL

I

PARADISE LOST

HIMNO A SATÁN

Sólo la nieve sabe
la grandeza del lobo
la grandeza de Satán
vencedor de la piedra desnuda
de la piedra desnuda que amenaza al hombre
y que invoca en vano a Satán
señor del verso, de ese agujero
en la página
por donde la realidad
cae como agua muerta.

HIMNO A SATÁN (2.ª versión)

La grandeza del lobo
no es penumbra
ni aire
es sólo el fulgor de una sombra
de un animal herido en el jardín
de noche, mientras tú lloras
como en el jardín un animal herido.

HIMNO A SATÁN (3.ª versión)

Los perros invaden el cementerio
y el hombre sonríe, extrañado
ante el misterio del lobo

y los perros invaden la calle
y en sus dientes brilla la luna
pero ni tú ni nadie, hombre muerto
espectro del cementerio
sabrá acercarse mañana ni nunca
al misterio del lobo.

ASTORETH

Astoreth, señor de mis pies y mis entrañas
oh tú que azotas el caballo de la vida
y que muestras tu verga a los dioses del sol,
mientras camino
mientras camino por el valle de flores de la muerte
y cabezas de niños surgen de los tallos
y llueve sangre de los jacintos cortados
para alabar al demonio,
señor de los jacintos cortados
y rey de la flor que habita el firmamento entre mis piernas
la flor de oro cortada.

* * *

> «A vida, que é a rosa
> a rosa, que é o Christo
> sobre a cruz morta do mundo
> nasce a rosa do Encoberto»

Quién fue la madre del alfanje
qué desierto o qué luna
nombraron el alfanje
nombrando así el desierto
el pez que en la nada vuela
adorando la página y la muerte

el terror del silencio
que a la vida convoca.

HIMNO A DIOS EL PADRE

Tú que espías el fluir oscuro de mi orina
tú que haces fluir la leche del esperma del muchacho
que llevas el pelo revuelto para enamorar a los pequeños
que te divierte ver cómo se escancia la sangre en los vasos
    oscuros
y cómo un niño bebe la sangre del cerdo
diciendo ¡Oh mi Dios! Ayúdame a pecar en la sombra
para que todo el mundo vea cómo se escancia la sangre en los
    vasos oscuros
en donde bebe el cerdo y la princesa orina
como si orinar fuera sagrado
como si estuviera cerda la sangre del cerdo
para calentarnos en el desierto del mediodía.

LA CUÁDRUPLE FORMA DE LA NADA

Yo he sabido ver el misterio del verso
que es el misterio de lo que a sí mismo nombra
el anzuelo hecho de la nada
prometido al pez del tiempo
cuya boca sin dientes muestra el origen del poema
en la nada que flota antes de la palabra
y que es distinta a esa nada que el poema canta
y también a esa nada en que expira el poema:
tres pues son las formas de la nada
parecidas a cerdos bailando en torno del poema
junto a la casa que el viento ha derrumbado

y ay del que dijo una es la nada
frente a la casa que el viento ha derrumbado:
porque los lobos persiguen el amanecer de las formas
ese amanecer que recuerda a la nada;
triple es la nada y triple es el poema
imaginación escritura y lectura
y páginas que caen alabando a la nada
la nada que no es vacío sino amplitud de palabras
peces shakespearianos que boquean en la playa
esperando allí entre las ruinas del mundo
al señor con yelmo y con espada
al señor sin fruto de la nada.
Testigo es su cadáver aquí donde boquea el poema
de que nada se ha escrito ni se escribió nunca
y ésta es la cuádruple forma de la nada.

* * *

Dos peces
resplandecen en el cielo
mostrando el sendero sin salida
el sendero inmóvil del excremento.

EL RITUAL DEL NEURÓTICO OBSESIVO

El ritual de la casa derruida
de la página abandonada por el hombre
del cielo en el que vuela un hombre
como una nada ofrecida a los dioses del fuego.

POESÍA CONCRETA
(Homenaje a João Cabral de Melo Neto)

Espanto en el límite de la lengua
ojalá el otro no existiera
ojalá muriera en la boca de Jesucristo
la palabra prójimo
que es madre del silencio y del ajenjo
en donde, encontrándome
re-vaso mis labios.

FLORES

Sólo hay dos flores: la amapola y la rosa.
La rosa, la rosa, la rosa
que soy yo
pues soy un hombre nacido de rosa
en esta tierra que no es mía.

II

SINE NOMINA

SENDA DEL ESPEJO

A Estíbaliz Urquiza

«The frogs singing against the fauns»

Ezra Pound

Las ranas cantaron la ruina del fauno y su desastre:
y llovió sobre el fauno
y comí ceniza
y me harté de lodo
mientras mi boca escupía rubíes
y mis ojos lloraban por el estruendo
en que moría la poesía:
mientras el fauno recorría largamente cantando
los caminos del excremento
y su huella se borraba
tragada por la rosa
borrada por la mano
que escribe el poema parecido al azul de mi frente
y semejante a la frente que se inclina
a luz de una lámpara que nunca se apaga
sobre el poema que no se ha escrito
porque es dura la batalla
y el rey cae a los pies del espejo.

* * *

Odio al viento, palabra entre las nubes
mas ni siquiera la nada, ni el temblor
del orgasmo ni la sucia mañana
deshacen mi figura.

* * *

Los recuerdos anidan en las rocas
y una roca es mi piel
y una lanza quiebra el verso
y descubre bajo el frío mi figura.

* * *

Caída está mi mano
y se mueve al andar
dibujando a un espectro
en la calle vacía.

MUERTE DE LA POESÍA
(que podría ser el título del libro entero)

Como la piedra el poema es mortal
rayo de luz en la luz
crepitar de sapos
mientras tu boca agoniza
y se ve cómo muere el poema.

III

BIOGRÁFICA

«The craft so long, the life so short»

«cerebro del que todos han huido
pierna colgando
muñón de lengua quemado»

Narciso

Vejez y alcohol y canto del silencio
y tempestad parecida a la nada y la muerte
tempestad para nadie, como lector del poema
que no invoca tu figura.

* * *

Dime, amada, qué es la noche
en donde la muerte del color dice que nada existe
dime que es la noche del color del insecto
que brilla como la inexistencia
parecido a esta página en que escribo
cubierta de insectos que en ella comen[1].

* * *

Es como ver a través de un pájaro
escrito
la lluvia celeste de la canción

---

[1] Este poema puede leerse con la siguiente variante «cubierta de insectos que de ella comen», refiriéndose así al acto cruel de la lectura.

como si de día, frente al sol
temblara el pájaro escrito
y en la garganta, como quien escupe
se deshiciera la canción.

* * *

La soledad es una princesa caída
que se arrastra harapienta
a los pies del verso
en los bordes del palacio en que el verso suspira
por una nueva posibilidad de no ser visto.

PALABRA

«La palabra es el asesino de la cosa»

JACQUES LACAN

Oh mujer que al lago te acercas
nunca podrás penetrar
sólo el poema dibuja el cercado
en donde el lago está.

MUERTE DEL POEMA

La araña cae vencida
sobre el papel
el ruiseñor escapa del bosque en llamas:
no hay nada
sobre el papel: fénix

es el silencio
que se vierte como una lágrima
sobre el papel.

CECI N'EST PAS UNE PIPE

En el poema muere mi mano
que lo atraviesa entero
rosa homosexual nacida de la nada
y que se vierte en ella como un pus
llamado vida, árbol
que veo en la sombra dibujado
como la silueta del poema.

* * *

Rosa de tiniebla para apagar el llanto
o para volverlo llanto
mariposa cegada no sé si por la luz o por la lluvia
mariposa que, tras de la lluvia
arde como el sol en mi mano.

ALBA

Caen los pájaros sobre la página
antes del silencio de la mañana
antes del silencio en la boca del Leviathán
que devora a Jonás, como
el ladrido feroz con que muere el poema
que luego silbarán tus dientes.

El espasmo de no decir nada
al oído de la sombra
al oído del cisne que atraviesa la página
como el mar, cuna del diablo[1].

ÉXTASIS

El león florece en la nada
único verdadero unicornio
única rosa
sobre mi cabeza calva
en que anida el búho
cantando no para el hombre:
y es como si una mujer de repente en la calle
volviese su cara
el éxtasis y el asombro del poema.

«LA DESTRUCTION FUT MA BEATRICE»

Oh vida, dime
tú, la sin palabras
dime
qué sendero hay que no conduzca al excremento
y donde el semen no sean las lágrimas
que conducen ciegas al sendero del excremento:
Oh Belzebú!

---

[1] El mar para los islandeses era el sendero de los cisnes, y el cisne, de alto cuello, un símbolo del diablo.

He aquí el regalo para las moscas
he aquí mi vida entera
ofrecida al recuerdo.

VARIACIONES GOLDBERG

No hay nadie en la casa del lago
y una vieja orina donde muere el sol
patos gritan escenificando mi caída
y un cadáver que quizá sea el de nadie
flora escenificando mi caída
cerca del lago donde muere el sol.

* * *

Rosa cercada por el hombre,
clavel que tiembla en mi mano, peces
que muestran el mar, en la hora tibia
en que el pescador sale a recoger las heces.

* * *

A Isidro Zurmen

Ven niña, ven
he destruido el palacio
ya las ratas no muerden furibundas tus pies
ya no hay ratas ni hombres
ven, niña, ven
al palacio abandonado.

SERENIDAD

A Martin Heidegger

Sólo hay dos cosas: mi rostro desfigurado
y la dureza de la piedra.
La conciencia sólo se enciende
cuando el ser está contra ella:
y es así que todo conocimiento
y la matriz de toda figura
es una herida,
y sólo es inmortal
lo que llora.
Y la noche, madre de la sabiduría
tiene la forma inacabable del llanto.

* * *

La luz, la luz
cuando estaba demasiado cerca del mar
límite del desierto
del desierto en que florecen las rosas crueles
hambrientas del hombre.

* * *

Las palabras
construyen el bosque
un árbol es sólo un árbol
cuando lo toca el poema.

* * *

Las campanas barren el sonido
enuncian letra a letra el desierto

en que una flor se pudre entre las manos ajadas
             de una vieja
que llora de haber perdido su nombre.

LLANTO POR MARISA LETAMENDÍA

En el jardín secreto del manicomio
dos mujeres lloraban por el amor de un muerto
y un disparo, un disparo en la noche para amarte
mujer a un muerto atada
sombra que cae de mi mano
en el límite de la redada.

SIDA

A Pepe Espaliu

La herida es una enfermedad de la piel
como si sólo lo que hay no bastara para hundirnos
y construir la poesía como una enfermedad
             de la piel.

TROBAR LEU

> «Todo poema corre el riesgo de carecer de sentido y no sería nada sin ese riesgo.»
>
> J. Derrida

Ver a través de la lluvia de los pájaros
y ver que es dulce el dolor

y cómo se deshace la mano que escribe
a lo largo del laberinto del dolor.

HAIKUS

Qué es el hombre
pregunta la mano que escribe.

* * *

Llueve en la mano que ha escrito
y el viento borra el poema.

* * *

Un animal huye a través del laberinto
dejando sólo un rastro de baba
en que habita el poema.

* * *

Las voces del bosque me llaman
el verso es un lago en llamas.

* * *

Como un círculo
es la mano del insecto.

* * *

El Infierno pregunta
de quién es la mano que escribe.

EL PANTANO

A Toñi, In memoriam

Ven, es de noche, recorramos el pantano
y el ocaso de los reyes

ven, es de noche, todos los reyes han muerto
recorramos como por vez primera el pantano:
el cielo se retuerce en los ojos de la sierpe
y es como si amaneciera para siempre
y nuestros ojos no pudieran cerrarse
sólo ver y volver a ver el pantano
cuando amanece en los ojos de la sierpe.

PEQUEÑA LULÚ
(tomado de un verso de Wallace Stevens)

El hallazgo del corazón de la ciénaga
entre los átomos que dibujan negro el universo
y peces muertos cayendo del cielo
en donde se oscurecen las promesas
y tiembla la esperanza como una flor:
y que los bárbaros griten Ulalú, Ulalú.

A LA MANERA DE TRAKL

Es en la noche el abrazo del solitario
en la noche en que llueven pájaros
e hila el puerco la canción de la desgracia
en donde llueve
y llueve como si nunca hubiera de escampar
como si el rostro de la vida fuera el de la lluvia
y fuera la lluvia mi único rostro
la lluvia que lava los pecados
de sombríos moradores de buhardillas
que acechan a la luz de una vela:
como en el día, a la caída del poema
acecha la calavera de un caballo.

* * *

Los pasos del fantasma por la casa abandonada
el grito del búho en el límite del poema
que un hombre habitara, y donde ya no hay nadie
sino el cuervo posado sobre el busto de Palas
diciendo que todo poema significa nunca.

AFTER TRAKL (2)

Oscura es la frente del solitario
que vaga por el jardín en donde han muerto las estrellas
por el jardín inmóvil donde han muerto las estrellas:
y un pez
en el cielo resplandece
mostrando el sendero del excremento.

NUEVE POEMAS A UNA MUJER, QUE HIZO DE SU NOMBRE LLUVIA

I

Felisa, las palomas que comen en mi mano
son de ese ensueño que erosiona el verano
y que destruye mi cabeza, mi cabeza de anciano
que se arrodilla ante el ser amarillo.

II

Felisa, el falo que nos convoca
a esta dulce tumefacción de mi boca

no es sino una torre que invoca
el palacio de mi soledad.

Felisa
ponte la negra boca
verás una paloma en mi frente
y el horror de mi soledad.

III

Felisa, el mineral gastado
que disuelve el secreto de los hechos
es como un príncipe que en la noche explicara
cómo rompe el mar en el acantilado:
al aire trenzado suben
las curvas de los leones.

IV

Felisa, una serpiente
es el falo que nos convoca
de pie una sonrisa marchita
de rodillas ante el dolor.

V

LA ROSA DE MALLARMÉ

Contra el fuego de mi mano
está el latir de mi honda boca

contra el fuego está la rosa
cayendo de mi honda boca.
Que el suplicio de no sentir
dibuje en el aire la boca
de la saliva y el poema
y perdida, a los pies del poema
la obsesión de la existencia.

Qué será el fuego sino una boca.

VI

Con tus labios si tú quieres
mordiendo el poema como una rosa
infiel a su belleza de horror
sin que toque el papel blanco
este amor que no se dice.

VII

Dibuja el tedio una paloma marchita
volando hacia el fin que el papel precipita
como el cántaro fiel que a su fin invita
en el aroma de la luna sobre el que vuela
el barco de Nunca Jamás.

VIII

La campana de la garganta
da las doce si tú quieres

como una flor en el vientre
cayendo frente al dolor.

IX

Que el ladrido de un perro en el aire convoca
a no abrir sino una boca
en el aire de blanco horror.
Qué es el aire sino un temblor
que a la rosa convoca, al aire
en que no estamos los dos.

UN GOLPE DE DADOS NO ABOLIRÁ EL AZAR

Cosa redonda en mis labios
el infierno en mis pupilas
bajo el oro de lo escrito
muere el papel siempre en vano.

* * *

Qué fue lo que aquí hubo.
Un animal, un rostro, el pecho de una herida.
Para que con su sangre
con luz reguemos el viento de la nada,
la atroz convulsión de unos ojos que,
antes de morir, disparan
sobre el poema.
Y sangra la luz, sangra el poema
ya que entre jazmines un animal ha muerto.
He aquí, en la nada
el pecho del poema.

* * *

* * *

A Esther

Qué es el viento sin sombra, sino una nada
a sí misma abrazada.
Qué es la serpiente muerta, sino
una luz en los ojos, una imagen
que nombra a la cosa.
Qué es tu vida, mamón, sino algo
que es menos todavía que una vida
que una mano pálida que torpemente araña
la pared.
   Dicen que estoy vivo.
Dicen que estoy vivo y me llamo de algún modo
y vanamente escribo,
sobre la sombra cruel de la pared.
Pero es verdad que el viento ha deshecho la casa
como el soplo del lobo,
y unas voces me insultan en la cama.

LOCOS
(1995, 2.ª edición)

Pilar,
machararon tus ojos
en el yunque de la vida.
Lo que queda allí
acaso lo recuerde
la sombra en la pared
o el viento.
Lo que queda allí
ya no es de nadie
y todo tu ser es patrimonio del viento.

* * *

Animal engalanado
rostro que en el pus se inscribe
rostro para nada, queja sólo para le viento
como cae Ícaro en el cuadro de Brueghel
o la sombra de Cristo se deshace
en Antonello da Messina: virgen
sólo para los labios, dolor para nada y para nadie, y
sólo pra que el poema se escriba, para que el
ciervo dance en este agujero cruel, guarida
del gusano y rostro para el cierzo.

* * *

Crucificad la luz.
Entre la mieses y la muerte
un relámpago asombra.
Crucificad la luz. Adonde ya no hay nada
ríen las mandíbulas, secas.

* * *

Triturad el tritón para que con su savia
para que con su agua, para que
la luz no llegue al poema.
Entre palabras y ruidos
un animal se esconde. En la bahía
asoma el cruel rostro de la nada.

* * *

El poema como un pus
como el grito de mis ojos
como la sombra en el suelo
de Peter Pan, que los otros
pisotean sin verla
en el suelo del espíritu
en el infierno aún más atroz de lo blanco.

* * *

El poema hecho trizas
desnudo cae de mi mano
polvo en los labios, y muerte
cuando aparezco en tus ojos.

* * *

Un animal huye a traves del laberinto
       dejando sólo un rastro de baba
    en que habita el poema.

* * *

para Sol, con afecto

La luz en rosa,
el cielo que cae de mi mano
el infierno de dos sombras
para el alma este abanico.

* * *

para Sol, con afecto

(2.ª versión)

La luz en rosa
el cielo cae de mi mano
bajo el papel en blanco la sombra
polvorienta de un enano.

* * *

Pálido el viento en las nubes
recorre todo lo escrito: me escucho
debajo del papel, y sobre él me miro
cosa redonda en mis pupilas.

* * *

Judas,
el único crimen es la memoria
que te arrastra hacia la muerte:
el horror de un crimen
en tus abiertos ojos.

* * *

a Mary Carmen Eschuz

Boris Pasternak ¿eres tú el que lloras?
Eres tú el que amargo, sonríe asombrado
ante la punta de mis dedos
amargos como el coral y la lluvia,
como el viento

que eternamente de mí se ríe.
Me asombro en el espejo, y en el poema
me desdigo, ¿eres tú la luz,
sombra sin nada, cobre para jurar en vano
ante la sombra herida del poema,
ante la luz, que desvaría
ante el delirio cruel de a nadie decir nada?
¿Eres tú o es la Esfinge
el tormento secreto que sin cesar escribo
ante la sombra húmeda y caliente de la nada?
Caen peces sobre mi rostro,
y mi delirio es nada
para que la luz arda, para que la memoria arda
y se deshaga un delfín entre mis manos
llorando por el que escribe,
por el que nada dice, por la sombra
cruel del Torturado
del gusano que torpemente deshilvana
los días de mi vida, al acecho
del lobo en el poema, la hierba
que mata, el rostro cruel visto en el aljibe.
Eres tú o soy yo el que mata.
Yo, el Torturado, el sello
para no decir más, mientras la hierba crece
sobre mi mano.
¿Es mi rostro o un pez, el
que sobre la hierba
aérea se despereza?
¿Eres tú el que matará,
y sobre la hierba húmeda
se vengará del pez, en la ensenada
pálida
adonde caen las hojas?

Yo no soy el que soy.
Sangra la luna
y amargo el río de mi vida, en pez
se convierte.
Una humedad es la vida, quizás un pecho
de luchar conta ella con el valor de un muerto
con el valor sin sombra de la nada.
Y el viento refulge, y las esquinas
monedas son para incendiar el poema
en la lápida sin sombra de la nada.
en esta fecha muero
y a partir del último
mis días se cuentan: Scardanelli
cuenta a los niños la leyenda de su muerte.
que asoma, pálida, a través de la punta de mis dedos
violetas, húmedos, calientes.
La luz ha muerto.
Sollozan delfines
de entre la punta de mis dedos
violáceos, húmedos, calientes
torpes
      para escribir,
mientras la luna
se ríe eternamente del poema.

Peces nadan en torno a la nada
y, lentamente, sobre el poema
caen las hojas del otoño.
En mi cabeza calva un pájaro sobrevuela
y no es eterno el concepto, mientras la hierba muere.

Es un hechizo. Un rezo
a la sombra, al viento
cruel de la nada que barre las estepas.
Una mano
opuesta a la llanura.
Un silbo y un secreto
que dice la serpiente al pájaro.

Es la luna en la calma
para decir el viento, y esconderse
pálidamente en la sombra de la llama.
Es el secreto
pálido
del alcohol y la lluvia.
Es un rostro que ha muerto
y entre palabras se esconde, en el terreno
húmedo de la nada.
Es besar a mi madre en la muerte,
y decirle que nada ha sucedido, y no está muerta, vive
eternamente en el poema, para reírse
de mí mientras lo escribo.
Es la V como un labio atroz para morder la boca
y destripar los senderos de mi alma,
el alma en pena del asesino,
mientras arde la lluvia y la memoria quema,
y el fuego incendia lo que de mi rostro queda.

El Tarot
del Inconsciente Anónimo
(1997)

PRÓLOGO

El origen de la Tarot, como el origen de la Alquimia, es inseguro. Las diferentes hipótesis apuntan hacia un origen chino, árabe o egipcio. Todo parece señalar a los navegantes italianos como los divulgadores del sistema y sus introductores en Europa. La hipótesis más plausible es la de su origen chino, que es la que concibió Roger Tilley, según la cual estas cartas fueron confeccionadas por encargo de Huei-Tsoong, emperador de la China, para distraer los ocios de sus numerosas mujeres, en el año 1120. Esto explica que, siendo sus introductores en Europa los navegantes genoveses, el juego se distribuyera primero a través de Italia, como confirma el hecho de que los viajeros franceses informaran de que los niños italianos eran instruidos en el conocimiento de las virtudes con unas láminas que denominaban *carticellas*. Todo parece indicar que el origen de las cartas es el mismo, es decir, un origen chino, ya que en 1329 el obispo de Würzburg firma un interdicto condenando al mismo tiempo que el juego de las cartas y figuras, el ajedrez y las damas: y sabido es que el ajedrez tiene un origen chino. Sin embargo, la etimología de la palabra «naipes», que parece venir del árabe *naibs,* hace pensar que tal vez este juego de cartas, al igual que la Alquimia, tenga un origen árabe o sufí. Es más, esto nos sugiere que el origen de los naipes se encuentra en la propia Tarot, y que este origen puede ser chino, árabe o hindú (en cualquier caso no occidental), al mismo tiempo que cortesano —siendo el basto una indicación del cetro, lo mismo que las copas y las espadas parecen hacer referencia al dios híbrido Ardhanari, cuya mitad izquierda es Shiva y la derecha la Shakti Devi, pues la mitad Shiva sostiene una copa y la otra una espada. Ahora bien, si el origen de la Tarot es hindú, como lleva a suponer lo mencionado, esto pondría en relación las cartas de la Tarot con los gitanos, cuyo origen probablemente sea hindú. En cualquier caso, estas cartas tienen sentido, y este sentido es iniciático, como descubriera Curt de Gébelin en su monumental obra *Le monde primitif,* donde figura la primera descripción escrita del juego de la Tarot. Posterior a Gébelin fue el embaucador Etteilla, quien confirmó las presunciones del primero al proclamar la Tarot como el «libro» más antiguo del mundo, obra personal de Hermes Thot, en la remota infancia de la humanidad. Un paso más allá se arriesgó Christian (*Histoire de la Magie,* 1854), que concebía la Tarot como un vestigio de la iniciación en el Templo de Memphis, es decir, que atribuía a la Tarot un origen egipcio, lo que nos remite de nuevo a los gitanos, también llamados egipcios, como sus introductores. Como comenta Arbelot Cosuté —cuyo libro *La Tarot o la Máquina de imaginar* es uno de los pocos libros científicos sobre el tema, y de cuyo magistral estudio hemos deducido los precedentes datos—, este compendio de conocimientos supremos habría tenido su origen en la gnosis de Alejandría, y tras el desastre faraónico habría pasado a los pitagóricos, y de ellos a los alquimistas. La hipótesis del origen gnóstico de la Tarot es también la de Stephen Runciman en su libro *Los herejes maniqueos de la Edad Media.* En cualquiera de los casos, el origen de la Tarot es tan turbio como la construcción de las pirámides, cuyo secreto hay que buscarlo más que en los esclavos y en el látigo, como nos hiciera creer Cecil B. de Mille, en el conocimiento de la estructura de la materia —cuyo remoto secreto está en la base de los ovnis, lo mismo que en la estructura de los dólmenes, que no son sólo monumentos funerarios, sino indicadores térmicos—, en una humanidad que no fue tan primitiva, como pone de manifiesto Erich von Daniken en su libro *Regreso a las estrellas,* y como lo prueba también que las culturas egipcia o china sean más sabias que la cultura occidental, por ser anteriores a ésta, y conozcan más sobre la estructura de la materia y sobre el universo, que es un universo totémico —y no un universo abstracto—, un universo subjetivo. Eso explica que el animismo primitivo sepa más de la esencia que Platón, si bien en defensa de este último hay que afirmar que para él la llave del conocimiento son ideas olvidadas; ideas que para Jung son los arquetipos y para Freud la animalidad de lo inconsciente, en la que se funda para éste el origen científico de los arquetipos jungianos, esto es, en la nada probable transmisión genética de los arquetipos. No obstante, para Jung, el misterio de la mirada, o de lo que Lacan llamara «petit A u objeto A minúscula», que es la clave de nuestra pobre, humilde y vilipendiada Tarot, lo mismo que en los pequeños animales con los que juegan los niños, y en los cuentos y leyendas de quienes se identifican con ellos; en todo ello está, decíamos, lo que Freud llamaba «el retorno infantil al Totemismo», el secreto perdido de la especie. Lo mismo en el zigurat, en la pirámide egipcia o azteca, igual que en el símbolo iniciático de la montaña, la metáfora de la relación del hombre con Dios, o lo que es lo mismo, con el cielo, con los dioses y arcontes —etimológicamente «seres del principio», en griego—, que son también los animales totémicos, con los que el niño juega sin saber y que son a su vez la raíz etimológica de la palabra zodiaco, que en griego significa «animales». Y esto por cuanto no sólo la raza humana puede haber alcanzado la inteligencia o la luz en el universo, sino que también los patos, los monos y los dinosaurios pueden haber llegado a la luz en otros planetas, como afirmara antes que nadie Harold Shapley, director del observatorio de Monte Palomar, en su libro *Estrellas y Hombres,* donde luminosamente se cita un poema de Yeats, titulado *El indio habla con Dios,* en el que se dice lo siguiente: «El gusano se creía que Dios era un gusano, el eterno comedor, el eterno devorador, el mono se creía que Dios era un mono, eterno imitador, eterno reidor, y el hombre se creía que Dios era un hombre». Ahora bien, el hombre es justamente lo que no es Dios, por cuanto ha olvidado el significante, esto es el *logos*. Sin embargo, por algo se escribe con la mano derecha en recuerdo del logos, ya que las estrellas fijas se mueven hacia la derecha y el universo material se generó, según la física actual, por una explosión de las estrellas fijas, esto es, de lo que el cura Lemetre llamara el átomo primitivo. Ahora bien, este fuego heraclitiano es también la antimateria, signo de la compresencia de dos universos, lo mismo que el anillo de Moebius, donde es igual el anverso que el reverso, y que se representa por un ocho, que es el dibujo del sombrero del mago en la Tarot de Marsella. Estos dos universos son un universo antimaterial y un universo material, compresentes disimétricamente, como posibilita creer la geometría no euclidiana de Farka Bolyai, Lobachewsky y Taurinus, que es la ciencia de otro espacio, fuego en estado puro, energía en estado puro, y que es un espacio subjetivo que no es nadie y que por tanto es Dios. También para Einstein, el límite de este universo era la luz, y el universo material era limitado y curvo. Ahora bien, el innombrable es también el arquitecto, y es por ello que no brilla de noche, como dijeran o pensaran los ignorantes, por cuanto destruiría este universo. Así, como dijera Giordano Bruno: «Los dioses en este universo son materiales, por cuanto el universo material no soportaría el esplendor de lo inmaterial». Así, se suele representar a Dios por el ojo que todo lo ve de los masones, y es por tanto aquello cuya clave es la mirada, o lo que es lo mismo el alma, pues no por nada afirmó Freud en su *Traumdeutung* que el aparato psíquico es un aparato óptico, lo que emparenta la Tarot y el Roschach, siendo ambos como un texto óptico, o lo que es lo mismo, anímico, que es la llave de la memoria biológica, en la que los arquetipos se transmiten por sensaciones o figuras, siendo así que en las alucinaciones está la llave perdida del hombre y de Dios, esto es, de ese significante que vuelve en lo que Laing llamara Edad Oscura, por fuerza catastróficamente, al no haber en ésta código para el alma, o lo que es lo mismo, religión: «Oh Egipto, Egipto, qué se hizo de tu ciencia religiosa; pronto de esa ciencia no quedarán más que fábulas, y llegará el momento en que ni esas fábulas se creerán». Ahora bien, no es extraño que en esa Edad Oscura sea la psiquiatría el único código de la luz, o lo que es lo mismo, del alma, o del sentido, y que esa psiquiatría tenga por código el rechazo o la represión de estos conocimientos iniciáticos, que están por todas partes, ya sea en Egipto o en China, en Israel o en Alejandría, por cuanto son la memoria perdida de la especie humana, cuya represión es sólo occidental: no hay psiquiatras chinos ni psiquiatras balineses, y la palabra psiquiatra no se dice en Swahilli, por cuanto la luz sólo se ha perdido en Occidente. Es por eso que el psiquiatra, lo mismo que el antropólogo, son matrices del mismo racismo, que sitúa a un misterioso otro hombre por fuera del concepto. Ahora bien, lo que no se puede concebir, ni siquiera imaginar, es también lo que no se puede explicar, y es este *a priori* lo que hace de la locura un misterio para la psiquiatría, de igual modo que para la antropología el primitivo es un cogito sin conciencia, o lo que es lo mismo, un error absoluto; esto es, aquello a lo que Lacan llamara forclusión, una exclusión definitiva del campo del lenguaje, o lo que es lo mismo, del logos, lo que explica la crueldad con el llamado loco, por cuanto se le supone contrario al logos. El loco contiene también al logos, negativamente, pero lo contiene, pues si no podría ser contrario, o lo que es lo mismo, estar en relación con él. Éste es el punto de partida de una nueva *Aufhebung*, que inaugura una nueva psiquiatría, o lo que aquélla etimológicamente es, medicina del aliento, o del alma, o lo que es lo mismo, gramática de la mirada o de la comunicación, que para Bataille era la muerte del ser separado, y, por tanto, la consideración del loco como un semejante. Sólo a partir de esta idea se puede hablar de él, ya que se supone que el lenguaje es universal, esto es, Eros o amor, o lo que es lo mismo, re-unión o re-unidad del ser, que eso debería ser la escritura, vuelta a encontrar en la piel, que es el continuum. Como dijera Bataille en su *Teoría de la Religión*, el continuum nos hace temer y odiar a Dios, lo mismo que odiar al animal, por cuanto en ese continuum un animal manduca a otro animal sin límite, esto es, sin territorio; o lo que es igual, como dijera Böhme, es el *Ungrund* que nos hace temer a la locura, como deberíamos temer a Dios, al Maná o al infinito, que no tiene figura, y cuya significancia puede ser, sólo así, el sombrero de Napoleón o la nariz de Cleopatra, como Lacan llamara al Apocalipsis, que era para él la subversión del sujeto o el hombre al fin cuestionado. Y esto se ha dicho para orinar al fin sobre la página, ya que aquélla hasta ahora ignora la vida, que es el universo, al fin recuestionado, en ese vaso de Mosef Ben Gitakkilla, sobre el que su discípulo echara vitriolo, y que le hizo decir a aquél: «Ten cuidado al mover esas cartas porque podrías destruir el universo». Y ése era el sueño de Pan, que era un sueño sin figura, clave de su *ténébreuse démence,* como dijera Walter Otto en su libro *Dyonisos, son mythe et son culte,* de cuya fuente cristalina nace un nuevo mesías, que es también un héroe sin figura, héroe de la catástrofe y de la muerte, que es el Anticristo, genio del mal, sólo por cuanto el mal es una subversión del orden o el diablo es la subversión del logos, una subversión nada monarquiana, ni tampoco dualista, sino partidaria de esa *Aufhebung* del bien y del mal, que está en Nietzsche, cuya revolución era vivir lo que se piensa y pensar lo que se vive, siendo así esa *reductio ad hominem* lo que nos lleva a presentar al súper-hombre.

Leopoldo María Panero

El tarot del Inconsciente Anónimo

EL LOCO
Carta 0

El estupor de uno mismo
a una rosa yace ahorcado
en la oscuridad de unos ojos
sale la caza del venado.

EL MAGO O LA AUTOCONCIENCIA
Carta I

La rosa que a sí misma se divisa
pone el cuchillo sobre la mesa
de la oscuridad de la mesa
sale la sangre del venado.

LA SACERDOTISA
Carta II

Un macho cabrío yace a mis pies
por el hechizo de la mujer blanca
pues soy una mujer, soy una dama
y llevo una rosa dentro.

LA EMPERATRIZ
Carta III

Me he convertido en una mujer
y soy una rosa blanca:
Heliogábalo solloza a mis pies.

EL EMPERADOR
TATE UT POTES
Carta IIII

En el silencio brilla mi pecho
como una rosa velada,
mi cadáver atrae a las moscas
y mis ojos a las águilas.

EL PONTÍFICE
LE PAPE
Carta V

Sé todo sobre la Rosa
y sobre el abismo al que mis pies insultan
llevo una llaga en mi pecho
que es el secreto de mi vida.

LOS ENAMORADOS
Carta VI

Mis dos manos bien unidas
señalan el camino:
una al mar y la otra al vino
que en mi falo yo adivino.

EL CARRO DE HERMES
Carta VII

Hoy mi cuerpo es un caballo
alado que reza al diablo.

Sólo mi cuerpo conoce
la llave de *eso,* mi hado.

LA JUSTICIA
Carta VIII

El susurro de las ancianas
es una espina en un río.
Al pie del árbol, mi hado
es una corona en llamas.

EL ERMITAÑO
Carta VIIII

Sólo estoy a la luz unido
la catacumba atravieso
sin nada salvo mis ojos.

LA RUEDA DE LA FORTUNA
LA ROUE DE FORTUNE
Carta X

La nada viene del otro,
el desastre de mi espada.
El aliento enferma
y un ángel
reconduce a la mesnada.
La trompeta está en el frente
el árbol en la mirada
lo que no se dice canta
la atroz canción de la nada.

EL DOMINIO DE LA FUERZA
Carta XI

Vencedor soy de las águilas,
arquero de la manada.
A mis pies la gran locura
dibuja la sombra en mi pie
de una ballena incendiada
que en la orilla a Jonás vomita.

EL COLGADO
Carta XII

Maldito es aquél que me hiere
Nemo me impune lacessit,
a tu propia rosa atado
morirás como el insecto
en los brazos de la luz.

LA MUERTE
Carta XIII

Del suelo surgen espadas
un yelmo vence a la nada.
El escudo de mi espíritu
es una flor a sí misma atada
pues no perece la sombra
sino que en sombra se transforma.

LA TEMPLANZA
Carta XIIII

Bebe, Bocángel lo dijo
la sed en vaso que no bebe

bebe la sed en tu propia mirada
haz luz en la sombra y bebe
del cuerpo la pura espada.

EL DIABLO
Carta XV

Iniciado: La muerte no existe
a alguien le dijo Pessoa:
la cabeza del diablo
en mis dientes yace atada.
La luz es peor que la muerte
si no obedeces mi espada
yo mismo soy el diablo,
el viudo, el tenebroso, el desolado,
yo como él, soy el Desdichado:
que perezca la flor
y no mi hado:
yo soy la llave en sombras
de la muerte.

LA TORRE O LA DESTRUCCIÓN
Carta XVI

El habla de mentira es símbolo
el canto lleva a la nada
el canto ya sin más nada
que una torre desolada.
Todo orgullo humea en la noche
a los pies de la manada.

LA ESTRELLA DE LOS MAGOS
Carta XVII

La luz del más puro árbol
es el triunfo de la nada
siguiendo el temblor de los labios
hallamos la desolada.

LA LUNA
Carta XVIII

Que no queme la noche la ceniza,
blanco árbol de mi ano.
El desierto atraviesa con una luz
sola en la mano.
La ilusión es a veces una mano,
otras, la luz que equivocan los dientes.

EL SOL
Carta XVIIII

La nada a la nada convoca
dos hombres acezando se besan
un engaño es la mirada
si no conduce a la nada.

EL JUICIO
Carta XX

Si en el espejo me miro
otro ser blanco descubro.

El hombre al fin acude al conjuro
ya que si el ser ha olvidado
el ser no le olvida a él.

EL MUNDO
Carta XXI

Los astros mueren en vano
si el hombre no los invoca:
una cruz nace en mi boca
para bien vengar al Rey
a este rey de la turba *ROTA*
que es la Tarot en mi boca.

Guarida de un animal que no existe
(1998)

«La lógica de una obra substituye cualquier postulado moral»

Charles Baudelaire

«Todos estamos más o menos locos»

Ch. Baudelaire, «Le vin de l'assassin»

«Ni obra, ni arte, ni espíritu, no hay nada, nada salvo un bello PESANERVIOS»

Antonin Artaud

A BELIAL

«He escrito estos versos
para que vuelvan los dioses.»

Ricardo Reis

Cuando en el crepúsculo las ancianas sollozan,
acudes tú Belial
a borrar con una esponja de vino los pecados.
Y a convertir en vino el pan dorado
el pan que dora el sufrimiento de los locos
el amargo pan de la muerte
y escucho tus pasos venir, venir a ayudarme
y respondes, tú solo respondes
a ese grito en la habitación a oscuras.

PATA DE MONO

De lo negro sale el poema
de los pozos del alma inconfesables.

   Y la virgen acaricia la cruz
   con dedos húmedos de excremento
   y es como si un espectro terrible yaciera
             aún entre mis dedos
     que escriben la página.

A CAVALCANTI

«Per ch'i no spero
per ch'i no spero di tornar,
per ch'i no spero di tornar giamaix».

GUIDO CAVALCANTI

Espero que nos hagas la historia de todos los olvidos
 del olvido de mi frente en la marea de la copa
 donde un cielo diminuto se asfixia
 en la marea cruel de la cerveza
 do yace el hombre
 como un invierno muerto entre la yedra,
  entre la hiedra cruel de la memoria.

Ayúdame a vencer a los pájaros que
persiguen al hombre.

Todo vendrá tan silenciosamente en el viento
como un árbol que en la página crece.

ME CELEBRO Y ME ODIO

Me celebro y me odio a mí mismo
palpo el muro en que habrá de grabarse mi ausencia
mientras el poema se escribe contra mí,
 contra mi nombre
como una maldición del tiempo.

Escupo estos versos en la guarida de Dios
 donde nada existe
 sino el poema contra mí.

EN EL OJO DEL HURACÁN

Esperaré por ti en el ojo del huracán
el Diablo, dios del Trueno y de la Lluvia,
dejará caer su odio.

   Muere en la ausencia el ciervo
y su mirada queda vagando
carcomida por los dientes de la página.

   La selva, atrapada en el ojo del tigre,
resplandece en la perfecta simetría del poema
—en el tigre de mis ojos
en el labio de la página
adonde llego demasiado tarde.

AUDERE
(Osar)

   Voy pasando oscuramente de mí a tu memoria.
  Mi memoria arde en el vaso
y Dios orina en mi vaso.
   El templo se ha roto
cayéndose a pedazos en el tiempo.

  En mis labios muere el rey
    como una fruta podrida
      —extraña fruta con el sabor de la muerte—.

    Mi memoria sigue ardiendo en el más absoluto
    silencio como un viejo fraile crucificado.

El pez se queja en mis dientes
 y me deshago en la memoria
 mientras rezo al mar.

   Volveremos de las ciudades quemadas
    y seremos los fantasmas de nuestras propias
 palabras.

INVENCIÓN DEL ANIMAL

«Quedará lavado y blanco como la nieve
besado por todas las vírgenes martirizadas
mientras la vieja iglesia queda abajo
envuelta en la vieja niebla de mi alma».

T. S. Eliot, «El hipopótamo»

Se cantan himnos a la virgen y loas a la cruz
que no existe, y al más allá, mientras Dios quema
y mi cuerpo escupe sobre el suelo el martirio
y vomita la cerveza y el vino del sufrimiento.

Porque la religión no son dogmas ni anhelos abstractos
sino el sufrir de otro sufrir, el matar por amor
hasta llegar a este final en donde sólo habla el odio.

Que Dios perdone mi odio, y lo perdona,
pero tú no, animal hispano, bestia que no perdonas
el genio y no tuviste nunca caridad
mientras San Juan de la Cruz llora en la pradera de la
 noche.

Porque sólo los libros hablan de Dios
mientras la mirada escupe
bestias feroces sobre el cristal de la voz
que se estremece cuando, una vez más la rompe el diente
para que rimemos otra vez el desastre.

* * *

Adorar a Dios es odiar a los hombres
que reptan a sus pies
y rezan contra la vida
y desaparecen en el canto
en el canto cruel que escribe contra la vida
y contra el hombre: oh Diana cazadora
que azuzas a tus perros contra el hombre.

KAFKA

La luna y la locura
en este verso anidan
huyendo de los hombres,
del ladrido de los hombres
de su furia ajena al verso
en que se balancea el trapecio
de un artista del hambre.

* * *

«Un algo de mi alma aún yerra
por los cálices muertos».

RUBÉN DARÍO

La piel como el mapa
en blanco de la desesperanza
en la mano sin nadie
el verso sin mañana:
escribir para siempre
de que no hay mañana.

* * *

Gusanos arrastran mi nombre
por la inmensa calle del vacío
y rubio es el estiércol
verde el cadáver
en donde sólo la amarillenta ceniza está.

* * *

La idiotez es una conjura
para que brille el aire
como una madonna ante el espejo
masturbándose lentamente.

* * *

Mi memoria arde en la sombra
y quema: quema como la yesca
el martillo de mi memoria
que me dice que no soy, ni he sido,
que soy como alguien escupido
en los labios del presente.

* * *

Para Soinia Casatorre

El viento rompe mi cara
y el aire desdibuja mi figura
soy una bruja allá donde no hay nadie
sino un temblor en mis manos
cuando escribo el poema.

DESCUBRIMIENTO DEL ANIMAL

Y(ETA)

El león se quiebra en el aire
y día a día bajo de la ceniza de sus ojos
y una flor se derrumba ante mi mirada
y escribo mi nombre con dedos gordezuelos.

* * *

El silencio no es el fin:
es el comienzo.
Todo empieza allá donde nadie habla
y un leopardo cae de mi boca
y una serpiente detiene su caída:
el silencio no es el fin:
es el amanecer del color, y de las bestias.

* * *

Para Cristina Uribetxeberria

Donde no hay color,
                es el amanecer de las formas.
Donde la bestia no muge,
                es el despertar del leopardo.
Donde tiembla mi voz,
                el comienzo del poema.

HUIDA DEL ANIMAL

«Una mancha brillante en una escena turbia»

Percy Bysshe Shelley

La escena sigue sola sin la mancha brillante
y un pájaro me devora, en el rincón del castigo
donde tiemblo de ver mis manos
y el viento graba en mi carne
las letras del vino.

* * *

El clavel y la dalia sirven aquí de relleno
son nombres tan sólo sobre la página húmeda
que destruye mi alma, como el
cuervo
aquel del nevermore.

* * *

Narciso era mi nombre, y he muerto.
Era un adolescente hermoso, y he muerto.
Y aquí no hay mujeres, sólo vino,
eternidad y alcohol, para que la vida sufra
y el ángel solloce en su caída.

* * *

El cigarrillo, dios de la vida
dios de los suicidas

cae al suelo como una flor herida
flor de ceniza
rostro invertido, flor de la nada.

Casa de la ceniza, en ti Dios humea
y la sangre busca su herida
maldiciendo el poema, hecho
de la frente que cae, y boquea.

La flor sucia de la vida
cae al suelo, y pregunta
a Dios por qué existió.

* * *

He vuelto hoy al lugar
en donde explotó mi cabeza
y allí la orina borraba los rostros
y había sudor en mis manos
para que el oso anduviera
maldiciendo sus manos como un árbol.

* * *

El mulo queda atrapado en el poema
y los pájaros caen a besar la ceniza
que de mis labios cae
formando el poema.

AL INFIERNO

Yo soy el hombre que va a morir en el lago
yo soy el hombre-ciervo que habita y muere en el lago

y no me busquéis más, pues soy el ciervo,
el animal más bello que existe
el ciervo de la locura:
                yo soy el tigre
el animal más bello de la noche: yo soy el Diablo,
que dirige el movimiento incesante de las bocas
en la putrefacción del infierno
en el papel que es puro infierno,
en el lago atroz de los ciervos
que se contemplan dulcemente
SIN OJOS.

INFIERNO

A Strindberg

«Ah la bandera, la bandera de la carne que sangra
                y las flores del ártico
                      que no existen»

ARTHUR RIMBAUD

No busquéis más, ya que no tengo ojos
pues el ojo es símbolo de Jesucristo y de Dios
y yo soy el cristal del infierno
el cristal para morir tan solo
para morir en la página delgada como el sufrimiento
como el sufrir más atroz que es el sufrir que no existe
el sufrir en la página
que no existe.

HIMNO A SATANÁS

A Belfegor, dios pedo o crepitus

Tú que modulas el reptar de las serpientes
de las serpientes del espejo, de las serpientes de la vejez
tú que eres el único digno de besar mi carne arrugada,
                               y de mirar en el espejo
en donde sólo se ve un sapo,
bello como la muerte:
tú que eres como yo adorador de nadie:
                                     ven aquí, he
construido este poema como un anzuelo
para que el lector caiga en él,
y repte
húmedamente entre las páginas.

* * *

Los pájaros vuelan sobre tus ojos
y la calavera de un caballo dibuja la silueta de la mentira
de la mentira de Dios en una habitación a oscuras
en donde vuelan los pájaros.

NOM DU DIEU

Ah, el fruto sin ojos en donde el alma no sueña
en donde los ángeles cabalgan a lomos de tortugas
y el animal más valiente es la rosa
en el límite atroz en donde muere el hombre
                                      caído
a los pies del poema.

POEMAS DE LA VIEJA

PRIMER POEMA DE LA VIEJA

La vieja a la sombra susurra
«no tengo dientes, soy vieja»
la vieja en el aire susurra
«mi rostro tiene el resplandor de la pesadilla».
Y el aire tiene miedo de ella.
Y el poeta dice a la vieja
«mañana quemarán tus dientes
y orinaré sobre tu sepulcro
verás que es blanca mi orina
como el rostro de los muertos».

SEGUNDO POEMA DE LA VIEJA

Mi corazón es una ramera
que obra en la oscuridad
el tiempo mañana
borrará mi alma otra vez.

TERCER POEMA DE LA VIEJA

Vieja soy, y al aire espanto
vómito tan sólo que ladra
dicen que los muertos dan asco
pero ser viejo es peor
que la muerte para el mundo
un ruido tan sólo en el cuarto
que escuchan riéndose los jóvenes.

CUARTO POEMA DE LA VIEJA

Vieja soy, el aire inmundo
me devuelve mi figura
escupen sobre mi rostro
los niños al pasar corriendo
y sola, al aire que me borra
le digo «soy vieja y nada»
mátame porque mi cuerpo
desnudo ya no es figura
sino excremento de perro
en el aire sin más nada.

QUINTO POEMA DE LA VIEJA

El calor de mi carne inmunda
sólo a los muertos conviene
pero peor que ser vieja
de cuerpo es serlo de alma,
aún más inmunda que mi cuerpo.

SEXTO POEMA DE LA VIEJA

Me dijo mi amor un día
«sólo sabes ladrar, vieja
ni el demonio en el aire inmundo
es peor que tu figura
que tu pellejo grasiento
que ladra aún sobre el poema».

SÉPTIMO POEMA DE LA VIEJA

Mi alma, más vieja aún que mi cuerpo
sabe mejor que una ciencia
el lenguaje del rencor
el torpor de mi carne arrugada
dice mi única verdad
cuando, al acostarme, me duermo
como un pedo en la oscuridad.

OCTAVO POEMA DE LA VIEJA

Las viejas sólo sabemos alabar al demonio
de los ángeles nos burlamos
pues nos recuerdan nuestros amores.
Carne arrugada y fofa sólo puede ser follada
por el pellejo de una bestia.
Paseando entre las tumbas
gritamos «Papè Satàn
Papè Satàn Aleppe»: y la muerte nos sonríe
alegre como nuestro último baile.
Por la mañana, cuando el sol
sale a perseguir la manada
bailamos con el diablo, y sin dientes
sonreímos: nada peor que mi sonrisa.
Y así al demonio le ofrezco
esta ofrenda de hojas secas.

NOVENO POEMA DE LA VIEJA

Dijo el demonio a la vieja
desnúdate y baila conmigo
muéstrame tu cuerpo fláccido
como una flor se deshoja
también el diablo es viejo
y cual tu culo sonrosado
las lágrimas son de los hombres
porque llorar no es de viejos.

Teoría lautreamontiana del plagio
(1999)

Ridiculous the waste sad time
stretching before and after.

THOMAS STEARNS ELIOT

PLAGIO DE DÁMASO ALONSO

Ah Dios, furia callada
secreto y esperanza de la ruina
cabalga sobre el acero del poema
y los dientes de la palabra
derriba a tus pies
porque ya has muerto:
y el universo existe
recordándote.

                                          * * *

Cuánto oro hay en la ruina
y cuanto dolor
para medir el verso
y olvidar la llama
que crece en mis pies:
porque el único hombre supremo
es aquel que está muerto, y ya no es.

ACERCA DEL PRÓJIMO

Cara a cara
no descifran el misterio
y el espejo no es, sino
como si sólo la ruina
acariciase la ruina.

POEMA SOCIAL O REIVINDICACIÓN DEL MONO

Le han nacido pelos al poema
y cuatro dedos
atraviesan la página
como un mono que llorase y suplicara
de rodillas ante sí mismo
bailando sobre la página polvorienta.

* * *

Ah el firmamento azul de la saliva
y el soldado azul que lucha contra la vida
con el arma de su baba,
con el filo de su culo
que al defecar despliega una anaconda.

* * *

Soy una mujer barbuda
sobre la cabellera del poema
el cofre azul en que guardo un susurro
junto a los dientes de Berenice
y tú mañana, lector
profanarás esta tumba.

* * *

Soy un nido de ceniza
adonde acuden los pájaros
para buscar el maná de la sombra
la flecha clavada en el poema
el beso del insecto.

* * *

La armada de los días caídos
la armada de los días de lluvia
cayendo contra el poema
mientras con una cosmética afilada
lloramos de rodillas ante el poema.

* * *

El martirio del sapo
cuyos ojos ya no brillan
cuyas patas temblorosas tiemblan atravesando
el poema
a la oscuridad debido.

* * *

Mi corazón, como el pájaro de la serpiente
huye y prefiere la oscuridad
del sapo, dios de la oscuridad
y de la obesa tiniebla
en donde el hombre no muere
de arrastre como un gusano.

BATAILLE

Perfecto es el odio
imperfecto el aliento
imperfecta la vida
y sucia como el hombre
que a sus pies
alienta, miserable y caído
como el viento
como el árbol del culo.

GIOCONDA

Arden mis ojos
en la hoguera del poema
arden mis pies lentamente
dialogando con el fuego
nadando en el espejo del fuego
como sí una mujer moribunda
nos sonriera en la página.

* * *

Ten cuidado que viene
el caballero de la nada
con una flor en el pecho
la rosa de la nada
por la que acezan las mujeres
        y los cerdos susurran
cuando la mano sobre el horizonte alza
el caballero de la nada.

* * *

Dios es la simetría de un sapo
y sus ojos me buscan en la oscuridad
como una serpiente que buscase el corazón de la tiniebla
mientras un japonés atisba en la esquina
en la esquina cruel del poema
en donde las águilas se vuelven para mirar
y no encuentran sino la nada, mi única terrible compañera
la nada que se vuelve para mirar.

PLAGIANDO A POUND

Habito a los pies de los hombres
de los cuerpos que se mezclan en la sombra
y les pongo el poema como una rana en la mano
una rana que croa contra el hombre

Pound: «the frogs singing against the fauns».

* * *

Como una niña, que tiembla y se sonroja ante el sol
así es mi corazón, una rosa
que como la rosa secreta de Toulet
muere en el minuto del poema
muere como no mueren los hombres
que aun están de rodillas ante el sol.

YO NO ME LLAMO JAVIER

Ah, la crueldad que al poema invita
donde la rosa es símbolo de todo lo cruel
de la mueca del odio
es mueca del furor
la mueca de la página
en donde ya no estoy yo
sino el odio tan sólo
el furor contra mí
que escribo
ya no sobre mí
sino sobre los labios, los labios del poema
que ríen de mí.

VEJEZ

> *«jeunesse n'est qu'abus e ignorance»*
> FRANÇOIS VILLON

Ah, el caballero de la mano en el pecho

el caballero de la noche
el caballero de la rosa sola y desvalida
en donde en el poema una rosa
imita una cara demacrada.

* * *

Ah, el esclavo de las palabras
el siervo del humo
donde muere todo orgullo
a los pies de la nada
rezándole a la nada
rezando para nada al poema

«tout orgueil fume-t-il du soir»

STÉPHAN MALLARMÉ

RILKIANA

Qué sentido tiene el cielo
que habita en los ojos de un sapo
de un sapo que ladra y babea
esperando que los muertos concluyan su viaje
y afirmen su odio a la vida
en el cementerio de los sapos.

GREGORIO SAMSA
(Kafka)

Todo hombre es una cucaracha
y un poema cercado por los sapos
que ululan en el viento
en el viento feroz del poema
donde reinan los sapos
y se coronan
de estiércol la pálida frente.

* * *

El poema es el ladrido de un perro
y una serpiente se enrosca en torno al poema
buscando una mujer para saciar su ano
que no existe, que no existe
sino sólo los dientes
que para siempre ladrarán contra el poema
porque sólo la nada es dulce
y sólo el agua suave (Pound)
y sólo las palabras destruyen y queman el alma.

ASH WEDNESDAY
(Eliot)

El poema es la casa de la ceniza
de la ceniza por la que luchan los hombres
de la ceniza del poema
que se clava como un cuchillo en la garganta
y construye nuestra casa en él
Ungrund, en el no-lugar
de donde penden los hombres

que se ahorcan
Ridículamente en el reverbero.

(Mallarmé: «vont se pendre ridiculement au réverbère»)

* * *

Qué oscura es la sangre del perro
y qué oscura la ceniza del poema
donde van a morir las rubias cabelleras
y las mujeres se transforman en gatos.

* * *

«Estando ya mi casa sosegada».

San Juan de la Cruz

Cuando el delirio atraviesa la página
a la sombra de un muchacho no nacido
de un niño no nacido, que es la sombra
entera del hombre
rodeado por las ratas
y comiendo entre ellas
bajo la sombra aterradora del hombre.

PLAGIANDO A MALLARMÉ

Sombra del pájaro y clavo
en la cruz de los hombres:
       como Jesucristo

siempre he estado solo:
siempre
rezándole a la muerte.

Y en mi frente
silban los pájaros, y pasan
a través de mis ojos.
Y el alma vieja, y los ojos viejos
y el poema como un sudario
sobre el que se inscriben
contra el firmamento
negras las letras.

REMAKE

El martirio del sapo
cuyos ojos ya no brillan
cuyas patas tiemblan atravesando el poema
como un dios de la oscuridad
como un sapo que ladra y ladra
a la oscuridad, más feroz
de lo que el hombre puede.

ÍNDICE

«La destruction fut ma Beatrice» 7
Selección bibliográfica 17
Esta edición 21

PRIMEROS POEMAS
Canto a los anarquistas caídos sobre la primavera de
    1939 25
Para evitar a los ladrones de bolsos 27
Primer amor 28

ASÍ SE FUNDÓ CARNABY STREET (1970)
1. Así se fundó Carnaby Street
Imperfecto 33
II. Homenaje a Dashiell Hammett 34
III. Go down, moses 34
IV. Elegía 35
V. *Noemí*... 35
VI. La matanza del día de San Valentín 35
VIII. *Goya*... 36
IX. Strip-tease 36
X. *Las abejas*... 36
XI. El estreno en Londres de «Mary Poppins» 36
XII. El hombre que quiso viajar dentro de un coche
    de plástico 37
XIII. Evocación 37
XIV. Himno a Dionisos 37
XV. *Mientras se cortaba las uñas*... 38

565

El rapto de Lindberg 38
El asalto a la diligencia 38
XVII. La metamorfosis 38
XVIII. *Y aquella tarde que fui...* 38
XIX. La liebre implora en vano al cazador 39
Los piratas 39
Homenaje a Bonnie and Clyde 39
La muerte de Orlando 39
La muerte de Mandrake 39
Y aquel faquir indio... 40
Las conversaciones... 40
Encontré sólo telarañas 40
XXVIII. *Había un enorme reloj...* 40
XXIX. *Las Damas de la Caridad...* 41
El retorno del hijo pródigo 41
El mundo del disco 42
Era el cuarto paquete que enviaba... 42
Todos ellos conocían a Leonela... 42
El recién llegado decía... 42
La crucifixión 43
Homenaje a Conan Doyle 43
«Hace frío, esta noche, en Budapest» 43
El poema del Che 43
Homenaje a Caryl Chessman 44
El poema de Sacco y Vanzetti 44
Leía a Shakespeare y Dickens... 44
Oh, el gramófono!... 44
Por la mañana, al pie del seto... 44
Se llamaba Dax... 45
Seguí al ministro con resignación... 45
De repente, del primer piso... 45
La arlesiana 45
Lo que pudiéramos llamar... 46

Pistas 46
El poema de Hércules Poirot 46
The universal soldier 46
Homenaje a Ian Brady 47
Matarratos 47
Todos temen que el gigante... 47
Gargantas ardientes!... 47
El Hombre Amarillo... 47
Fue la primera vez que hablé... 48
Ha muerto el inventor del DDT 48
El encuentro 49
Sostuvo una conversación... 49
La metamorfosis (II) 49
Homenaje a Eliot 49
Me puse a cantar... 50
Necrológicas 50
In Memoriam... 50
Blanco y negro 50
Hablé con varios grupos de presos 51
Escepticismo del Vaticano en torno a un supuesto
    milagro 51
El hombre de Marrakesh 52
Los Honorables Mendigos del Sultán... 52
Margarita y Tony... 53
Probablemente la tierra se hundiría... 53
Se trataba del flautista de Hamelin... 53
La huida a Egipto 53
Cualquier cosa puede esperarse... 54
El encuentro (III) 54
Un ángel pasó por Brooklin 54
La metamorfosis (III) 54
Far west 55
Himno al sueño 55

Televisor Anglo mejor que la realidad 55
Oh, Flash Gordon... 55
Y como el mar camino... 55
El patito feo... 56
Llueve, llueve sobre el País... 56
Capítulo Y 56
El Hombre Amarillo llegó a la ciudad... 57
«Y he aquí que el velo del templo... 57
Asesinaron a los portadores... 57
NUNCA... 57

2. Tarzán Traicionado (1967)
Unas palabras para Peter Pan 61
Blancanieves se despide de los siete enanos 62
Las brujas 63
Al oeste de Greenwich 63
Deseo de ser piel roja 64

3. Otros poemas
El alcaudón en lucha con la serpiente 67
Dumbo 67
Érase una vez 67
A la muerte de Giovanni Battista Pergolesi 68
Caen al río los bateleros del Volga 68
20.000 leguas de viaje submarino 68
La canción de amor del traficante de marihuana 70
París sin el estereoscopio 71
Ann Donne: undone 71

TEORÍA (1973) 75
I. Le châtiment de Tartuffe 79
Destruktion ficticia 80

II. El canto del llanero solitario
1. *Verf barrabum...* 85
2. *esplendor de cristal...* 87
3. *Dormir en un algodón...* 89
4. *Las llaves de una puerta...* 90
5. *Hay que conquistar...* 92
6. *Vinum Sabbati...* 94
7. *M...* 99
8. 1871 99
9. *Toda perfección...* 100
10. *Furiosa (e inmóvilmente)...* 105
La segunda esposa 109

III
Licantropi, hiboux, calaveras... 115
Pasadizo secreto 115
Le dernier voyage de Napoleón 115
Remodelado 116
Fondo del pozo 116
Marilyn Monroe's negative 117
Konoshiro 118
Homenaje a Catulo 118
Condesa Morfina 120
Maco 122
Quemar a Kafka (haikú) 123
Doceavo 123
Majestad última de los pedés 124
Marqués de Sade 126
«E non trovan persona che li miri» 126
Llévate la tiniebla guiadora... 127
Alicia en el llano sonaba... 128

569

IV. Post-scriptum
Vanitas vanitatum 131
NARCISO EN EL ACORDE ÚLTIMO DE LAS
FLAUTAS (1979)
Nunca hasta hoy me había parecido... 141
I. Luz de tumba
Pavane pour un enfant défunt 144
Schekina 146
II. Cómo escribía antes de matarme
Prosiguiendo (persiguiendo) a Lear 148
Glosa a un epitafio (Carta al padre) 149
Aún cuando tejí mi armadura... 153
Dead flower to a worm 153
III. Para hacer el vacío
Los pasos en el callejón sin salida 156
Ma mère 157
Linterna china 159
El circo 160
Corrección de Yeats (Extraída del poema «A Prayer for
 Old Age) 161
IV. El matrimonio de las cenizas
Descort 163
Cópula con un cuerpo muerto 166
Alba (te fuiste, dejándome sin mí) 168
After Gottfried Benn 171
V. Trobar Leu
Spiritual I 173
Spiritual II 173
Haikú (Variable) 173
3ª variante 174
VI. Como una bruja apaga su vela
Da-sein 175
Da-sein (2ª versión) 177

VII. Proseguir el infierno
Mancha azul sobre el papel 180
Storia 184
Eve 185
La maldad nace de la supresión hipócrita del gozo 187
Le Bon Pasteur (Haikú) 188
La alucinación de una mano o la esperanza póstuma y
   absurda en la caridad de la noche 188
La vida 189
El último espejo 190
Nu(n)ca 191
Un cadavre chante 191
VIII. Palimpsestos
Mutación de Bataille 195
París 196
Allá vivir golpes... 196
Poeta —Más tarde!... 197
Amé una marca... 198
Es la bohemia, muchacho... 199
¡Evohé!... 199
He aquí que el viento... 200
Tú sonríes... 201
Un poema de John Clare 201

LAST RIVER TOGETHER (1980)
A Francisco 211
El baccarrá en la noche 211
El lamento del vampiro 212
Autour du poème 212
El día en que se acaba la canción 213
Para A., again (y vuelta a empezar) 215
Himno de la espía 215
Haikú 216

571

Si no es ahora... 216
Imitación de Pessoa 216
Annabel Lee 217
Los misteriosos sobrevivientes 218
La canción del croupier del Missisippi 219
Territorio del miedo 222
El pájaro 223
El loco 224
El noi del Sucre 225
Dedicatoria 226
Senesco, sed amo 226
Saint Malcolm Parmi les oiseaux 227
El mensajero llega con retraso 228
La oración 229
Epílogo. A aquella mujer que quise tanto 230

EL QUE NO VE (1980)
I PARTE. LA RUINA DE LOS DIOSES
La tumba de Christian Rosenkreutz 237
La tea humana 237
Amanecer en la biblia (Yeats) 238
El anticristo (Sebastián en el sueño) 239

II PARTE. UNAS GOTAS DE SEMEN
Diario de un seductor 243
Bello es el incesto 243
Necrofilia (prosa) 244
Escrito sobre un verso de Cavafis 244
Los amantes ciegos 245
Todas las mujeres que... 245

Trobar Leu:
Canción 246
Canción (II) 246

III PARTE. EN AQUELLA ESQUINA, TAN SOLO, TODAVÍA
ME ACORDABA DE JARRY
El hombre que sólo comía zanahorias 249

IV PARTE. ORINAR SOBRE LA VIDA (LIFE STUDIES)
Vaso 253
Catulli Carmina 254
Un asesino en las calles 254
El suplicio 255
El tesoro de Sierra Madre 256

V PARTE. CONSUMATUM EST
El beso de buenas noches 259
La canción del indio Crow 261
The end 262
Mutis 263
Abandono 264

TRES HISTORIAS DE LA VIDA REAL (1981)
I. La llegada del impostor fingiéndose Leopoldo María
    Panero 267
II. El hombre que se creía Leopoldo María Panero 268
III. El hombre que mató a Leopoldo María Panero
    (The man who shot Leopoldo María Panero) 269

DIOSCUROS (1982)
Aquel esclavo etíope, de todos el más bello... 273
Me dijo un griego... 273
Emperador en el fango 273
Cuando cansado... 273
El que hiriera a su madre 274
Quién murió... 274
Mataron cinco niños... 274
Dije que había sido... 275
Ríe ahora que puedes... 275
Cuando en el bosque... 275
El fin de Anacreonte 276
Cuando aparecen en el umbral... 276
Cuando por fin,... 276
Recuerdas que en el día... 277
Filóstrato, si muero... 277
Caput Mortis
Perdí mi cabeza entre dos piedras, ... 281
Te encontré en el Támesis,... 281
Rozaba el alazán... 281
Miedo a las golondrinas... 282

EL ÚLTIMO HOMBRE (1983)
Prefacio 287

Primera parte. Todos los templos serán
destruidos, todos los hombres igualados al
suelo y todas las casas asiento de los dioses
Réquiem 291
La flor de la tortura 291
Soldado herido en el lejano Vietnam 293
Bertrand de Born, o el oscuro enigma de la política 293

Sueño de una noche de verano 294
La noche del soldado en la casa abandonada 294
Thomas Muntzer, teólogo de la revolución 295
La palabra, el hecho (teoría y praxis) 296

Segunda parte. Dos poemas de amor
Trovador fui, no sé quién soy 299
Proyecto de un beso 300

Tercera parte. Vencer la locura
He aquí cómo caigo en el poema 305
La poesía destruye... 305
Cuando en el ciego... 305
Ora et labora, I 306
Auto de fe 307

Cuarta parte. Haikús
I 311
II 311

Quinta parte. Inédito contemporáneo de *Narciso*
(narración) «escondidos, inmensamente ocultos...» 317

Sexta parte. De cómo Ezra Pound pasó a formar parte de los muertos, partiendo de mi vida
I. *Beaut de foras-cuatro...* 321
II. *¿Nadie para leerlo?...* 324
III. *«En estas ocasiones»...* 325
IV. *Y así empieza,...* 329
V. *Cuatro años sirviendo* 330
VI. *Queda, detrás del cristal...* 331
VII. *«Pero sin embargo,* 332
VIII. *Y nadie quería, nadie* 333

7 POEMAS (1985)
Uomo ch'alla Sicilla abiti... 337
In the open house nobody cries... 337
Nobody told me... 337
Hay un sol en la tarde... 337
Era un dios en la sombra... 338
Caían los cristales... 338
Dyonisos 338

ÚLTIMOS POEMAS (1986)
Uomo ch'alla Sicilia... 341
Marcho inclinado, mirando al suelo... 341
El canto de lo que repta 342
El mensaje 343
I. *No insertos en un plan, los sapos...* 344
II. *No busques ojos al sapo...* 344
III. *Un sapo es un círculo...* 344
IV. *Vienen los sapos del Norte...* 345
V. *No hablan del sapo los hombres...* 345
VI. *Como un geranio se pudre...* 345
VII. *Tienen miedo de los niños...* 345
VIII. *Surge en el cielo la aurora...* 346
IX. *Los sapos y las culebras...* 346
X. *Son hermanos de los buitres...* 346
XI. *No tienen fe en el futuro...* 346
XII. *Los días de luna llena...* 346
XIII. *Invade el jazmín los campos...* 347
XIV. *No tienen los sapos nombre...* 347

POEMAS DEL MANICOMIO DE MONDRAGÓN (1987)
A quien me leyere... 351

I
En el obscuro jardín del manicomio 355
El loco mirando desde la puerta del jardín 356
Lamed Wufnik 356
El loco al que llaman el rey 357
Has dejado huella... 357

II
En mi alma podrida atufa el hedor a triunfo... 361
Brindemos con champagne... 361
El que acecha en el umbral 361
A mi madre (reivindicación de una hermosura) 362
Los inmortales 363
Llega del cielo... 363
Del polvo nació... 364
Debajo de mí... 364
Himno a Satán 364
El lamento de José de Arimatea 365
Acerca del caso Dreyfuss sin Zola o la causalidad
   diabólica. *El fin de la psiquiatría* 367

GLOBO ROJO (1989)
Los años han roto mi cara... 373
Diario del manicomio de Mondragón 373

CONTRA ESPAÑA Y OTROS POEMAS NO DE
AMOR (1990)
Inédito de *El último hombre* 379
Himno a la corona de España 380
Réquiem por un poeta 380
Edgar Allan Poe, o el rostro del fascismo 381
El día en que murieron los masones, o para terminar
   con el mal de España 382

Eta militarra 383
Aparición 383
Tánger 384
Final 386
En la selva caímos... 386
La monja atea 387
Figuras de la pasión del señor 387
Peter Punk 388
¡Ah, el pánico atroz... 388
Añoranza de Alcides 390
Lo que Stéphane Mallarmé quiso decir en sus poemas .. 391
El enmascarado 391
Inéditos de *Poemas del manicomio de Mondragón* 392
Hay cuatrocientos... 392
En mis manos acojo... 392
Los labios de los hombres... 393
Parábola de la lectura 393
El tigre es ahora... 393
Como si parecido... 394
Soy una vieja... 394
Así el amante ciego... 394
Cuerpo 394
Mi gran amor... 395
¿Y si la Esposa muere?... 395
Secretos del poema 396
Amanecer sobre la tumba 396
Pase de rabia 397
Invocación y lectura 397
Nacimiento de Jesús 397
Lo que dijo la virgen ante el fuego 397
Lector, ven... 398
Quien soy debajo... 398
Alba 399

El aullido de José de Arimatea 400
Persiguiendo lo humano 400
Volver a empezar 400
Regalo de un hombre 400
Ars magna 401
Brillo en la mano 401
Pobrecito 401
Inmolación en el poema 402
Hundimiento 402
Canción para una discoteca 403
La noche de los conjurados 403

HEROÍNA Y OTROS POEMAS (1992)
Acerca del proyecto hombre 409
HEROÍNA
El diamante es una súplica... 413
De mujeres y saliva... 413
Que estoy vencido lo sé... 413
Si el ciervo asustado huye... 413
Contar ciervos en el llano... 413
Un fauno y una derrota... 414
Todo ciervo sabe morir... 414
Lento humo de cucarachas... 414
Antiguos sapos he buscado... 414
El jaco es una ramera... 415
Como las alas de la nada... 415
La aguja dibuja lenta... 415
Como un viejo chupando... 415

...Y OTROS POEMAS
El buco 419
El fin de una mar 419
La rima del viejo marinero 420
Uno más 420

Muerto amor... 420
Le marchand d'ail et d'oignons 421
Ascensión y caída 421

PIEDRA NEGRA O DEL TEMBLAR (1992)
I. *Este árbol es para muertos...* 427
II. Territorio del cielo 428
III. Asesinato 429
IV. Súcubo 430
V. Piedra negra 430
VI. Suicidio 431
VII. *Oh hermanos...* 432
VIII. *La lira nombra...* 433
IX. Lectura 433
X. Lectura (II) 434
XI. Variante 434
XII. Haiku 434
XIII. Monna Lisa 435
XIV. Aparece nuevamente mi madre, disfrazada de
    Blancanieves 435
XV. *Yo François Villon...* 436
XVI. El hombre elefante 438
XVII. La fuente de la eterna juventud (do dicen que
    bebe una vieja) 439
XVIII. No se trata de rencor, sino de odio 440
XIX. *Hay restos de mi figura...* 440
XX. La fábula de la cigarra y la hormiga 441
XXI. *¡Baila, judío, baila...* 442
XXII. Mosca 442
XXIII. *Mujeres que aparecen...* 444
XXIV. Variante 444
XXV. *Oh, Señor Jesús...* 444
XXVI. Scardanelli (Romance) 445

ONCE POEMAS (1992)
Hasta que mi alma reviente... 449
Teoría del plagio 449
Las sirenas nadan en torno a mi cerebro... 450
El deseo mancha el verso... 450
Corté una rosa, y otra rosa... 450
Como el viento esta larga... 450
El hechizo de la nada,... 450
La sombra de un ciprés... 451
Supura pus la herida... 451
Captain Hook 451
Ya que estoy solo... 451

LOCOS (1992, 1ª EDICIÓN)
Tengo un pez atado al estómago... 455
La flor que mana... 455
La locura anida... 455
Cuadro tras cuadro... 455
Restos de comida... 456
Ojos cansados de perro andaluz 456

EPÍLOGO (1994)
I. Parábola del diccionario 459
II. Después de la muerte 460

ORFEBRE (1994)
I. Paradise lost
Himno a Satán 467
Himno a Satán (2ª versión) 467
Himno a Satán (3ª versión) 467
Astoreth 468
Quién fue la madre... 468
Himno a Dios el padre 469

La cuádruple forma de la nada 469
Dos peces... 470
El ritual del neurótico obsesivo 470
Poesía concreta (Homenaje a João Cabral de Melo
  Neto) 470
Flores 471

II. Sine nomina
Senda del espejo 475
Odio al viento,... 476
Los recuerdos anidan... 476
Caída está mi mano... 476
Muerte de la poesía (que podría ser el título del libro
  entero) 476

III. Biográfica
Vejez y alcohol y canto del silencio... 479
Dime, amada,... 479
Es como ver a través... 479
La soledad... 480
Palabra 480
Muerte del poema 480
Ceci n'est pas une pipe 481
Rosa de tiniebla... 481
Alba 481
El espasmo de no decir nada... 482
Éxtasis 482
«La destruction fut ma Beatrice» 482
Variaciones Goldberg 483
Rosa cercada por el hombre,... 483
Ven niña, ven... 483
Serenidad 484
La luz, la luz... 484

Las palabras... 484
Las campanas barren el sonido... 484
Llanto por Marisa Letamendía 485
Sida 485
Trobar leu 485
Haikús 486
El pantano 486
Pequeña Lulú (tomado de un verso de Wallace Stevens) .. 487
A la manera de Trakl 487
Los pasos del fantasma... 488
After Trakl (2) 488
Nueve poemas a una mujer que hizo de su nombre
 lluvia 488
I. *Felisa, las palomas que comen en mi mano...* 488
II. *Felisa, el falo que nos convoca...* 488
III. *Felisa, el mineral gastado...* 489
IV. *Felisa, una serpiente...* 489
V. La rosa de Mallarmé 489
VI. *Con tus labios si tú quieres...* 490
VII. *Dibuja el tedio una paloma marchita...* 490
VIII. *La campana de la garganta...* 490
IX. *Que el ladrido de un perro...* 491
Un golpe de dados no abolirá el azar 491
Qué fue lo que aquí hubo... 491
Qué es el viento sin sombra,... 492

LOCOS (1995, 2ª EDICIÓN)
Pilar 495
Animal engalanado... 495
Crucificad la luz... 495
Triturad el tritón... 496
El poema como un pus... 496
El poema hecho trizas... 496

583

Un animal huye... 496
La luz en rosa... 496
La luz en rosa (2.ª versión) 497
Pálido el viento en las nubes 497
Judas 497
Boris Pasternak ¿eres tú el que lloras? 497
Yo no soy el que soy... 499
Peces nadan en torno a la nada... 500

EL TAROT DEL INCONSCIENTE ANÓNIMO (1997)
Prólogo 503

El tarot del inconsciente anónimo
El loco. Carta 0 513
El mago o la autoconciencia. Carta I 513
La sacerdotisa. Carta II 513
La emperatriz. Carta III 513
El emperador. *Tate up Potes*. Carta IIII 514
El pontífice. *Le Pape*. Carta V 514
Los enamorados. Carta VI 514
El carro de Hermes. Carta VII 514
La justicia. Carta VIII 515
El ermitaño. Carta VIIII 515
La rueda de la fortuna. *La roue de fortune*. Carta X 515
El dominio de la fuerza. Carta XI 516
El colgado. Carta XII 516
La muerte. Carta XIII 516
La templanza. Carta XIIII 516
El diablo. Carta XV 517
La torre o la destrucción. Carta XVI 517
La estrella de los magos. Carta XVII 518
La luna. Carta XVIII 518

El sol. Carta XVIIII 518
El juicio. Carta XX 518
El mundo. Carta XXI 519

GUARIDA DE UN ANIMAL QUE NO EXISTE (1998)
A Belial 525
Pata de mono 525
A Cavalcanti 526
Me celebro y me odio 526
En el ojo del huracán 527
Audere (Osar) 527

Invención del animal
Se cantan himnos a la virgen y loas a la cruz... 531
Adorar a Dios es odiar a los hombres... 532
Kafka 532
La piel como el mapa... 532
Gusanos arrastran mi nombre 533
La idiotez es una conjura... 533
Mi memoria arde... 533
El viento rompe mi cara... 533

Descubrimiento del animal
Y(eta) 537
El silencio no es el fin... 537
Donde no hay color... 537

Huida del animal
La escena sigue sola sin la mancha brillante... 541
El clavel y la dalia... 541
Narciso era mi nombre... 541
El cigarrillo, dios de la vida 541
He vuelto hoy al lugar 542

El mulo queda atrapado en el poema... 542
Al infierno 542
Infierno 543
Himno a Satanás 544
Los pájaros vuelan... 544
Nom du Dieu 544

Poemas de la vieja
Primer poema de la vieja 547
Segundo poema de la vieja 547
Tercer poema de la vieja 547
Cuarto poema de la vieja 548
Quinto poema de la vieja 548
Sexto poema de la vieja 548
Séptimo poema de la vieja 549
Octavo poema de la vieja 549
Noveno poema de la vieja 550

TEORÍA LAUTREAMONTIANA DEL PLAGIO (1999)
Plagio de Dámaso Alonso 555
Cuánto oro hay en la ruina... 555
Acerca del prójimo 555
Poema social o reivindicación del mono 556
Ah el firmamento azul de la saliva... 556
Soy una mujer barbuda... 556
Soy un nido de ceniza... 556
La armada de los días caídos... 557
El martirio del sapo... 557
Mi corazón, como el pájaro de la serpiente... 557
Bataille 557
Gioconda 558
Ten cuidado que viene... 558

Dios es la simetría de un sapo... 558
Plagiando a Pound 559
Como una niña, que tiembla y se sonroja ante el sol... ... 559
Yo no me llamo Javier 559
Vejez 560
Ah, el esclavo de las palabras... 560
Rilkiana 560
Gregorio Samsa (Kafka) 561
El poema es el ladrido de un perro... 561
Ash Wednesday (Eliot) 561
Qué oscura es la sangre del perro... 562
Cuando el delirio atraviesa la página... 562
Plagiando a Mallarmé 562
Remake 563